臺灣歷史與文化 研究輯刊

八 編

第 13 冊

日治中晚期臺灣儒學的發展與變異
——以孔教報爲主要分析對象(1936～1938)

江 啟 綸 著

花木蘭文化出版社

國家圖書館出版品預行編目資料

日治中晚期臺灣儒學的發展與變異——以孔教報為主要分析
對象（1936～1938）／江啓綸 著 -- 初版 -- 新北市：花木蘭
文化出版社，2015〔民104〕
目 4+226 面；19×26 公分
（臺灣歷史與文化研究輯刊 八編；第 13 冊）
ISBN 978-986-404-439-9（精裝）
1. 儒學 2. 日據時期 3. 臺灣
733.08   104015139

ISBN- 978-986-404-439-9

9 789864 044399

臺灣歷史與文化研究輯刊
八　編　第十三冊   ISBN：978-986-404-439-9

日治中晚期臺灣儒學的發展與變異
——以孔教報爲主要分析對象（1936～1938）

作　　者　江啟綸
總 編 輯　杜潔祥
副總編輯　楊嘉樂
編　　輯　許郁翎
出　　版　花木蘭文化出版社
社　　長　高小娟
聯絡地址　235 新北市中和區中安街七二號十三樓
　　　　　電話：02-2923-1455／傳眞：02-2923-1452
網　　址　http://www.huamulan.tw 信箱 hml810518@gmail.com
印　　刷　普羅文化出版廣告事業
初　　版　2015 年 9 月
全書字數　169120 字
定　　價　八編 29 冊（精裝）台幣 58,000 元

日治中晚期臺灣儒學的發展與變異
——以孔教報爲主要分析對象（1936～1938）

江啟綸　著

作者簡介

江啟綸，筆名寧野，男，1980年6月20日生於臺灣彰化。國立臺灣師範大學國文系畢業，成功大學臺灣文學研究所碩士班畢業，曾任教於新北市鶯歌國中、臺北市私立薇閣高中、新北市私立南山高中、新北市立新北高中，現任教於國立臺中家商。臺灣師大臺灣文學研究社創辦人，詩作曾入選2000年網路詩選，研究所時期曾獲賴和論文獎，成大鳳凰樹文學獎，高中時代曾獲第六屆彰中彰女聯合文學獎散文組第二名，大學時代曾獲第六屆臺灣人文研究學術獎文學類大學生組第三名、師大紅樓文學獎。有志於從事臺灣文學教育、文學創作與教學、文化評論研究等諸面相發展。

提　　要

　　本文藉著對於中日儒學史的回顧，剖析兩者對於臺灣儒學思想的影響，並且將之聚焦於殖民性（coloniality）／近代性（modernity）／本土性（nativity）等面向，最後將本文主要探討的分析文本——《孔教報》放入臺灣儒學史脈絡中加以討論。首章即說明問題意識、研究方法、寫作動機與目的；第二章則論述自臺灣文獻初祖沈光文以來迄清領末期，臺灣儒學的發展與建制，並以新史料的發現，重新定位沈光文在臺灣儒學史的地位；第三章則主要以上述三個面向思索日治時期臺灣儒學思想的發展與變異，藉著說明日本近代儒學的發展對臺灣的影響，闡述日治時期臺灣儒學的因應策略及多種類型；第四章則透過整理與表列《孔教報》主編—施梅樵與相關人物的生平資料，及其於《孔教報》當中的論述，並以「儒學與近代性（modernity）」、「儒學與殖民統治」以及「儒學大眾化」等角度，對於《孔教報》的儒學意涵加以解析；末章即論及《孔教報》的貢獻與價值，以及本文研究之價值與不足之處。

　　本文嘗試以臺灣儒學史相關論述為文本，以後現代歷史主義、後殖民主義、轉向論等理論為分析工具，呈現日治時期臺灣儒學的發展與變異，及《孔教報》的儒學意涵並點明其價值與歷史地位。

目次

第一章　緒　論

第一節　研究動機與目標

　　筆者於大學時代就讀臺灣師大國文學系，當時儒學四書經典乃是基礎必修課程，而在擔任實習教師那年與摯友們開設讀書會，共同研讀牟宗三的大部頭——《心體與性體》一書，當時對於新儒家側重宋明理學的討論頗有興趣，而在互相激盪與思辯的過程當中，我漸次感受到我的臺灣意識與臺灣立場與許多自詡為儒學提倡者的政治立場與政治意識的扞格不入，我不禁有著諸多疑問：臺灣意識與臺灣的儒學發展史有無可能有相接合的歷史軌跡或未來發展呢？臺灣儒學的發展真的如同那些儒學民族主義者的論述一般必然與中華民族主義鏈接嗎？臺灣儒學本土化的方向在哪裡呢？而若以後殖民論述或後現代主義的觀點來研究臺灣儒學，將會有什麼樣的研究成果呢？〔註1〕

　　中國儒學發展自春秋時代起，打破西周「學在官府」的局面，「士」階層於民間興起私人講學的風氣，而逐漸以「官僚政治」取代「世襲政治」，從而造就了之後諸子百家爭鳴的學術發展的黃金時期。春秋競逐爭霸，戰國問鼎稱王，諸侯國之間的緊張關係及被吞併的生存焦慮，促成了這種競相舉士，

〔註 1〕在成大中文系所於 1997 年所舉辦「第一屆臺灣儒學研究國際學術研討會」的論文集中，日本學者子安宣邦在其發表論文〈從當今日本質問「儒教」〉中曾謂：「我們應當以重新檢討「文化同一性」（即指儒學的文化同一性）的最好機會來看待「後現代」的現在。」子安先生此文也啟發了筆者跳脫儒學民族主義相對立的框架，進而運用後現代思潮甚至是後殖民觀點來思索臺灣儒學問題的契機。

布衣而能佩掛六國丞相印綬，諸侯均尋求治國之道的現象。從先秦儒家一直過渡到西漢漢武帝「罷絀百家，獨尊儒術」爲止，儒學由孔子承襲西周文化而發展出來的仁學體系至孟荀分別以「心」或以「禮」釋「仁」，儒學漸與其他學問諸如道家、陰陽家、墨家、法家相融合，至董仲舒的公羊春秋儒學，更結合了陰陽五行的觀念，訴說災異讖諱，而自漢初的黃老道家治術之後，董仲舒的儒學體系的確是爲「大一統」的漢朝政權服務。

儒學就某種程度上，成爲統治階層所構築出來的「上層建築」，它通過成爲國家學術主流的舉才機制來促成上下階層的流動，進而維繫國家政權的穩定性，而直至中國近現代的國族認同建構過程中，儒學亦被塑造成中國文化認同中不可動搖的核心價值，近代中國的儒學論述始終帶著中國民族主義的色彩於其中。然而就整個東亞文化圈而言，中國儒學依恃過往中國政權的強大，的確對週遭的邊陲國家發生過重大的影響，諸如日本、韓國以及越南等國，均曾受過儒家學術的「沐浴教化」，而「儒學」在這些國家的發展更顯露出近代中國儒學論述指向中國民族主義的縫隙與破綻，即：儒學是人類共同的文化資產，它本不必然與中國的「文化認同」或者「民族認同」扣連在一起。

臺灣的儒（漢）學傳入肇自「海東文獻初祖」沈光文因颱風漂流來臺，沈光文在目加留灣（今臺南縣善化鎮）設帳教學，其間甚至有平埔族人師事之，成爲儒（漢）學傳入臺灣的最早紀錄。明鄭入臺，陳永華爲推行儒學，更於明朝永曆十九年（西元 1665 年）在臺南建置臺灣最早的孔廟，以促進儒學的推行與番人的教化，清代二百一十二年的統治期間亦以科舉取士，臺灣開臺進士自新竹鄭用錫始，造就了臺灣本地文人士紳階層的興起。晚清中國積弱不振，迭遭列強欺凌，清國政府亦著手進行近代的國族意識建構，亟欲轉移地方與家族等更爲堅固的「共同體」概念，而欲以國家爲最高的共同體來維繫清國政府的命脈。〔註2〕

臺灣儒學發展至清末，帶著早期明末清初經世致用的儒學色彩，乃至後來受閩地朱子學強盛發展之影響，這其中的晚清國族建構的滲入自然不言可喻。中國儒學一直以來帶著早期模糊而近代清晰的的國族認同，從孔子「微

〔註 2〕晚清的國族建構論述可參考沈松橋〈我以我血薦軒轅——黃帝神話與晚清的國族建構〉，此文收於《臺灣社會研究季刊》臺北市：臺灣社會研究季刊社，第 28 期，1997 年 12 月出版，頁 1～77。

管仲，吾其被髮左衽矣」的夷夏之防到近代晚清國族的論述建構，中國儒學可說是未曾缺席。而臺灣儒學自沈光文入臺，西元一六五二年以來，也漸次接收了中國儒學所帶來的「文化認同」甚或「國族認同」，當平埔族人捧著儒家經典背誦，當臺灣原住民被分為生番熟番，漢化（國家化）的過程就從未一刻停歇。

然而一八九五年中日甲午戰爭爆發，清廷在馬關條約中被迫割讓臺澎、遼東等地，而臺灣更在一八九六年乙未割臺的戰役後，進入了日本殖民統治的歲月。由於日本的殖民統治，以及殖民地的教育制度，臺灣人的國家認同便被轉移到日本的國家認同上，而在五十年的殖民統治之間，臺灣儒學曾經起過什麼作用呢？它是反抗日本國族認同的工具嗎？或者是依附日本殖民統治者的學術勢力呢？中國儒學社會歷來亦曾面臨過中國歷史上異族統治的年代，中國儒學亦曾不斷地修改自身的論述以合理化它在異族統治之下的姿態與作用，臺灣儒學是否也有相近的歷程呢？

就殖民統治與近代民族國家的建構，臺灣的漢人所經歷的文化認同與國族認同的轉折，就整個華人歷史來說，都可說是極為獨特且絕無僅有的，而臺灣儒學是否也曾起過「調適」與「重新安置」認同的重要作用呢？日本殖民主亦曾受過儒學的影響，對於儒學的內容並不陌生，而臺灣儒學的發展與日本儒學間究竟有過何種交流與交互影響呢？

日治時代提供了一個臺灣人對於中國文化與國族認同的真空狀態，一個重新轉折、思索以及反省的機會，它是一種「縫隙」，當臺灣儒學論述在這樣的真空狀態之下，它會以何種姿態出現？它如何面對日本國家認同的問題？這些問題都相當值得吾人考察。本文的研究動機正是想要解決上述問題，而研究目標正是想要考察臺灣儒學在日治時代，在日本殖民主的儒學政策底下，它的變異（即與傳統中國儒學的文化認同立場的差異）以及發展狀態。

因著上述的思考，筆者意識到：「臺灣儒學本土化論述的建構」成為筆者未來最為重要的研究關懷，然則要建構論述系統，不可能不回顧與研究過往臺灣儒學的歷史發展軌跡，踏實地面對過往臺灣儒學的論述文字是最適切的做法。而在施懿琳教授的「臺灣古典詩人專題」的研究所課程中，因為施老師的悉心引導，筆者得以認識到自己彰化故鄉的詩人儒者——施梅樵，基於一種對故鄉先輩的景仰與敬意，筆者開始研究他的詩作，從而注意到施梅樵

在日治時代末期所編輯的《孔教報》〔註3〕這份儒學刊物，因著這份對故鄉先賢所編刊物的熱情，也因爲施老師的鼓勵，筆者逐決定以《孔教報》之研究作爲我碩士論文的主題，而這也是邁向往後臺灣儒學研究的一個起點。

《孔教報》創刊於一九三六年十月，是一儒學漢文月刊，由彰化孔教報事務所創辦，施梅樵任發行人。以目前所見《孔教報》最後刊行的一期——第二卷第九號——加以判斷，《孔教報》至少曾持續發刊到一九三八年十二月。眾所皆知，臺灣總督府曾於一九三七年對於各大報紙暗中施壓，促成廢止漢文的目的，所以《孔教報》與《風月報》及後來一九四一年發刊的《崇聖道德報》等刊物，均曾於禁止漢文使用之後持續以漢文發行。《孔教報》採取會員制，凡是繳納年會費的會員均可收到刊物〔註4〕，也因爲閱讀者與投稿者主要以「孔教報出版會」的會員爲主，故其發行量與寫作群數量自然無法與動輒發行五、六千份以上的《風月報》等開放性較高的刊物相提並論，但是《孔教報》在日治末期臺灣的文人儒士的文化圈中仍享有一定知名度。孔教報出版會的會則中有六條規定大綱，前三條說明了其名稱、會址本部所在地及採取會員制〔註5〕；第四條：「本會於必需時全島各地得設支部或出張所」說明了施梅樵本人對於《孔教報》此一刊物的發行有預設未來將擴大經營規模的前景，由此亦可知《孔教報》刊行伊始，發行地域仍限於臺灣本島，不若《風月報》等刊物甚至發行至中國、日本與南洋等地；第五條：「本會以漢學爲眞髓防漢學之衰頹以鼓倡文學涵養日本精神爲目的」確立了孔教報的創刊宗旨與主要目的；第六條：「本會互相愼重毋傷本會之名目及修養人格向上之事」表露出會員需自律不可傷害出版會的名譽，帶有儒士須以道德修養爲重的色彩。

筆者的問題意識爲：究竟在何種時代背景因素下，促使彰化名儒施梅樵毅然決然創立孔教報發行會並發行《孔教報》呢？在將近六百多頁，一百萬

〔註3〕筆者所使用的《孔教報》資料係 2006 年 2 月 25 日於臺北縣中和市臺灣圖書館（前身爲中央圖書館臺灣分館）所影印。

〔註4〕孔教報出版會會則規定對於不論「普通會員」、「正會員」、「贊助會員」、「名譽會員」，只要繳納年費，則「本會所發刊之孔教報無料配付之事」，都可拿到刊物，再加上《孔教報》是非賣品，主要流通在孔教報出版會的會員之間，因此其流通量與閱讀人口著實是有限，且《孔教報》的文字生產應多是會員之作。

〔註5〕孔教報出版會會則第一條：「本會稱爲孔教報出版會」、第二條：「本會本部置於彰化市南郭字南郭七七番地」、第三條：「本會以會員組織之」。

字以上的文字生產中，傳達了何種儒學的理念呢？而編輯兼發行者施梅樵是如何經營這份儒學刊物的呢？《孔教報》中的執筆作者是那些人物呢？他們的生平與背景各為如何？《孔教報》為期約三年的存在，卻巧合地落在臺灣總督府全面禁止漢文的前後，而「以漢學為真髓防漢學之衰頹」的孔教報出版會同人們作出何種因應之策與批判呢？他們在日治中晚期以儒學本位書寫儒學的論述，究竟有何價值？又作何貢獻？凡此種種，皆為筆者所亟欲了解者。

第二節　研究範圍及方法

一、研究範圍

　　王詩琅曾將日治時代分為三期：①綏撫時期（1895～1919）②內地延長主義時期（1919～1937）③皇民化時期（1937～1945），而本論文題目所謂「日治中晚期」的分期乃參考此種分期法〔註6〕，即分別將這三個時期稱之日治初期、中期、晚期。孔教報雖然存在的時間僅一九三六至一九三八此三年間，然而為了考察其完整時代背景以求更寬闊的歷史視野及縱深，本論文將先行爬梳日治中晚期（即一九一九年至一九四五年）之臺灣儒學史，再聚焦於昭和十一年至昭和十三年孔教報出版會的人物、活動及刊物之文本，而將《孔教報》放在具體的日治中晚期歷史脈絡中來考察。

　　接著，必須界定「儒學」一詞在本論文中的定義與用法，「儒學」一詞有儒家學術之意，無論是古今何種儒家學術派別，此意主要指士人儒生所探討的儒家學術性的範疇，然則當吾人將「儒學」放回日治時代的具體歷史脈絡中時，「儒學」甚至混雜了「儒教」的色彩，這意味著儒者在一般的常民生活中所面臨的儒學「世俗化」（或庸俗化）的實際問題，事實上，「儒學」本身也因為訴求對象不同，而大致可分做三類①官方的儒學論述、②士人儒生的儒學論述、③民眾百姓的儒學論述：

（一）關於官方儒學論述

　　若回到日治時代的歷史現場，或可思索日本官方如何看待儒學，早在明

〔註6〕請參見王詩琅《日本殖民體制下的臺灣》，臺北，眾文出版社，1980年，頁11。

治四十四年（1911），日本舊慣調查會所編寫的《臺灣私法》一書中，已將「儒教」列為宗教之一，並如此定義：「儒教是孔子及孟子所祖述的古代聖王教義，內容包括宗教、道德、政治，三者渾然融合成為一大教系。」〔註7〕這樣的定義，其實很精準地指出：中國在清代以前是以天子為中心所建構的政教合一國家。日本在近代建構國族主義時，運用萬世一系的天皇為其國族建構的頂點，亦援引不少儒家學說，亦可視為類似的官方儒學論述。

（二）關於士人的儒學論述

日治時代自一九二○年代起，臺灣知識份子即引入許多西方新式思潮與文化，從而也造成新舊文人之間的論爭，進而對於儒學有許多正反面的論辯與思索，而無論是學術性的或宗教性的儒學論述，新舊文人均有所著墨。

（三）關於庶民的儒學論述

儒學世俗化的結果自然是儒學宗教化、平民化，日治時代儒、釋、道三教交錯雜揉的合流現象其中，借用了不少儒家的論述資源〔註8〕，這可從日治時代曾盛行的鸞堂與善社看出，許多鸞生透過扶鸞等宗教儀式或宣講儒家經典來教化民眾。

本論文的「儒學」一詞，將採取以第二種儒學論述為主，必要時旁及第一及第三種儒學論述為輔，在這樣的界義之下，實際上亦含有「儒教」意義的使用。

二、研究方法

本論文的研究方法採取歷史研究法為主，並將結合後現代與後殖民論述、當代民族國家建構論述等社會科學理論，以及近代中國、日本及臺灣儒學論述等學術視野與理論，對於日治中晚期臺灣儒學發展歷史與變異進行探索與思考，而在實際的論文寫作上將有以下三項具體作法：

（一）蒐集原始資料

就《孔教報》現存文本而言，目前臺灣可見的《孔教報》，從昭和十一年（1936）至昭和十二年（1937）的第一號至第十三號（缺第九號），以及昭和

〔註7〕 請參見《臺灣私法》二卷上，東京，明治四十四年（1911）八月，頁240。
〔註8〕 事實上，以中國儒學史為例，自佛教於西漢末年傳入中國之後，就已經開啟了三教（儒、釋、道）之間的競爭與合作的端倪，而自晉代至宋代，三教如何融合一直都是中國重要的宗教命題。

十三年（1938）發行的第二卷二至九號，在《孔教報》內文中亦未曾提及爲何缺少昭和十二年的第九號，而比對昭和十二年的第八號與第十號，其中第十號目錄中有「論詩樂（續前）」的篇章，然而在第八號之目錄中，未見「論詩樂」之篇目，可見昭和十二年所發行的第九號確實存在；另外究竟第二卷第一號是否曾刊行，根據筆者比對昭和十二年第十三號與昭和十三年第二卷第二號的目錄，其中單就目錄而言，幾無太多關聯，均是獨立篇章，故無法判斷是否有第二卷第一號的存在。除非能夠尋得遺漏的部分，否則筆者僅能就目前可見的這些資料來論述《孔教報》中臺灣儒學的變異與發展。

（二）進行田野調查

　　誠因《孔教報》正文內容所透露的訊息有限，例如具體的孔教報出版會會員名冊可否尋得？會員資料安在否？無具名的文章究竟是編者所寫抑或作者匿名？《孔教報》是否僅有目前臺灣圖書館所藏的篇目而已？施梅樵編輯《孔教報》所遭遇到的困境與心路歷程？或許都有待對施梅樵後人進行田野調查訪問，或可尋得《孔教報》編輯的相關資料，或者施梅樵的編輯日誌、手記或書信等，此即 James Scott 所謂的「隱蔽文本」概念，儘管被支配者在支配者面前會順服他，但不一定在意識型態的層次接受支配者的論述或價值。在翁聖峰於第一屆臺灣儒學研究國際學術研討會中所發表的〈日據末期的臺灣儒學──以「孔教報」爲論述中心〉一文中，針對孔教報出版會第五條大綱時，於上冊頁二十九曾提及：

　　　　事實上，本條很清楚交待「以漢學爲眞髓」、「防漢學之衰頹」、「以鼓倡文學」、「涵養日本精神」爲目的，所謂「涵養日本精神」只是它的四大目標之一，而且這點是編者的本意，還是迫於當時面對日本統治者的日本化政策相應的一種「敷衍性」作法，也須要進一步釐清，才可避免錯誤的論斷。

　　而施懿琳亦曾於同一研討會論文集的上冊中〈日治中晚期臺灣漢儒所面臨的危機及其因應之道──以彰化「崇文社」爲例〉一文中，於頁三六六提及：

　　　　在日本殖民統治下，從「日臺文化融合」的角度來立說，要比站在文化民族主義的立場來強調漢文化效果來得大些。當然，假如要進一步追問，這些鼓倡日臺親善者，究竟是眞心如此？或只是以之爲幌子？這恐必須要進一步就撰文者的生平事蹟〔註9〕作考查，

────────────

〔註9〕原文作「跡」，誤，逕改之。

才可能有比較客觀、持平的解答，在此不宜遽下斷言。

相當明顯地，兩位論者都遇到了相同的困境，即日治時代的文人儒士們是否珍視或敷衍日本殖民主強加灌輸的意識形態與價值觀，或許以非公開言說的「隱蔽文本」來解讀，俾能突破此一研究困境，雖說如此，然而將近七十年前的文獻資料是否保存完好仍在未定之天，「老成凋謝，莫可諮詢」的情形也有可能會發生，這必然是本論文在進行田野調查時很有可能面臨的問題。

（三）掌握歷史脈絡與背景

本論文對於《孔教報》之研究，重心在於針對其具體文本內容的探討與分析，並欲說明並彰顯《孔教報》在臺灣儒學史的地位與評價，因此牽涉到的背景知識相當廣泛，諸如中國儒學史與日本儒學史的發展脈絡，另日治時期臺灣歷史中如教育史與儒學史、臺灣總督府對於儒學的政策、近代日本對於儒學概念之認知，這些部分均須掌握。此外，針對孔教報出版會會員將據現有文獻、田調資料成果以及方誌中的人物傳記，整理成孔教報出版會會員資料一覽表，並將分項如姓名、字號、著作等製作圖表，並佐以歷史大事年表，以求精確掌握歷史脈絡。李世偉曾於他個人博士論文〔註 10〕當中，製成「日據時期臺灣儒教大事紀」，相當具有參考價值。

第三節　文獻回顧與檢討

一、《孔教報》的研究成果回顧與檢討

歷來對於《孔教報》的相關研究相當稀少，就算提及也僅是簡單帶過，直接或間接的研究成果：

（一）在單篇論文方面

僅有翁聖峰的兩篇——〈日據末期的臺灣儒學——以「孔教報」爲論述中心〉、〈國教宗教辨——以《孔教報》爲論述中心〉，翁聖峰長期關注《孔教報》研究之發展，亦爲目前《孔教報》研究成果最豐富的研究者。

（二）在學位論文方面

目前尚未有任何學位論文以《孔教報》爲主題進行撰寫，「惟二」在內文

〔註 10〕請參見李世偉《日據時代臺灣儒教結社與活動》，初版，臺北市文津出版社，1999 年，頁 458～477。

提及「孔教報」一詞的兩本學位論文，一爲蘇秀鈴的碩士論文《日治時期崇文社研究》，一爲翁聖峰的博論《日據時期臺灣新舊文學論爭新探》。其中蘇秀鈴的碩論僅是在一百四十八頁處提及崇文社四位健筆吳蔭培、高文淵、蔡清福與許君山常在《孔教報》發表文章；翁聖峰的博論則是在其第三十五頁處，引用了《孔教報》中施梅樵〈現代宜重禮教〉此文，並沒有對《孔教報》作出全面性的探討與研究。

（三）在專書方面

目前亦未有任何專書直接研究《孔教報》。

自一九三六年《孔教報》創刊迄今將滿七十週年，然而這份儒學刊物卻是如此乏人問津、遭人冷落。關於這種現象，唯一長期關注《孔教報》研究的學者──翁聖峰曾言：

> 《孔教報》是日據時代一本長期被漠視的儒學雜誌，直至目前爲止，尚未見到相關的專論。不過，它被漠視並不是因爲它的研究價值不高，而是相關於日據時代傳統思想論述我們一直缺乏較深入的研究所致。〔註11〕

這是翁聖峰於一九九七年的慨歎，而迄今二○○六年，這近十年的時光中，《孔教報》的直接研究成果有所增加的仍是翁的另一單篇論文〈國教宗教辨──以《孔教報》爲論述中心〉，這份日治時期的儒學刊物確實相當寂寞。

翁聖峰〈日據末期的臺灣儒學──以「孔教報」爲論述中心〉一文，對於《孔教報》作了精要的介紹，並且肯定《孔教報》編輯及寫作群爲維護漢文之存續之苦心。然而，在論及《孔教報》諸君於其時代環境中，爲維護漢文立場而與日本殖民主的種種互動時，翁聖峰雖一開始認爲「需進一步釐清」所謂的「涵養日本精神」〔註12〕，但是翁其實早有定見，可從以下這段話看出：

> 《孔教報》會則第五則之末亦標舉「涵養日本精神」一詞實是爲因應特殊時空的不得已之舉，豈可以簡單的「附日」思想視之。
> 〔註13〕

〔註11〕請參見翁聖峰〈日據末期的臺灣儒學──以「孔教報」爲論述中心〉，臺南市文化中心，第一屆臺灣儒學研究國際學術研討會會議論文，上冊頁27。
〔註12〕即前文第八頁所引翁聖峰先生之發言。
〔註13〕請參見翁聖峰〈日據末期的臺灣儒學──以「孔教報」爲論述中心〉，臺南市文化中心，第一屆臺灣儒學研究國際學術研討會會議論文，上冊頁38。

　　可見翁先生的定見是——《孔教報》的寫作群「以漢學爲眞髓，防漢學之衰頹以鼓倡文學」是苦心孤詣的，而「涵養日本精神」則是虛應敷衍日人。而且維護漢文的用心則爲：

> ……《孔教報》以漢文化爲論述中心，而孔子思想同爲許多日本人所接受，但在其概念裡孔教的位階高於日本文化，可較有效免於同化主義、皇民化……〔註14〕

　　筆者相信當時應有孔教報出版會會員持「藉著孔教來作爲抵抗殖民同化主義」的觀點，然則眞心認爲「涵養日本精神」者豈無其人？論及莊玉坡「黃種同胞，以兄弟之聯邦，東亞和平，既爲帝國之一份子。」〔註15〕的論述時，翁先生便認爲「亦可能是其例，但亦可能只是莊玉坡個人的附日思想」。然則此篇〈國防獻金勸募〉乃獨立於該號目錄之中，編輯就算是虛應敷衍日人，似乎無必要如此慎重其事，更何況提及「熱愛大日本帝國」與「涵養日本精神」此類文章在《孔教報》中有相當份量，例如第一卷第二號白折雄〈國民宜知愛國論〉中曰：

> 宜遵先帝教育敕語之明訓，平時則知敦倫篤行，修學習業，以啓智能而成德器，以廣公益而重國憲，若一旦緩急，則知義勇奉公，以扶翼天壤無窮之皇運，而顯彰其祖先之遺風焉，將見効義疆場，皆知親上死長，所謂大和魂者，此也！〔註16〕（標點符號爲筆者所加）

　　因此，不宜以「特例」來看待此類「附日」文章，況且引進此種儒學民族主義的觀點有本質主義（essentialism）上的危險〔註17〕，回到具體的日治時期的歷史現場，眞心認爲「涵養日本精神」者豈無其人？而認定這就是種貶義〔註18〕，其實是被所謂的儒學民族主義侷限住的思考結果。然則翁聖峰

〔註14〕請參見翁聖峰〈日據末期的臺灣儒學——以「孔教報」爲論述中心〉，臺南市文化中心，第一屆臺灣儒學研究國際學術研討會會議論文，上冊頁40。

〔註15〕請參見《孔教報》第一卷第十三號，頁6。

〔註16〕請參見《孔教報》第一卷第二號頁8。

〔註17〕如廖炳惠《關鍵詞200》頁99提到：「本質論（essentialism）此一見解假定各種性別、族群與階級等範疇的成員，有特殊的質素是團體外其他人所無法共享的，尤其是在種族與性別研究上，經常假定某一個種族與性別，具有一種排除、區隔且相當有本質性的特徵，是不可共量的，也由於這些特質，成員得以發展其特殊的屬性與文化認同，也因爲如此，無可避免的有時會產生排他或看似狹隘的文化政治。」

〔註18〕請參見翁聖峰〈日據末期的臺灣儒學——以「孔教報」爲論述中心〉，臺南市文化中心，第一屆臺灣儒學研究國際學術研討會會議論文，上冊頁28提及：

此文對於《孔教報》之研究仍然具有開創之功，並且點出先前論者的疏忽之處〔註 19〕，具有相當貢獻。

二、「日治中晚期臺灣儒學」的研究成果回顧與檢討

就目前筆者所了解，此時期的臺灣儒學研究已有相當成果，筆者取其中對本論文較有助益者，茲就三方面臚列之：

（一）在單篇論文方面

金培懿〈日據時代臺灣儒學研究之類型〉〔註 20〕、施懿琳〈日治中晚期臺灣漢儒所面臨的危機及其因應之道——以彰化「崇文社」為例〉〔註 21〕、子安宣邦〈從當今日本質問「儒教」〉〔註 22〕。金培懿〈日據時代臺灣儒學研究之類型〉一文說明日治時代儒學的研究類型，諸如內藤湖南等人「援儒佐皇」、後藤俊瑞與郭明昆的「純學術研究」、周定山「由社會觀點研究」、黃得時「由文學觀點研究」、江文也「由音樂觀點研究」，對於本論文最大助益處在於豐富了有關日人儒學概念，使得筆者不只是從臺灣漢人的觀點來看待《孔教報》，也較能從近代日本儒學的形構歷程來考察《孔教報》中的日人作者的篇章、另外也較能理解總督府對於《孔教報》的寬容政策。施懿琳〈日治中晚期臺灣漢儒所面臨的危機及其因應之道——以彰化「崇文社」為例〉對於崇文社的文人採取了較為類型化的分析，即較為個案化的研究，這相當值得本論文參考，也是本論文避免所謂「漢人民族大義」的二分法的途徑，雖說主要對象是針對崇文社，但對於幾近同一時期同一地點的《孔教報》研究，有可觀的助益。子安宣邦〈從當今日本質問「儒教」〉一文讓筆者重新認知到所謂「文化同一性」對於民族國家的宰制性，從而能夠以一個較為後殖民的眼光來看待此一時期的臺灣儒學。

「評論中有關『日本精神涵養』一詞的詞義不但含糊，而且以今人的眼光來看實有貶抑之義」。

〔註 19〕翁聖峰先生明確指出許俊雅、梁世雄、賴秀峰等人未見過《孔教報》正文，即遽下評斷。詳見其文註腳 5。

〔註 20〕此文發表於 1997 年成功大學舉辦之「第一屆臺灣儒學研究國際學術研討會」，論文集下冊頁 283～328。

〔註 21〕此文發表於 1997 年成功大學舉辦之「第一屆臺灣儒學研究國際學術研討會」，論文集上冊頁 359～392。

〔註 22〕此文發表於 1997 年成功大學舉辦之「第一屆臺灣儒學研究國際學術研討會」，論文集上冊頁 393～402。

（二）在學位論文方面

川路祥代《殖民地臺灣文化統合與臺灣傳統儒學社會（1895～1919）》〔註23〕一書提到其論文之後仍有可再發揮的課題，其中第二項提到：

> 1937 年以後，日本政府開始侵略中國大陸，在如此政治狀況，臺灣與日本兩個不同的儒學社會之交叉層面，是否產生與以往不同的互動關係或衝突矛盾。〔註24〕

此點啓迪筆者在檢視這些臺人與日人的儒學話語時，不只能關照到其相融涵混的一面，也能注意到衝突面，幫助甚大。蘇秀鈴《日治時期崇文社研究》〔註25〕的崇文社研究與《孔教報》寫作群基本上有其重疊性，時代地點亦相近，提供筆者主要分析對象《孔教報》一個很好的參照指標。尤隨終《明鄭至日治時期（1661～1945）臺灣儒學之研究》〔註26〕在其論文摘要中云：

> 臺灣儒學本質上是一種本土化的文化傳承，是追求一種自我文化的創新。臺灣儒學就是以臺灣作爲主體的文化實踐，眞正地溝通傳統與現代的生存情境，傳統儒學的「文化中國」與現代儒學的「文化臺灣」是一體相承的，開拓出文化的現代情操與本土關懷，避開各種自身失調與外力衝擊的困境。臺灣的文化形式已完全不同於中共政權下的中國文化形式，即臺灣文化不等同於中國文化，臺灣儒學雖然對「文化中國」有強烈的感情，但不意謂著對中共政權下的中國文化認同，而是落實於臺灣本土的文化經營。儒學可以成爲臺灣人依賴的精神傳統與文化糧食，讓儒學內在精神性的源頭活水能自覺地湧現到生活的各個層面上來。

重視臺灣儒學主體性的思考，正暗合筆者對於臺灣儒學的思考，並且其歷史縱深度正可彌補本論文在其他歷史時期如明鄭、清代儒學之不足。

（三）在專書方面

李世偉《日據時代臺灣儒教結社與活動》的研究深廣度兼具，李世偉談到「儒學」與「儒教」的分野，以及所謂「學藝性儒教」和「宗教性儒教」

〔註23〕國立成功大學中國文學系博士論文，2001 年。
〔註24〕請參見川路祥代博士論文《殖民地臺灣文化統合與臺灣傳統儒學社會（1895～1919）》214 頁。
〔註25〕彰化師範大學國文學系碩士論文，2000 年。
〔註26〕華梵大學東方人文思想研究所碩士論文，2004 年。

的不同，使筆者注意到「儒學」與「儒教」的歷史現場定義的用法，以及關注到「什麼位置與階級的儒學？誰的儒學？」這樣的問題。林慶彰《日據時期臺灣儒學參考文獻》此書補足了筆者對於日治時期臺灣儒學相關文本的研讀量，讓本論文更能直接回到儒學文本來探討與思索。目前在臺灣儒學方面研究成果頗豐的陳昭瑛，其論述也相當可觀，值得筆者參照與思考。

第二章 明鄭迄清末臺灣儒學的起始與建制

第一節 臺灣儒學之肇始

一、明鄭時期以前的臺灣

在探討日治時代臺灣儒學論述之前，本文有必要先行探討自明鄭以來迄於清末割讓臺灣的儒學教育與論述的歷史，儒學的起始與建制的歷程爲何？其具體措施與論述爲何？這是注重臺灣儒學發展脈絡（context）的當然做法，也是了解臺灣儒學於日治晚期的變異性爲何的第一步。

在歷來的中國史籍之中，記錄較爲可靠，對於臺灣時間又最早的近距離描寫，要算是元代汪大淵的《島夷志略》了，《島夷志略·琉球傳》曰：

> 地勢盤穹，林木合抱，山曰翠麓，曰重曼，曰斧頭，曰大峙。其峙山極高峻，自彭湖望之甚近。余登此山，觀海潮之消長，夜半，則望暘谷之出，紅光燭天，山頂爲之俱明。土潤田沃，宜稼穡。氣候漸暖，俗與彭湖差異。水無舟楫，以筏濟之。男子婦人拳髮，以花布爲衫。煮海水爲鹽，釀蔗漿爲酒。知番主酋長之尊，有父子骨肉之義。他國之人倘有所犯，則生割其肉以啖之，取其頭懸木竿。地產沙金、黃豆、黍子、硫黃、黃蠟、鹿豹麂皮。貿易之貨，用土珠、瑪瑠、金珠、粗碗、處州磁器之屬。海外諸國，蓋由此始。〔註1〕

〔註 1〕轉引自曹永和《臺灣早期歷史研究續集》，初版，臺北市：聯經出版社，2000

　　元代於澎湖設置巡檢司，可謂已將澎湖收入其政治版圖〔註2〕，而如上所述，元人對於臺灣的地勢與土著，甚至其物產能有如此近距離的描寫，可以得知元末中國漢人與臺灣平埔族已有某種程度上的貿易交流，並且臺灣島被認定爲往南海、東海發展的貿易起點。

　　明朝僅准許貢舶貿易的海禁政策，在福建、廣東沿海於唐宋元以來向外發展貿易的總體趨勢上，顯得相當不合時宜，而明初對於沿海外島「徙民墟地」的政策，更是明朝對於臺灣地理知識瞭解匱乏的主因。然而，海禁政策從未能有效中斷環中國海域上的東亞與東南亞國際貿易，禁之越嚴，則沿海人民私自販海通商鋌而走險者則越多，澎湖、臺灣等地遂成爲半盜半商走私貿易的中繼站與根據地，從而也造就了少數軍事與貿易強者寡佔東亞貿易的局面〔註3〕。明末葡萄牙人、西班牙人、荷蘭人與英國人相繼東來爭取與中國、日本的貿易利益，也讓臺灣進入世界史的視野之中。

　　綜上所述，中國政權對於臺灣歷來或征伐掠奪，或防患其擾民，或實施海禁，這與民間社會與臺灣之間的關係發展，似乎成爲兩條各自發展的軸線。自元代以來，根據汪大淵的描寫，吾人有理由可以相信，中國東南沿海漢人居民與臺灣土著間有一定程度上的貿易往來，漢番間的通譯中介者亦已存在，而季節性的往返臺灣與中國沿海之間的漁獲捕撈、狩獵行爲也存在長久。正如曹永和所述：

> 當歐洲人初抵臺灣時，他們發現已經有漢人，自大陸來寓居於臺灣各地，散開於土著間，或在靠近漁場沿岸搭蓋小棚而結夥爲居。他們在從事番產交易與捕魚，但他們僅於漁季及狩獵期間來到臺灣，漁獵季結束即返回大陸，因此尚未能構成正常的漢人社會。〔註4〕

大規模有組織性的漢人移民，則自明朝末年開始，一方面因爲中國沿海

　　　年，頁 44～45。汪大淵對於臺灣平埔族原住民的描寫，與後來荷蘭人於明末對於臺灣土著的描寫有相合之處，如南部平埔族人對於年邁者的尊敬、兒子的教導由父親負責，以及獵殺敵人人頭爲榮。

〔註2〕實則南宋孝宗乾道七年（1171）就曾經派兵至平湖（今澎湖）屯戍，以防止毗舍耶人（即當時的臺灣土著民族）侵襲，以軍事手段保護此地居民的措施，可以認定實質上將澎湖一地置於南宋政權的保護下。

〔註3〕例如明末居於日本平戶的商人李旦、挾著明朝官方力量的俞咨皋、許心素以及後來的海盜頭子鄭芝龍、李魁奇、鍾斌等人。

〔註4〕請參見曹永和《臺灣早期歷史研究續集》，初版，臺北市：聯經出版社，2000年，頁83。

海寇猖獗，而人口增加的情形下，閩粵二省多山耕地有限，沿海居民不得不冒險來臺找尋耕地；另一方面荷蘭人於據臺後則招徠漢人墾殖，以增加其農作物與獵物的生產量。迄一六五二年九月七日郭懷一起事，荷蘭人漸次感受到漢人社群增加所帶來的威脅，荷蘭牧師干治士（Rev. George Candidius）曾說明此時漢人數量的情形：「這時在臺灣的漢人已有很多，這可以從 1651 年 5 月 10 日長官將課漢人的人頭稅以每年 20 萬估登（gulden）的價錢包給包商就可以看出。」〔註5〕末代荷蘭臺灣長官揆一（Frederick Coyet）所著《被遺忘之臺灣》（'t Verwaerloosde Formosa）也曾曰：

> 在荷蘭佔據臺灣的末期，有許多漢人因戰亂而離鄉移居至臺灣，設立了一個殖民區，除了婦孺之外，壯丁有二萬五千之多。他們從事於商業和農業，種植了大量的稻子和甘蔗。〔註6〕

或避亂或墾殖的原因而來臺，在此由大量中下層階級庶民所組成的漢人移民社會中，他們冒死犯難離開中國原鄉，是為了尋求生活的出路，此一時期即便是有類似塾師之類的人物，也不太可能傳授儒家四書五經的科舉標準範本，因其對於危機四伏的移民社會而言，不需要也沒必要。連橫的《臺灣通史・藝文志》中有類似觀點：「我先民之奔走疏附者，兢兢業業，共揮干戈，以挽虞淵之落日。我先民固不忍以文鳴，且無暇以文鳴。」〔註7〕雖然此處連橫談及的是明鄭時期臺灣先民辛苦開墾而無暇「以文鳴」，但同理可證，明鄭以前的荷蘭時期更是不可能「以文鳴」。此一時期的漢人教育應當僅是停留在童蒙識字的階段，即便有平埔族人學習漢文，也跟漢人學習漢文的目的一樣，均為了溝通、通商與契約之訂定，頂多額外再加入如算術等便於商業發展的課程。吾人可以認識到，明鄭以前的臺灣，在荷人積極從事教導羅馬字，以造就平埔族人讀寫新港文字之類的聖經，基督教主流價值的教育下，漢人的儒學教育在此時可說僅是庶民而非官方的自行學習，其目的旨在童蒙識字而已〔註8〕，更遑論任何儒學的建制。

〔註5〕請參見法蘭汀、干治士等原著，甘為霖英譯，李雄揮中譯《荷據下的福爾摩莎》，初版，臺北市：前衛出版社，2003 年，頁 90。
〔註6〕轉引自曹永和《臺灣早期歷史研究續集》，初版，臺北市：聯經出版社，2000 年，頁 87。
〔註7〕請參見連橫《臺灣通史・藝文志》臺灣文獻叢刊第一二八種，臺灣銀行經濟研究室編印，1962 年出版，頁 616。
〔註8〕龔顯宗先生曾經在第一屆臺灣儒學研究國際學術研討會論文集，〈臺灣文化的播種者沈光文〉一文的第 79 頁中提出：「光文在教學內容方面則包括了語文

然而，就臺灣儒學的開創而言，就在此時，比鄭成功入臺早約十年，於一六五二年因颱風而漂流來臺，有「海東文獻初祖」〔註9〕之譽的沈光文，便象徵性地代表著臺灣儒學在臺的開端人物，其人後來更被連橫譽爲「臺灣文獻初祖」。但是就臺灣儒學的開創者而言，劉述先有其看法〔註10〕，他說：

> 想到鄭成功爲什麼叫做國姓爺，其實他的價值完全是一套儒家的價值。如果不講儒家怎麼理解鄭成功。在這個情況底下，臺灣儒學開創者可說是鄭成功，他把儒家傳統帶進來。〔註11〕

然則若就其來臺時間之先後，與其後來的被接受、再現的歷史而言，沈光文比鄭成功更有資格作爲臺灣儒學的開創者，鄭成功於臺灣儒學中的價值與地位之論述，容後第二節將做更詳細的闡述。以下本文將就其歷史地位與其被接受史的角度，並引用諸多近人發掘之新史料，重新評價沈光文其人。

二、沈光文在臺灣儒學史的歷史地位

沈光文（1612～1688），字文開，號斯菴，明浙江鄞縣人，他見證了明帝國及南明政權，乃至於臺灣明鄭東寧王國〔註12〕的敗亡。西元一六四四年，三月，李自成攻陷北京，明思宗崇禎皇帝自縊而死，這象徵明帝國走向敗亡的臨界點。同年五月，清兵進佔北京，建立清帝國，一六四五年迅速南下，開啓毀滅南明政權之戰端，其間歷時長達十六年〔註13〕。南明政權在權臣誤國（或叛明降清）〔註14〕、諸王不和及治理紊亂之下，迅速崩解，抗清志士史可法、黃

與經、史、子、集」，而其根據分別是《臺灣通史卷十一·教育志》云：「沈光文居羅漢門，亦以漢文教授番黎」以及全祖望《鮚埼亭集》云：「山旁有目加留灣，番社也，公於其間教授生徒」，但是，所謂「漢文」，筆者認爲在荷蘭時期的教學應僅至於漢文文字的童蒙識字階段，除非是明鄭時期，漢人與番人子弟爲了科舉或迎合明鄭政權，才有可能有學習科舉科考內容的市場，在此必須作出此一分野，以避免混淆。

〔註9〕此爲清人全祖望給予沈光文的評語。
〔註10〕劉述先先生或許並不清楚沈光文的事蹟與其評價，故持鄭成功爲臺灣儒學開創人物的看法，又或者劉先生是就「儒學國家化」的角度評論之。
〔註11〕請參見劉述先先生於二〇〇二年九月二十七日，臺南成大第三屆臺灣儒學研討會的專題演講紀錄，文見第三屆臺灣儒學研究國際學術研討會論文集頁1～2。
〔註12〕請參見1998年由北京中華書局影印出版的《清史稿》卷224〈鄭錦（經）傳〉，文中即有云鄭經於1664年「改東都爲東寧國」。
〔註13〕南明歷史應自弘光元年（1645）福王於南京稱帝算起，至永曆十五年（1661）桂王遭吳三桂絞死爲止，共十六年。
〔註14〕如馬士英、阮大鋮、孫可望、鄭芝龍之流。

道周相繼殉國。時年三十三歲的沈光文，參與了乙酉（1645）畫江之役，明師敗績，往後數年就在東南沿海一帶爲抗清事業奔走〔註15〕，而後南明政權覆滅，辛卯（1651）年後，沈光文借居海島某年之秋，將他這段飄泊時期的詩稿盡數焚去〔註16〕，沈光文在此之後尚流傳至今的作品〔註17〕，較隨鄭氏入臺的明末諸遺老其詩作「燃燒著悲憤慷慨的愛國情操」〔註18〕的風格，沈光文的鄉愁與感懷意味似更濃厚。康熙二十二年（1683），施琅攻臺，劉國軒、馮錫範等人隨同鄭克塽薙髮出降，明末遺老皆已物故，而沈光文猶存，遂有感嘆——「自以爲不幸，不得早死，復見滄海之爲桑田〔註19〕」，康熙二十七年（1688），沈光文歿，葬於善化東堡。

截至目前爲止，臺灣文學史當中，除了明末因颶風漂流來臺的沈光文之外，幾乎沒有一個文人能夠享有這般的尊榮——擁有以其名、字、號命名的橋、路、樓、詩社和書院，並且公開建立其紀念碑，甚至被供奉在廟裡供人祭祀敬拜〔註20〕——由此可見沈光文在臺灣民間社會中所受到的推崇，以下就沈光文的正面與負面評價分論之。

（一）沈光文的正面評價

即便是在文學研究與歷史文獻的學術場域中，沈光文不論其詩或事蹟，也得到頗多的正面評價。臺灣入清之後，第一位諸羅縣令季麒光就給他很高

〔註15〕 全祖望《鮚埼亭集・沈太僕傳》卷二十七：「乙酉（1645）豫于畫江之師，授太常博士。丙戌（1646）浮海至長垣，再豫琅江諸軍事，晉工部郎。戊子（1648），閩師潰而北，扈從不及，聞粵中方舉事，乃走肇慶，累遷太僕寺卿。」可見光文在當時仍是直接參與抗清行動。

〔註16〕 請參見光文詩〈寄跡放人吟六首〉詩小序：「戊子入粵，所吟亦多，辛卯以來，借居海島，登山問水，靡不有詩……今秋檢閱笥中，頓生悔愧，不論閒題記事，悉付祖龍。」

〔註17〕 沈光文流傳至今的作品較明末遺老如王忠孝、徐孚遠、盧若騰等人爲多，實應歸功於清初浙東史學大家全祖望的功勞，他曾委託在臺任官的張湄蒐集沈氏作品，並悉數帶回浙江。

〔註18〕 葉石濤先生語，請參見《臺灣文學史綱》第三頁。

〔註19〕 請參見全祖望《鮚埼亭集・沈太僕傳》卷二十七。

〔註20〕 清代鄧傳安建立文開書院於鹿港，即以其字爲書院命名，迄今祭祀沈光文，目前，在臺南縣善化鎮的車站附近，有光文路、文開橋、斯菴橋及沈光文紀念碑與牌樓；善化國中校園內有光文樓及「沈公光文教學處遺址紀念碑」；民國三十七年，善化成立光文吟社；國立臺南一中校歌中有「思其往哲，光文沈公」之歌詞；而在中山路上的慶安宮裡，沈光文的神像則與文昌帝君一同享祀，在光文故鄉中國寧波市，也有鑄其銅像，以供後人憑弔。

的評價：「從來臺灣無人也，斯菴來而始有人矣；臺灣無文也，斯菴來而始有文矣〔註21〕。」，季麒光對沈光文的高度評價至今看來的確歷久而不衰；清初浙東學派全祖望對於沈光文的評價則為後世史家所承繼，真正確立了沈光文的歷史地位。其《鮚埼亭集‧沈太僕傳》卷二十七曰：

> 嗚呼！在公自以為不幸，不得早死，復見滄海之為桑田。而予則以為不幸中之有幸者，咸淳人物，蓋天將留之以啟窮徼之文明，故為強藩悍帥，所不能害。

全祖望除了尊稱沈光文為「海東文獻，推為初祖」為人熟知的評價外，在其筆下沈光文成為一個如天欲降生以啟蒙臺島「窮徼之文明」的人物，實則更具決定性影響的因素是，全祖望曾經委託在臺灣任官的張湄為之蒐集沈光文的詩文作品，有保存史料之功，否則沈光文作品若盡數亡佚，那沈光文要有今日之地位恐怕相當困難。而全祖望推崇沈光文之言，爾後亦有清代方志編纂者與私人寫史者採用其說法〔註22〕，細究全祖望推崇沈光文地位之因，雖沈光文於臺灣文獻貢獻有功，然全祖望仰慕同鄉先賢之情亦不少。日治時期，大正七年（1918）連橫修臺灣通史，其中對於沈光文的評價大體承自全祖望；另外，近人楊雲萍曰：「斯菴到臺灣的年代——這是一相當重要的問題，因為自一方面說，臺灣文化史要從是年開始〔註23〕」龔顯宗對於沈光文的推崇更是不遺餘力，因此編有《沈光文全集及其研究資料彙編》，他說：

> 立德、立功、立言三者有一足以不朽，而沈光文兼而有之。就立德而言，他從事反清復明運動，不事異族，焚書返幣，拒閩督李率泰之招，淡於榮利，以賦諷勸鄭經，做到了「富貴不能淫，貧賤不能移，威武不能屈」的大丈夫標準，又化番授徒，濟之以醫，具備儒家民胞物與的胸懷。就立功來說，他在臺灣教育、文化、學術方面都有開創推動之功。就立言以論，他的著作包含了文學、地理、歷史、博物、社會學，對後來方志影響很大，被推

〔註21〕請參見季麒光〈題沈斯菴雜記詩〉，錄自康熙五十六年周鍾瑄主修、陳夢林等編纂之《諸羅縣志》。

〔註22〕清代方志如清同治十年陳壽祺所修之《福建通志‧卷四‧臺灣府》、清光緒二十一年薛紹元修蔣師轍纂之《臺灣通志稿本‧列傳‧寓賢》；公開發表的私人歷史創作，如清同治、光緒年間的李元度所編纂的《先正事略‧沈斯菴》，均有「海東文獻，推為初祖」之文字。

〔註23〕請參見楊雲萍〈臺灣的寓賢沈光文〉，民國四十三年作，收錄於《沈光文斯菴先生專輯》，民國六十六年三月出版。

為海東文獻初祖。〔註24〕

很顯然，龔顯宗對於沈光文的評判價值觀主要來自儒家的義利之辨，然而從季麒光一直到龔顯宗所形構的，對於沈光文的評價體系，實質上也都帶著漢人中心主義的觀點〔註25〕。這樣的長期歷史積累的高度評價體系，不只是在書面文字的研究上，它也開啟了沈光文配祀神格化的契機。早在清代鄧傳安設立鹿港文開書院時，沈光文就已配祀於朱熹一旁；昭和十二年（1937）善化文人蘇東岳倡祭沈光文公〔註26〕具有重要意義，這樣的配祀的意義，倘若參照清代儒家的廟學系統中，以鄉賢入祀是為定制的現象，更可看出其被神格化之重要意義，如高明士〈東亞傳統教育的特質〉一文中云：

> 清代對廟學及曲阜孔廟之尊崇，不遜前朝。其於地方之直、省、府、州、縣學，除文廟之外，又規定在文廟左右並建置忠孝、節孝、名宦、鄉賢四祠。……這是清代對前代規制的修正，此即明確將治統要素（前列四祠）加入道統區域，導致道統、治統廟制產生混淆現象，有利滿清政府的統治〔註27〕。

清代以來，這樣的傳統儒家廟學建制，本是有利清朝政府統治的制度，而到了日治時期蘇東岳等人援用這樣的模式來祭祀先賢沈光文，這確實是沈光文被神格化的開端，也更確立了沈光文不僅於文史領域的地位，也奠定其於庶民社會中的地位。

（二）沈光文的負面評價

歷來對於沈光文的正面評價雖然很多，但較為負面的評價亦有，即使同一史家對沈光文的看法也會有褒有貶，近人黃典權因為沈光文於滿清入臺後

〔註24〕 請參見龔顯宗〈臺灣文化的播種者沈光文〉，此文收於《第一屆臺灣儒學研究國際學術研討會論文集》，臺南市：成功大學中文系舉辦，一九九七年六月出版，頁79。

〔註25〕 實則臺灣原住民族亙古以來，即有口傳之神話傳說；荷據時期，荷蘭人曾教導新港社等西拉雅平埔族人，以羅馬字拼寫其自身語言，設若平埔族人亦使用此種拼音語言書寫文學作品，則此種漢人中心說法自當受到質疑。

〔註26〕 據臺南市立藝術中心，民國八十九年時出版盧嘉興《臺灣古典文學作家論集（下）》一書第一千零二十五頁所記載：「民國三十七年春由蘇氏、洪調水、蘇建琳三氏聚會益仁醫院（洪調水先生所開的醫院）議創光文吟社……並於是年中秋節舉行成立典禮暨舉行沈公第二回祭……」時至今日，善化慶安宮亦選在每年中秋祭祀沈公，可見民國三十七年便開其祭祀光文公之端。

〔註27〕 請參見《臺灣大學東亞文明研究中心研究生研習營「東亞研究的新視野」論文集》，臺大東亞文明研究中心舉辦，2004.5.1～5.2。

撰寫〈平臺灣序〉一文以迎合滿清政權〔註28〕，因而曾謂：

> 在一個劇變動亂的時代，一個文人要是經不起時代的顛簸是絕
> 頂不幸的。明末清初的沈光文（斯菴）就是一個經不住時代的顛簸
> 的文人。「行百里，半九十」的當兒委屈了下來的人，在他晶瑩光潔
> 的一生，竟難免蛀蝕了難恕的斑點，這是多麼叫人惋惜的呀！但是
> 我們不能就此把沈氏的價值全抹煞了，他對臺灣文化開山之功是永
> 難磨滅的。在全盤檢討文化的此時。我們應該以史的眼光還他個清
> 楚的面目，作個客觀的論斷，才不致以今誣古，枉屈了前人〔註29〕。

黃典權對於沈光文的評價中，具備儒學色彩的「氣節決定論」，他認爲沈
光文終究還是「晶瑩光潔的一生，蛀蝕了難恕的斑點」，然而黃典權仍然肯定
「臺灣文化開山之功是永難磨滅的」。成大歷史系教授石萬壽撰有〈沈光文事
蹟新探〉〔註30〕一文，文中對於歷來沈光文相關史料進行爬梳，並且認爲全
祖望對沈光文的記述多有偏誤，且多畫蛇添足與溢美之詞，卻因其浙東學派
之地位，多爲後世史家所傳抄採用。石萬壽提出新史料《斗南沈氏族譜》來
重新評估沈光文的史蹟。石先生云：

> 此族譜爲筆者在七十年代初，可能是七十二年時，訪問臺南文
> 獻前輩十所得，借來影印。此譜之原本爲黃紙紅線藍皮之古帳簿，
> 每頁十一行，共十三頁，全文約三千字，共分三部份，其末題綱目，
> 當爲譜序，係光文九世孫鵲道所序，但未註明年代，似乎在大正十
> 年左右。其二爲歷祖忌辰日期，列光文、歷紹、美、必登、進、士，
> 至有字輩共八代忌辰。其三爲過臺祖譜，不及七百字，似言猶未盡。
> 全譜未題譜名，今云《斗南沈氏族譜》，係筆者所添增者。〔註31〕

石先生查《斗南沈氏族譜》，發現關於沈光文漂流來臺之事，有新資料出
現：

> 來臺誠緣崇禎君敗國，順治君得天下之機，當時光文公在太武

〔註28〕近人盛成以〈平臺灣序〉之繫年有誤，進而推斷此爲後人僞作，然而其理由
　　　似乎過於牽強，而本文之眞僞仍尚待後人考證。
〔註29〕請參見龔顯宗編《沈光文全集及其研究資料彙編》：臺南縣新營市，臺南縣立
　　　文化中心，1998 年初版，頁 48。
〔註30〕此文請參見《臺灣風物》第 43 卷第 2 期，1993 年 6 月出版。
〔註31〕請參見龔顯宗編《沈光文全集及其研究資料彙編》：臺南縣新營市，臺南縣立
　　　文化中心，1998 年初版，頁 196～197。

山上，施公交結百年之義，爲君長之位，欲入京薦官，買舟開到本
洋。〔註32〕

由此可知，沈光文雖然在此前拒絕了閩督李率泰之招降，並且焚書返幣，
但是卻願意在一六五二年清、鄭戰事方酣時，拋棄尚在金廈的魯王，買舟前
往泉州欲投奔施琅，只是剛好遇到颱風，未能如願而已。而沈光文與施琅親
善，除了季麒光所載，《斗南沈氏族譜》亦云：

　　至康熙君癸亥年，施琅靖海侯聞知光文公流落在臺，遂差軍士
再搬請入府居住。鎮道憲府縣併諸邑老先生，爲文武官員，往來恭
敬，交接甚厚。〔註33〕

自此更可得知，季麒光之所以極其禮遇沈光文，除了對沈光文的敬意外，
多少也是在執行長官施琅的意志罷了。而施琅甚至幫助沈光文之子沈紹宏開
墾土地，《斗南沈氏族譜》曰：「施琅協同沈紹宏在臺開墾草地田園，紹宏公
依原搬入，在目加留灣置家立室，自招佃戶開墾田園，成家致富。」施琅以
其官方影響力幫助沈光文之子開墾致富，可見施、沈二人友誼之深。

筆者曾在 2004 年夏天，前往高雄縣鳥松鄉拜訪沈光文來臺十世孫沈允
在，他屬於沈紹宏所生之子沈美雲埔羌崙（位於今雲林縣大埤鄉）支系，在
民國八零年代曾編纂《沈光文公來臺世傳族譜》一冊（全冊已全數拍攝下來，
附錄於論文之後，請參閱附錄一），其過臺祖譜後註明其爲七世沈鵬道主筆，
並且增補「本朝」事宜，另查沈氏族譜七世祖多生於乾嘉年間〔註34〕，故沈
鵬道爲清人殆無疑義，其出生日期約在十八、十九世紀之交，而石萬壽的《斗
南沈氏祖譜》之過臺祖譜之撰寫人沈光文九世孫沈鵑道，約於大正十年撰寫
沈光文事蹟，其時在臺灣日治時期，兩個版本的祖譜記載內容非常相似，故
九世沈鵑道所述應本於七世孫沈鵬道所撰寫的內容而來。〔註35〕其中關於沈
光文投奔施琅降清的部份，《沈光文公來臺世傳族譜》云：

<hr>

〔註32〕請參見龔顯宗編《沈光文全集及其研究資料彙編》：臺南縣新營市，臺南縣立
　　　　文化中心，1998 年初版，頁 198。
〔註33〕請參見龔顯宗編《沈光文全集及其研究資料彙編》：臺南縣新營市，臺南縣立
　　　　文化中心，1998 年初版，頁 201。
〔註34〕如七世祖沈士長生於乾隆乙巳年（1785）七月十五日辰時、沈士德生於嘉慶
　　　　甲子年（1804）五月廿四日未時。
〔註35〕七世孫沈鵬道與九世孫沈鵑道名字相近，但絕非同一人，此爲筆者向沈允在
　　　　先生再三確認之事。唯沈光文在臺後世子孫分支龐大，各地族譜多僅錄其主
　　　　要支系，故難以得到全部沈氏後代子孫之總族譜加以比對。

> 崇禎君敗國，順治君得天下之機。當時光文公在太武山上，奔
> 走於魯王鄭成功之間，與施公結交百年之義爲居長之位，是年欲入
> 京，開船到圍頭洋……〔註36〕

　　根據資料來源較早的《沈光文公來臺世傳族譜》以及較晚的《斗南沈氏祖譜》，前者約在嘉慶年間完成；後者約在大正十年左右完成，其記載沈光文本欲投靠施琅，叛明降清之歷史事實則一也，而其後沈光文與其子均受施琅照顧，因而開墾致富，記載相去亦不遠。學者杜正勝更分析沈光文之地位在國民黨政府來臺之後爲何提升之原因：

> 沈光文在臺灣傳播中國文化，又是明末遺老，具有義不帝秦
> 〔註37〕的氣節，單憑這兩點便很契合國民政府遷臺時的氣氛和需
> 要，所以關於〔註38〕他的研究即使在那個寂寞臺灣史的時代，也
> 曾經熱鬧一陣子。〔註39〕

　　杜正勝更質疑，沈光文於明鄭亡後五年，作詩〈大醉示洪七峰〉曰：「今日蠢休文，大不合時宜；只知作桀犬，降表竟莫爲」，他說「沈光文到底也做了清廷的桀犬。」〔註40〕而到底沈光文自謂做了清廷的桀犬，雖未可知究竟是所指何事？但是可見這是沈光文的自嘲自諷之作，他正是在感嘆他背叛了過去的自己。研究者蔡承維根據杜正勝的推論，更是對於「沈光文研究」給予批評：

> 一九八七年的解嚴在臺灣史上是個里程碑。戒嚴時期對臺灣的
> 禁忌、恐懼與隔閡都在一夕之間被推翻，解嚴後各類臺灣研究的蓬
> 勃興起，凸顯臺灣人積極想要認識自己、追本溯源的慾望與決心。
> 然而，即使在白色恐怖、戒嚴的陰影下，特殊種類的「臺灣研究」
> 依然被肯定，如「沈光文研究」就是一個例子。沈光文，這位南明
> 遺臣，十七世紀中葉乘船遭颶風，不幸被吹到臺灣；後來鄭成功來
> 臺，對其備極禮遇，遂有「臺灣第一士大夫」之稱。沈光文在臺灣
> 傳播中國文化，又是有氣節的明末遺老，加上戰後來臺的政府高層

〔註36〕請參見沈允在編《沈光文公來臺世傳族譜》一冊，頁2。
〔註37〕原文爲「具有義不帝的氣節」，漏「秦」字，逕增之，附帶一提，此文錯字、漏字相當多，可謂編輯不力。
〔註38〕原文遺漏「於」字，逕增之。
〔註39〕請參見《自由時報》一九九八年三月三十日星期一第四十一版。
〔註40〕請參見《自由時報》一九九八年三月三十日星期一第四十一版。

頗多浙江人，這幾點很契合國民政府遷臺時的氣氛和需要，所以有
關他的研究，即使在那個寂寞臺灣史的時代，也熱鬧了一陣子。雖
然曾經風光過，不過，沈光文的魅力依舊無人能比；儘管心不在臺
灣，但在臺灣研究朝向本土化建構的過程中，沈光文卻因著季麒光
一句「從來臺灣無人也，斯菴來而始有人矣。臺灣無文也，斯菴來
而始有文矣。」而獲致「海東文獻初祖」、「臺灣孔子」、「臺灣文化
初祖」等的尊榮，今人探討臺灣文學史，亦多以沈氏文學為臺灣文
學的嚆始。〔註41〕

　　從黃典權到蔡承維對於沈光文與「沈光文研究」本身的批判，我們似乎
也可以窺見學術因著政治風向而改弦易轍的現象，而沈光文其人在今日臺灣
所受的禮遇與推崇，若與後來的新史料相對照，在儒學價值上，沈光文有不
合其應有的節守之處。〔註42〕然而，在正負評價的互相激辯之間，吾人應當
用何種眼光來重新審視沈光文於臺灣儒學史上的地位呢？正反的歷史辯論之
間，吾人應對歷史研究本身有什麼樣的思索與內省呢？

（三）後現代歷史思索與沈光文在臺灣儒學史的再評價

　　筆者大致上循著類似黃典權的思維模式，來思考沈光文的評價問題，其
原因在於：考察一個人的生命史與其時代背景的大歷史的混雜與衝突時，必
須要考量其多面向、多層次的對應方式及策略性，簡而言之，對於沈光文的
歷史與儒學地位，刻意地去美化、神格化沈光文，並建構其歷史神話是不適
切的；相反地，將今人之歷史標準強加在古人身上也不應該。

　　後現代歷史學家詹京斯（KeithJenkins）對於歷史的定義有著以下的看法：

歷史是一種移動的、有問題的論述。表面上，它是關於世界的
一個面相——過去。它是由一群思想現代化的工作者（在我們的文
化中，絕大部分的這些工作者都受薪）所創造。他們在工作中採用
互相可以辨認的方式——在認識論、方法論、意識形態和實際操作
上適得其所的方式。而他們的作品，一旦流傳出來，便會一連串的
被使用和濫用。這些使用和濫用在邏輯上是無窮的，但在實際上通
常與一系列任何時刻都存在的權力基礎相對應，並且沿著一種從支

〔註41〕請參見《第五屆府城文學獎得獎作品專集》，一九九九年六月臺南市立文化中
　　　心出版。
〔註42〕即便施琅與沈光文乃是舊識，然當時施琅已仕清朝，沈氏投靠之，無異降清。

配一切到無關緊要地光譜，建構並散布各種歷史的意義〔註43〕。

歷史文本作爲一種敘事論述，它的存在本來就不是理所當然的，其存在的物質基礎及與之相對應的權力基礎，史家及其後學都應當檢視與思考。歷史文本跟過去的眞相之間的關係是斷裂的，簡言之，歷史不等於過去，文史研究者透過一組公認的編碼序列論述〔註44〕互相辨認彼此，而他們再生產（reproduce）的論述將會沿著學術教育的權力機制與層級所構成的網絡，完成其權力基礎的再鞏固與穩定性。然而，在傳統的史學研究上，歷史的先驗性竟然是如此地理所當然！這樣的先驗性經常導致一種狀況——所有人的都在歷史迷宮當中迷路了——把蒐集而來的部分事實的證據證成是全盤的、毋庸置疑的或面面俱到的歷史論述。

歷史眞實是無法得知的，詹京斯（KeithJenkins）對於「眞實」（truth）有著相當精闢的見解：「眞實是一種自我參照的比喻之辭，無法接近可由感官感知的世界，文字和世界，文字和物件始終是分開的〔註45〕。」經驗主義者與確定論者往往會發現：他們透過種種文字紀錄與具體史料的勾沉，上窮碧落下黃泉的辛苦尋覓「眞理」或「眞實」，那令人珍愛的「眞實」其終極的展演形式就是「一種解釋」罷了（儘管他們往往不願意承認）。而詹京斯的提問：「過去允許歷史學家以什麼樣和什麼程度的自由進行詮釋呢〔註46〕？」更是對於經驗論者一針見血的問題，所以「證據」永遠都是歷史學家論述下的產物，在史家進行論述之前，沒有所謂的「證據」，只有「遺跡」的存在。

至此，筆者引用後現代歷史學的觀點，並非是要提倡一種有害的虛無主義，或是一種無窮後退的歷史相對主義，筆者對於某種無益的「解構主義的

〔註43〕 請參見凱斯・詹京斯（Keith　Jenkins）《歷史的再思考》，民國八十五年，麥田出版社。

〔註44〕 例如在傅柯《事物的類別》（The Order of Thing）一書中，他引用了某本中國百科全書當中對動物的分類——屬於帝王的、薰了香的、溫馴的、神話中的、用細駝毛毛筆所繪的等等分類方式——傅柯認爲這樣的分類「我們原本一目了然的事物，以另一種富有異國情調的思想系統所呈現——是我們自己思想系統的限制，是我們自己的完全無法做如是想」，這在在地提醒我們，倘若吾人所理解的客體（人、事、物），其內在的編碼排序結構與我們不同，我們最終所獲得的理解只是一種轉譯過的「再現」（representation）產物罷了。

〔註45〕 請參見凱斯・詹京斯（Keith　Jenkins）《歷史的再思考》第九十五頁，民國八十五年，麥田出版社。

〔註46〕 請參見凱斯・詹京斯（Keith　Jenkins）《歷史的再思考》第一百二十四頁，民國八十五年，麥田出版社。

虛空」毋寧也是抱持否定的態度，也沒有全盤否定經驗主義與確定論觀點的企圖。

　　筆者較為贊同的歷史研究做法與態度，是採取後設歷史（meta history）觀點的思考取向，對於自身研究進行不斷的反省與檢視，正如羅蘭・巴特在《歷史話語》中所主張：

　　　　過去可以由許多歷史家的做法和比喻來表示。然而，他們之中有的較不具神話性或故弄玄虛，因為他們刻意地讓人們注意他們的製作過程，並且明白地指出他們所指示的對象之性質是「編造而成的」，而非「發現出來的」〔註47〕。

詹京斯（KeithJenkins）相當肯定這樣的研究方式，他說：

　　　　這種做法的好處很明顯。我們應該採用這種可以將那些具有確定論假面的解釋方法解構和歷史化的研究法。因為戴著確定論假面的解釋，無法質疑其自己形成的條件；忘記指出它們對未揭露的利害關係的屈從；不認識它們自己歷史性的時刻；又掩飾了那些認識論的、方法論的和意識型態的假定……〔註48〕

　　包括筆者在內，與所有的文史研究者一樣，都在製造歷史論述〔註49〕，若以後設（meta）觀點來檢視自身研究，我們會輕易發覺在方法論、認識論即意識型態上自己某種程度上的困窘，而最重要的是：我們應當承認自身對於「真實」的無從求得，而這樣的建構歷史的過程應當樂於為他人所檢視〔註50〕與自我省察，並且慷慨承認自身的設定立場及中心主義，對於「立場的選擇」，詹京斯（Keith Jenkins）有相當精采的闡述：

　　　　「……所有的理論都是有立場和正在採取立場的。在你如何選擇你自己的立場上，我顯然無意強迫你接受我自己解讀過去的辦法。但是我要請你記住：當你在選擇時，你始終是在選定一種對過去的解釋版本和有效地將過去據為己有的方法；而這種定位使你和

〔註47〕　轉引自凱斯・詹京斯（Keith　Jenkins）《歷史的再思考》第一百五十五頁。
〔註48〕　轉引自凱斯・詹京斯（Keith　Jenkins）《歷史的再思考》第一百五十五頁。
〔註49〕　在豐厚的沈光文研究資料中，筆者所呈現的，不過是諸多文本資料的拼湊，而這構成了筆者想要的文本語境。
〔註50〕　在臺南縣文化中心於民國八十七年十二月出版的《沈光文全集及其研究資料彙編》一書中，第八十頁有所謂的《斗南沈氏家譜》資料，筆者在看過石萬壽先生的《沈光文事蹟新探》一文後，本以為會有《斗南沈氏家譜》全文刊載，卻不得見，深以為憾，如此恐怕容易會讓人對石文採取較為質疑的觀點。

某些解讀（讀者）持相同的看法，又和某些解讀（讀者）有異議。
這代表著自稱知道歷史是什麼的人，對他們而言（正如對我而言），
永遠是已經做了某種解釋的行動〔註51〕」。

回到沈光文的文史研究脈絡上來，爲之建構所謂的歷史神話，這種造神的確定論是相當值得懷疑的，是應當接受檢驗其物質基礎與權力基礎的；另外運用今人所形構而成的觀點來規範古人，也是必須省思的（如前文提及的編碼序列的差異導致的理解的虛妄性），因爲必須嚴正地認知到：任何一種以今律古的嘗試與提問無疑都帶有其政治性質與中心主義，而這也是必須審查的部分，筆者之所以不厭其煩地引進後現代歷史學的觀點來加以闡述，目的並非要「解構歷史」，而是認爲所有的歷史論述者（包括筆者在內）都應具有此種後現代史學觀的「自覺」。

但是筆者認爲某種程度上的「以今驗古」是可以接受的，因爲那畢竟爲古老史料開啓新的詮釋（也只能是一種詮釋），舉例來說，若以前文中提及的兩本族譜，這種隱蔽文本（hiddentranscript）和《平臺灣序》的公開言論（public transcript）相互參照，就會創造出新的歷史詮釋。

就儒學史觀點而言，沈光文其儒學背景可分作家學與師承兩方面。就家學而言，龔顯宗曾謂：

> 大致而言，沈氏家學上溯周敦頤、程顥之深沉，與顏子爲近；
> 程頤、焦竑之篤實，與管子、子思爲近；此蓋就道學而言。至其心
> 學，則得於陸九淵，史學則得於呂東萊兄弟，不規於性命之說，通
> 經史之致用。綜言之，光文家學，以敬爲主，以戒慎恐懼爲誠意之
> 宗。〔註52〕

沈光文乃陸象山門人沈煥之後，全祖望〈答臨川先生問淳熙四君子世帖子〉云：「楊、袁、舒、沈四公之學皆出於陸子，而楊、沈則兼得之庭訓爲多。」〔註53〕其中之「沈」即指沈煥，沈煥其人不務空談，而重視實踐，且是能聞過自訟之人。而就其師承方面，龔顯宗亦曾曰：

> 光文既受業於張廷賓，傳姚江書院之學；又拜於劉宗周門下，

〔註51〕請參見凱斯·詹京斯（Keith Jenkins）《歷史的再思考》第一百五十七頁，民國八十五年，麥田出版社。
〔註52〕請參見龔顯宗〈臺灣文化的播種者沈光文〉，第一屆臺灣儒學研究國際學術研討會論文集，臺南成功大學中文系主編，1997 年 6 月出版，頁 71。
〔註53〕請參見全祖望《鮚埼亭集》外編卷四十四。

得蕺山證人書院之學；嘗從錢氏學，錢遠祖安，通伏完尚書；復追
隨黃道周，石齋深精於易，辨氣質之非性。如上所述，光文師承所
重在經學，崇尚氣節，不喜空談。家學師承對他日後的道德文章有
很大的影響。〔註54〕

綜合沈光文其家學與師承而言，沈光文其道學、心學、史學及實學的涵
養不可謂不深厚。明朝末年，正是經世致用的實學開始風起雲湧的時刻，顧
憲成、高攀龍等東林黨人士，批評時政，正直敢言，甚至批判當時權宦魏忠
賢亂國；在學術上，東林黨人也批判王學末流之空疏無本，反對王學以禪入
儒的學風，如此晚明崇尚治國救世的務實之風，深刻影響晚明與明清之際的
實學思潮。沈光文身處此一時期，其師黃道周更是為抗清而犧牲性命的儒將，
沈光文自然受時代風氣與其師石齋的影響。

沈光文擁有深厚的儒學家學與師承，而其於時間上又是最早入臺的有名
儒者，其於目加留灣（今臺南縣善化鎮）設帳教學，甚至教導番人漢文，這
都是算是臺灣儒漢化的肇始，其流傳的詩作、文獻，更證明其於臺灣漢人文
學史上的開山之功，故沈光文為臺灣儒學的開創者殆無疑義。但是其欲投靠
舊識、奉仕新朝的想法與行動也是儒學價值所不允許的，他違背儒學價值中
重要的義利之辨、夷夏之辨，在權位利益與氣節之間曾經選擇了權位利益。
吾人當然可以想見戰爭急難之際，人心往往危疑怯弱，但是沈光文作為臺灣
儒學的開創者，在臺灣儒學史必須記上這一筆，沈光文的歷史地位才更得精
確。

第二節　明鄭時期臺灣儒學建制

一、明鄭政權與儒學

明鄭政權作為臺灣歷史上首度的中國政權（亦是漢人政權），是臺灣史重
要的一部份，然而整個明鄭歷史也必須放在晚明史甚或南明史的脈絡（context）
中才得以精確理解。儒學的整體建制也是在此時傳入臺灣，並在臺灣落地生
根，儒漢化的歷史傳統可說是明鄭政權所帶來而植入的。

〔註54〕請參見龔顯宗〈臺灣文化的播種者沈光文〉，第一屆臺灣儒學研究國際學術研
討會論文集，臺南成功大學中文系主編，1997年6月出版，頁71～72。

（一）晚明實學發展歷史脈絡下的明鄭儒學

若要瞭解明鄭時期的臺灣儒學，則須先行瞭解晚明的儒學思潮。明末的儒學思潮正是講究經世致用、救亡圖存的實學傳統，晚明東林黨人正是此一思潮之推手：

> 東林學派人士對於國家和民族危亡無限關切，他們憂國憂民，勇敢地站出來抨擊時政，反對封建專制，力主革新朝政，於社會的政治、經濟、學術、文化諸方面，提出一系列的革新主張，東林學派人士這種關心國事、務求經世致用的思想，正是明代實學思想中的重要組成部分。〔註55〕

顧憲成、高攀龍等東林黨人的痛心呼籲與奮鬥並未能逆轉明朝政權的敗亡，幾社、復社諸子又均是「無官守、無言責」之人，但這些儒生卻往往是起兵抗清的首領。明朝的國家力量，早因內有閹宦亂政、外有流寇擾民而國力虛空，一六四四年北京遭李自成攻陷，明朝的滅亡已是遲早之事，然而國家之事頹喪至此，身處於統治階層的士大夫社群難道沒有任何責任嗎？明末流寓日本的大儒朱舜水即點出士大夫階層的弊病：

> 中國之有逆虜之難，貽羞萬世，固逆虜支負恩，亦中國士大夫之自取也。語曰：「木必朽而後蛀生之。」……崇禎末年，縉紳罪惡貫盈，百姓痛入骨髓，莫不有「時日曷喪，及汝偕亡」之心。故流賊至而內外響應，逆虜入而迎刃破竹，惑其邪說流言，竟有前途倒戈之勢。一旦土崩瓦解，不可收拾耳……總之莫大之罪，盡在士大夫；而細民無智，徒欲洩一朝之忿，圖未獲之利，不顧終身及累世之患，不足怪也。明朝以制義取士，……惟以剝竊爲工，掇取青紫爲志，誰復知讀書之義哉！既不知讀書，則奔競門開，廉恥道喪，官以錢得，政以賄成，豈復識忠君愛國，出治臨民！坐沐猴於堂上，聽賦租於吏胥；豪右之侵漁不聞，百姓之顚連誣告。〔註56〕

由朱舜水的論述可知，明末的讀書人惟將心力精神放在制義科舉之上，而僅圖當官之後可以貪污舞弊，藉以弄錢，導致流寇攻來，民眾不擁護明朝

〔註55〕 請參見許凌雲、許強《中國儒學通論》，廣州市：廣東教育出版社，2002 年 9
月出版，頁 185。

〔註56〕 請參見朱舜水《中原陽九述略・朱舜水集》臺北，漢京文化事業有限公司，
1984 年，頁 1。

官吏，反而與流寇聲氣相通，裡應外合，導致流寇坐大，這全都得怪罪士大夫階層的腐化與墮落。因此明末的救國儒士，他們既痛批時政敗壞，也反對失之狂禪的王學末流，並且以實學之經世致用、救亡圖存為最高指導原則，這誠然是整體的時代局勢與氣氛所致，鄭成功於南明政權頹危之際，在儒學基礎上亦繼承了此一儒學精神。

（二）嚴守儒家《春秋》華夷之辨的延平二王與明鄭諸遺老

鄭成功（1624～1662），生於日本平戶，初名森，字明儼，號大木，福建泉州府南安縣人。鄭成功於七歲時從日本回到中國，十五歲補南安縣博士弟子員，二十歲便入南京太學為諸生，崇禎十七年（1644）向徐孚遠、錢謙益學習，錢氏再替他取名「大木」。次年唐王在福州賜姓朱，他又改名成功，俗稱國姓爺（Koxinga）。因此鄭成功原是儒生身份，他自幼「性喜《春秋》，兼愛孫吳。制藝之外，則舞劍馳射；楚楚章句，特餘事耳。」〔註57〕儒家的《春秋》中的夷夏之辨思想，孫吳等兵書軍事謀略，看來深刻地影響成功日後抗清軍事行動。迄二十三歲，因勸諫其父芝龍不可降清，但父親卻不肯聽從，再加上其母田川氏因受辱而自盡，成功便攜儒服、青巾至南安豐州孔廟，哭廟焚儒服〔註58〕，向孔聖告曰：「昔為儒子，今為孤臣，向背去留，各有作用。僅謝儒服，唯先師昭鑑之」〔註59〕，隨即前往廣東南澳招兵買馬，得數千兵，自稱「忠孝伯招討大將軍，罪臣朱成功。」〔註60〕自此開始其抗清事業。鄭成功奉儒家經典《春秋》之深義，而違抗其父命，可由鄭成功給予鄭芝龍之書信中看出來：

> 違侍膝下，八年於茲矣。但吾父既不以兒為子，兒亦不敢以子自居，坐是問侯闊絕，即一字亦不相通；總由時勢殊異，以致骨肉懸隔。蓋自古大義滅親，從治命不從亂命，兒初識字，輒佩服春秋

〔註57〕江日昇《臺灣外紀》（第一冊），臺灣文獻叢刊第六十種，臺灣銀行經濟研究室編印，1960年出版，頁39。

〔註58〕鄭成功的哭廟與焚儒服，在南明時期於江南一帶時有所聞，這是一種儀式性的行為，為了表示抗議，以及永不出仕新朝的宣示。請參考陳國棟〈哭廟與焚儒服：明末清初生員層的社會性動作〉《新史學》第三卷第一期，1992年3月，頁66～94。

〔註59〕鄭亦鄒《鄭成功傳》臺北，臺銀經濟研究室，臺灣文獻叢刊第六十七種，1960年出版，頁5。

〔註60〕鄭亦鄒《鄭成功傳》臺北，臺銀經濟研究室，臺灣文獻叢刊第六十七種，1960年出版，頁5。

之義。自丙戌冬父駕入京時，兒既籌之熟而行之決矣。……兒於己
丑歲亦已揚帆入粵，屯田數載矣。不意乘兒遠出，妄啓干戈，襲破
我中左，蹂躪我疆土，虔劉我士民，擄辱我婦女，掠我黃金九十餘
萬、王寶數百鎰、米粟數十萬斛……我將士痛念國恥家亡，咸怒髮
指冠，是以有漳泉之師。〔註61〕

即便是在給父親的書信中，成功仍然堅持其意志，並說明其初衷不變，
並且痛斥清軍趁其於粵屯兵之時，進犯金廈之事，其漢族大義凜然。成功與
其父鄭芝龍在政治路線上的分歧，一方面是因爲鄭成功移孝作忠〔註62〕、堅
持儒學價值觀之外；一方面也因爲鄭芝龍將掌控東南沿海與日本、南洋的貿
易所得多購置閩省土地，而鄭成功不願意放棄海上貿易的經濟霸權，因而導
致父子的政治決裂，曹永和有云：

> 當新興的清朝勢力進入北京，勢力逐漸推進江南之際，鄭芝
> 龍先是擁戴南明唐王，打著「扶明抗清」的旗幟；但隨著清朝勢
> 力逼近福建，鄭芝龍便轉而臣服清朝。此因鄭芝龍將其早先在海
> 上活動所蓄積的資本投購買土地上，成爲福建的大地主且官遊官
> 界中，結果本是海上豪傑的鄭芝龍，變成陸上的人物了，爲守護
> 著他陸上的利益，遂走向降清的一條險途。鄭芝龍之子成功，則
> 站在守護海上的利益的立場，打敗同族的競爭對手並加以吸收，
> 從而再度統合已解體的海上熱力。他將保衛海上利益的勢力，以
> 及充滿華夷思想固守土地的紳士階層勢力，二者之結合成一體，
> 而爲反清復明盟主。〔註63〕

所以就其於物質基礎上，向海或陸發展想法之差異，也是父子分道揚鑣
的原因之一。鄭成功舉兵抗清十餘年，率領約二十餘萬眾，戰鬥範圍遍及東
南沿海諸省，大小攻防戰役凡五十餘次，其武功最盛之時曾欲北伐攻陷南京，

〔註61〕楊英《從征實錄》臺北，臺銀經濟研究室，臺灣文獻叢刊第三十二種，1960
年出版，頁42～43。

〔註62〕一六四六年十一月鄭芝龍降清前曾欲成功與之同行，然而鄭成功卻回信說：
「從來父教子以忠，未聞教子以貳。今吾父不聽兒言，後倘有不測，兒只有
縞素而已」可見鄭成功堅持儒家忠君不貳的傳統價值。此信內容請參見江日
昇《臺灣外紀》臺灣文獻叢刊第六十種，臺灣銀行經濟研究室編印，1960年
10月出版，頁92。

〔註63〕請參見曹永和《臺灣早期歷史研究續集》，初版，臺北市：聯經出版社，2000
年，頁27。

卻中清軍計，鎩羽而歸，比及永曆十四年（1660），鄭成功勢力侷促於東南一隅之金廈，因陳吏部至金門才知道永曆帝已經逃至緬甸了〔註64〕。永曆十五年（1661），因必須獲取抗清之基地，驅趕荷人，攻取臺灣。攻臺期間，成功作詩〈復臺〔註65〕〉一首曰：「開闢荊榛逐荷夷，十年始克復先基〔註66〕。田橫尚有三千客，茹苦間關不忍離。」〔註67〕成功自比田橫不願事漢，正如自己不願降清，其復明意志之堅定，可以想見。永曆十六年（1662）成功薨於臺南。

鄭經繼位，其亦能承繼父志，堅守《春秋》華夷之辨。永曆三十一年，滿清於平定三藩之亂時致書鄭經欲招降之，鄭經回信曰：「夫萬古正綱常之倫，而《春秋》嚴華夷之辨，此固忠臣義士所朝夕凜遵而不敢頃刻忘也」〔註68〕由此可見，延平二王均能嚴守儒家的傳統價值，並且奮勇抵抗異族之入侵，矢志復明。

許多大儒在鄭氏高舉反清復明大纛下而依附鄭成功，隨鄭氏入臺的諸遺老即與東林黨人以下，復社、幾社諸君子有所淵源，清代所建的延平郡王祠從祀名單中，幾可鑑知，如曾櫻即是東林黨人〔註69〕；徐孚遠更是在崇禎初年時與同為浙江華亭人的陳子龍共組幾社，其創社主旨即為「絕學有再興之幾，而得知幾其神之義也」〔註70〕，而鄭成功更是以師禮待徐孚遠，全祖望《徐都御史傳》曾提及徐孚遠隨魯王投靠鄭成功時「時島上諸軍盡隸延平，

〔註64〕 鄭成功〈陳吏部逃難南來始知今上幸緬甸不勝悲憤成功僻在一隅勢不及救抱罪千古矣〉一詩云：「聞道吾皇賦式微，哀哀二子首陽薇，頻年海島無消息，四顧蒼茫淚自揮。天以艱危付吾儕，一心一德賦同仇。最憐忠孝兩難盡，每憶庭闈涕泗流。」本詩請參見陳漢光《臺灣詩錄》上冊，臺北市，臺灣省文獻委員會，1971年出版，頁40。

〔註65〕 成功註：即東都。

〔註66〕 成功註：太師曾屯兵積糧于此，出仕後為紅毛荷蘭夷酋弟揆一王竊據。

〔註67〕 此詩請參見全臺詩編輯小組編撰《全臺詩》第一冊，臺北市，遠流出版社，2004年出版，頁70。

〔註68〕 請參見連橫《臺灣通史·建國紀》臺灣文獻叢刊第一二八種，臺灣銀行經濟研究室編印，1962年出版，頁48。

〔註69〕 清軍曾趁成功入粵勤王時襲擊廈門，曾櫻時於廈門所清軍所困，人勸其遁逃，曾櫻曰：「吾今日猶得正命清波，幸也！遁何處？」遂自縊而死。事見江日昇《臺灣外紀》臺灣文獻叢刊第六十種，臺灣銀行經濟研究室編印，1960年出版，頁117。

〔註70〕 轉引自盛成〈復社與幾社對臺灣文化的影響〉，《臺灣文獻》第十三卷第三期，1962年九月出版，頁197。

衣冠之避地者亦多。延平之少也，以肄業入南監，嘗欲學詩於公。及聞公至，親迎之。公以忠義為鏃厲，延平聽之，娓娓竟夕。凡有大事，諮而後行。」〔註71〕由此可見，幾社的徐孚遠是直接對於成功的軍事決策有影響的，也更加證明鄭成功反清復明的儒學價值，是當時諸多儒士前來依附的主要原因。連橫《臺灣通史・諸老列傳》說：

> 明亡之季，大盜竊國，客帝移權，縉紳稽顙，若崩厥角，民彝蕩盡，恬不知恥。而我延平郡王獨伸大義於天下，開府思明，經略閩粵。一時熊羆之士、不二心之臣，奔走疏附，爭趨國難。雖北伐無績，師沮金陵，而闢地東都，以綿明朔，謂非正氣之存乎？〔註72〕

明末遺老們基於儒學價值，而奮起抗清意圖恢復明朝的氣節精神，實可感召後人，使後世英雄為之涕泣。或許儒學在所謂的現代價值中，對某些人而言象徵著封建帝制的宰制價值，然則此種前現代的價值觀可以感召當時的儒士，甚至為之犧牲也在所不惜，可見儒學價值在這些復國志士心中之地位。他們或許舉兵反清；或許結社議政互通聲氣、糾結同志；或許輔助南明諸王；或者隱居不出，而這不正是南明時期的愛國儒士所堅持的共同儒家價值——華夷之辨——所使然嗎？也因著這樣的儒學價值，清代所建的延平郡王祠，這些「忠心不二之臣」多陪祀於延平郡王之側。以下筆者參考連橫《臺灣通史・諸老列傳》的資料，整理隨鄭氏入臺的明末遺老的生平資料一覽表，製成表（一）如下：

表（一）明鄭時期諸遺老生平一覽表

姓名	字	號	籍貫	生卒年	生平事蹟
徐孚遠	闇公	復齋	江蘇華亭	1599～1655	明末，與陳子龍等人共組「幾社」。明亡，襄助夏允彝舉兵抗清，魯監國授左僉都御史，永曆五年（1651），從魯王至廈門，後鄭成功迎之至金門，軍國大事時咨問焉。永曆十二年（1658），鄭成功被封為延平郡王，成功指派徐孚遠至雲南向永曆帝覆命，孚遠取道安南（今越南），阻於安南王而折返廈門。

〔註71〕請參見陳乃乾等《徐闇公先生年譜》臺灣文獻叢刊第一二三種，臺銀經濟研究室編印，1961 年出版，頁 68。

〔註72〕請參見連橫《臺灣通史》臺灣文獻叢刊第一二八種，臺銀經濟研究室編印，1962 年出版，頁 745。

					永曆十五年（1661），徐孚遠隨鄭成功入臺，未久留，再返廈門。永曆十七年（1663），清師攻陷金門、廈門，孚遠欲攜妻小回鄉而未遂其志，病逝於廣東饒平。
王忠孝	長孺	槐雨	福建惠安	不詳～1667	崇禎元年（1628）進士，任戶部主事，性耿介，任官盡職，不徇私包庇，因而得罪宦官鄧希詔，遭構陷，入獄長達廿八月。1644年甲申之變，投入福王麾下，爲反清復明奔走數年。永曆二年（1648），與兄入廈門，後移金門定居。永曆十七年（1663）十月，清師攻陷金廈。忠孝乃應鄭成功之邀，與辜朝薦於永曆十八年（1664）搭船東行，移居臺灣本島。忠孝留臺期間，頗受鄭氏父子禮遇，與寧靖王、沈光文、徐孚遠諸遺老時相往來，旅臺四年，病逝臺灣，享年七十四歲。
辜朝薦	在公		廣東揭陽	不詳	崇禎元年（1628）進士。北京破，歸居金門，既而爲延平郡王門客，後入臺卒。
沈佺期	雲又	鶴齋	福建南安	1608～1682	崇禎十六年（1643）進士，授吏部郎中，隆武立福州，擢左副都御史。後隨延平郡王起兵於泉州桃花山，爲延平幕客，後入臺，永曆三十六年卒。
盧若騰	閑之	牧州	福建同安	1599～1664	崇禎十三年（1640）進士，官浙江布政使左參議，分司寧紹巡海兵備道。爲官潔己惠民，士民建祠以奉，人稱「盧菩薩」。隆武帝即位，授以右副都禦史，後加兵部尚書。清軍南下，若騰力守平陽，腰臂中箭，爲水師救出。隆武被俘，幾欲投水自盡，爲同僚救起。後偕王忠孝、徐孚遠、郭貞一、沈光文等居金門，自號「留庵」。永曆十七年（1663），清兵攻陷金廈。次年，遂與沈佺期等東渡，寓澎湖。病篤，遺命題其墓曰「有明自許先生之墓」。著有《浯州節烈傳》、《島居隨錄》、《方嶼互考》、《島上閒居偶記》等，然多已亡佚。1959年發掘金門魯王塚，《留庵文集》、《留庵詩集》、《島噫詩》、《制義》等作品得以出土面世。

許吉燝			福建晉江	不詳	崇禎十六年（1643）進士，以知縣擢刑部主事。甲申國變後歸鄉里，杜門不出。比及延平克臺灣，永曆十八年（1664）與盧若騰同舟入臺，卒於東寧。
李茂春	正青		福建龍溪	不詳	隆武二年舉鄉榜，鄭成功辟爲參軍，與陳永華善。永曆十八年（1664）春，嗣王鄭經將入臺，邀避亂縉紳東渡，茂春從之，卜居永康里，晚年好佛，人稱「李菩薩」，卒於東寧，其築有草廬，曰「夢蝶」。
郭貞一	元侯	道憨	福建同安	不詳	崇禎十三年（1640）進士，福王立，擢右都御史，有內監不遵朝班，疏糾之，宦侍屏息。南都破，入閩，已而延平郡王開府廈門，禮之，後隨入臺灣，居數年卒。
諸葛倬	士年		福建晉江	不詳	隆武時，以薦翰林院侍詔，加御史，監鄭鴻逵軍，出浙東。福京破，從延平郡王於廈門。永曆時，同學某降清，以書來招，倬覆書願守箕山之操，後入臺而卒。
黃事忠	臣以			不詳	隆武時，崎嶇閩粵，疊起兵，謀光復，兵敗。母、妻俱被難，走廈門依延平郡王。永曆十二年偕徐孚遠入滇，途經安南，與國王爭禮，全命而歸，後入臺灣。
黃驤陛	陞甫		福建漳浦	不詳	天啓四年（1624）舉於鄉，設教里中。及門多成才，北京陷，與里人林蘭友糾義旅抗賊，及福建破，浮海入臺。
葉后詔			福建廈門		崇禎十七年（1644），以明經貢太學，旋遭國變，即南歸，與徐孚遠、鄭牧仲爲方外七友，後入臺灣，鵝草五經講義行事。
陳永華	復甫		福建同安	不詳～1680	永曆八年（1654），父鼎以教諭守同安，城陷自縊。鄭成功開府廈門，兵部侍郎王忠孝薦之，授之參軍。永曆十年（1656）成功北伐，命輔世子鄭經，永曆十五年（1661）客臺灣，授諮議參軍，十六年成功逝。十八年鄭氏失廈金，歸臺灣，加監軍御史，加勇衛。陳永華親歷南北，相度地勢，行屯田制，鼓勵墾

				荒，又開糖鹽之利，推動貿易，諸政漸定。乃請建聖廟，開科舉，設學校。鄭氏在臺經理有方，永華居功厥偉。永曆二十八年（1674），鄭經與耿精忠約，渡海伐清，以長子監國，永華輔之。永曆三十四年（1680）經棄地返臺，頗事休息，政事仍委長子。馮錫範忌永華，以計奪其權。永華見國事不可為，鬱鬱而卒。

　　這一批明末遺老就省籍看來多為閩人，與成功有地緣上的關係，就年齡上多相近，頗多進士出身。他們多在甲申國變前夕任官，而於之後力圖匡復明室，終因清軍坐大、南明諸王派系內鬥等原因，而不得已跟隨成功入臺。盧若騰曾有詩云：「苟能圖匡復，豈必務遠征」，在來臺前夕，諸遺老尚有許多疑慮，然時局所迫，只好來臺圖謀復明大業，雖說在實際政治上他們並未有太多實質的作為，然而秉持如此儒臣不事異族的氣節，令後人為之動容。

　　延平二王與明末諸遺老把這種「儒漢民族主義」帶入臺灣，並透過在臺灣的儒學建制來傳播並且由上而下地再生產這樣的「儒漢民族主義」的意識形態，並具體透過傳統中國科舉的教育系統，實際地產生作用。

二、明鄭時期的儒學建制

　　鄭成功本來就是儒生出身，於閩地抗清之時，便已非常重視人才的招攬與培育，所以在永曆八年（1654）就已經設置儲賢館以及育胄館，前者作用為招納賢良之儒生與文士；而後者為陣亡忠臣後代的教育機構。但隨著成功入臺隔年即逝世，鄭經尚忙於鞏固金廈軍事基地，且臺灣初定，百廢待舉，文教建設仍然付之闕如。

　　明鄭政權於臺灣實行屯田制，寓兵於農；大開糖鹽之業，並且與日本及東南亞諸國通商貿易，參軍陳永華其實居功厥偉，其將晚明講求經世致用之實學精神發揮到極致，並且身體力行。於改善國計民生之後，他更上奏鄭經「開闢業已就緒，屯墾略有成法，當速建聖廟，立學校」〔註73〕，一開始鄭經仍以臺灣新據，人口稀少的理由拒絕，但永華更力陳其言曰：

　　　　昔成湯以百里而王、文王以七十里而興，豈關地方廣闊？實在

〔註73〕請參見江日昇《臺灣外紀》臺灣文獻叢刊第六十種，臺灣銀行經濟研究室編印，1960年出版，頁236。

國君好賢，能求人材以相佐理耳。今臺灣沃野數千里，遠濱海外，
且其俗醇；使國君能舉賢以助理，則十年生長、十年教養、十年成
聚，三十年眞可與中原相甲乙。何愁侷促稀少哉？今既足食，則當
教之。使逸居無教，何異禽獸？須擇地建立聖廟、設學校，以收人
材。庶國有賢士，邦本自固；而世運日昌矣。〔註74〕

　　鄭經聽罷，大悅，准其奏。西元1666年，孔廟落成，旁置明倫堂，完成
依循廟學合一的儒漢科舉教育體制的建制，儒家的倫理道德教育自此開始在
臺扎根。明鄭當局規定當時平埔族人各社均須設立學校，以及延請中土通儒
教學〔註75〕，且八歲的兒童就必須進入小學，用經史文章予以教導，接受初
等教育；地方上亦設屬於中等教育的府學與州學；中央設立學院及太學（相
當於明朝的國子監）的高等教育機構。而科舉考試先以天興、萬年等州級單
位爲初次考試，若通過得名次則可以參加承天府之府級單位的二次考試，倘
府試通過得名次則可以入學院接受以策議爲主的考試，如策論獲得主考官的
青睞，就可以進入太學就讀，此時官府便已供給糧食和俸祿了，而最終太學
生所面臨三年一次的大考，明鄭當局將拔擢最爲優秀者並授予官職，誠然，
將學校跟考試合而爲一的做法自有其優缺點，優點是長期培養人才較能觀察
並責全其行爲處事，使其能以儒家教化價值言行合一，然而缺點是人才來源
管道較爲單一。

　　一時之間，學風鼎盛，連橫《臺灣通史・教育志》中對於永曆二十年（1666）
三月之後的明鄭學風有如此描寫：

三月，以永華爲學院，葉亨爲國子助教，教之、育之，臺人自
是始奮學。當是時，太僕寺卿沈光文居羅漢門，亦以漢文教授番黎。
而避難搢紳，多屬鴻博之士，懷挾圖書，奔集幕府，橫經講學，誦
法先王。洋洋乎，濟濟乎，盛於一時矣！〔註76〕

　　因著明鄭的儒學建制，臺灣的漢人與番人開始努力奮讀詩書，以求取科
舉功名，而明末諸遺老更是熱衷於儒學教育之中，紛紛投入教育行列。由上

〔註74〕請參見江日昇《臺灣外紀》臺灣文獻叢刊第六十種，臺灣銀行經濟研究室編
　　　　印，1960年出版，頁236。
〔註75〕請參見連橫《臺灣通史・教育志》臺灣文獻叢刊第一二八種，臺灣銀行經濟
　　　　研究室編印，1962年出版，頁268。
〔註76〕請參見連橫《臺灣通史・教育志》臺灣文獻叢刊第一二八種，臺灣銀行經濟
　　　　研究室編印，1962年出版，頁269。

亦可知，陳永華本人亦獻身於明鄭儒學教育，而當時的國子監助教是葉亨。
葉亨本來就是鄭氏於廈門時期儲賢館的生員，他的老師正是幾社出身的徐孚
遠。葉亨著有《五經講義》行於世，他可說是臺灣歷史上第一位經學教育者，
他的經學教育相當有成，培養出臺灣歷史上第一批經學學者。根據高拱乾主
編的《臺灣府志》以及周元文主編的《重修臺灣府志》兩本臺灣史書中的人
物志而言，葉亨的學生於經學上表現相當傑出，如王忠孝之姪王璋於康熙三
十二年（1693）中舉；陳永華之子陳夢球於康熙三十三年（1694）中舉，兩
人均習《易經》；另外蘇峨、楊阿捷、王錫祺與許宗岱等人中舉也是習《易經》；
王茂立、陳聖彪等人則習《詩經》；邑星燦習《春秋》，可見當時葉亨的經學
教育成果相當豐碩。〔註77〕

　　明鄭時期的臺灣儒學建制可謂承繼晚明以來的實學思潮，在救亡圖存的
沉悶歷史氛圍中，確立各種利用厚生的民生政策與制度；此一時期的儒學教
育則以經學見長。明鄭的儒學建制，開啓臺灣邁向儒漢化社會的關鍵，也爲
臺灣社會注入儒漢化民族主義的精神血液。

第三節　清領時期臺灣儒學論述與建制

　　康熙二十二年（1683），水師提督施琅率領清軍，與明鄭劉國軒部隊於澎
湖海域進行水戰，清軍獲勝，劉國軒率殘部逃回東寧。馮錫範等人建議鄭克
塽降清，鄭克塽接納其議，結束了東寧王國在臺灣二十二年的統治。臺灣於
康熙二十三年（1684）被收入清朝帝國版圖，隸屬福建省管轄，設一府三縣
即臺灣府、臺灣縣、鳳山縣、諸羅縣。清廷起初並無心經營臺灣，甚至有棄
地之議，然施琅上奏康熙清廷若棄臺，易使臺灣再成海盜或反清復明之基地，
而東南沿海各省將失去屏障，康熙贊成施琅的建議，便將臺灣收入版圖。但
是清廷「爲防臺而治臺」，因而採取「消極治臺」的措施，在軍事、人事、文
教等各方面多採取與內地不同的「特殊化」政策，實則臺灣的開發與否對清
廷而言實屬不急之務，臺灣的「治安」才是清廷關切的重點，此由清廷增設
縣或廳多因民變或賊亂可看出。這種「結構性的差別待遇」，讓臺灣人成爲清

〔註77〕請參見高拱乾《臺灣府志‧人物志》臺灣文獻叢刊第六十五種，臺灣銀行經
　　　　濟研究室編印，1960年出版，頁207；以及周元文《重修臺灣府志‧人物志》
　　　　臺灣文獻叢刊第六十六種，臺灣銀行經濟研究室編印，1960年出版，頁260。

－39－

帝國的次等國民。倘若以後殖民史觀來看臺灣史，學者邱貴芬指出：

> 在後現代的用法裡，被殖民者乃是被迫居於依賴，邊緣位置的
> 群體。被處於優勢地位的政治團體統治，並被視為較統治者略遜一
> 籌的次等人種，以此為定義，臺灣的被殖民經驗不只限於日據時期，
> 更需上下延伸，長達數百年。〔註78〕

臺灣的蕃人於有清一代，自始自終均受到鄙視，被認為是文化低落的劣
等種族；而臺灣的漢人為求生存而渡海來臺，也受到不同於內地的政策上的
差別待遇（例如渡臺禁令），這肇因於清帝國對於臺灣長期的漠視與消極的治
理，而僅以中心的價值觀強加於邊緣的人群，並且剝削壓榨臺灣的經濟利益，
這種種跡象均突顯清帝國對於臺灣作為殖民帝國的本質。滿清官員對於臺灣
也常帶著這種殖民者的眼光，他們訴說著清帝國的教化語言，也帶著一種「異
國情調」（exoticism）的視角來看待，因為種種對於臺灣的刻板化印象，進而
形成對於臺灣蕃人等諸多臺灣他者（other）的想像與成見。〔註79〕這種現象，
可由首任臺灣知府蔣毓英對於臺灣新領土的觀察看出：

> 臺灣自紅彝僭竊以來，因仍草昧，鄭氏父子相繼，民非土著，逋
> 逃之淵藪，五方所藏處，未盡同風而易俗。且其時法網嚴密，攘及牛、
> 豕者，如殺人之罪，故民皆惴惴焉，以盜竊為戒。今國朝寬大，苛禁
> 咸弛，而鼠竊時聞，非天性之有異，實民心之澆薄也。而最滋害者，
> 莫甚于賭博。夫賭博惡業也，不肖之子挾貲登場，呼盧喝雉以為快；
> 以一聚兩，以五聚十，成群逐隊，叫囂鬥爭，皆由於此。至于勝者思
> 逞，負者思後，兩相負而不知悔。及家無餘資，始則出於典鬻，繼則
> 不得不出於偷竊，亦長奸之囮也。臺習父不禁其子兄不戒其弟，當令
> 節新年，三尺之童亦索錢于父母，以為賭博之資，遂至流蕩忘返而不
> 知所止。莫甚于結盟，豪健家兒，自附於結納，聚少年無賴之徒，指
> 皎日以盟心，撫白水而矢誓，稱兄呼弟，修登堂拜母之文，亦自謂雷
> 陳復出，古道相期。不知往來既頻，則飲酗之累生；聲援既廣，則爭
> 競之患起。大凡人情，寡則知檢，眾則傲放，習見習聞，口無擇言，

〔註78〕請參見邱貴芬〈發現臺灣——建構臺灣後殖民論述〉，此文收於張京媛《後殖
民理論與文化認同》，臺北，麥田出版社，1995 年 7 月，頁 172～173。
〔註79〕此處參考廖炳惠編《關鍵詞 200：文學與批評研究的通用辭彙編》初版，臺北
市，麥田出版社，2003 年出版，頁 105。

相與鼓其雄心，以致身蹈匪僻，實政治之蠹矣。甚至有結交營棍，扛幫詞訟，箝制官長，稍拂其意，聚眾而譁之，恣行無忌，犯上作亂，視爲固然，誠可慨也，又其俗之不善者。婚姻論財，不擇婿，不計門戶，夫死則再醮，或一而再而三，白首嫠婦猶字老夫，柏舟之誓，蓋亦鮮矣。佞佛諂鬼，各尚茹素，或八、九齋、朔望齋，或長齋。無論男女老幼，常相率入禮拜堂誦經聽講，僧俗罔辨，男女混淆，廉恥既喪，倫常漸乖，故異端之教不可不距也。人亦頗知讀書，兒童五、六歲便教就學，及稍長，即命輟業，雖有穎悟傑出之姿，亦言不及義而好行小慧，深可惜也，亦可慮也。〔註80〕

在蔣毓英的描寫中，臺灣是一個民心澆薄、文化低落且道德淪喪的地方，充斥著許多怪現象，諸如賭博、偷竊、聚眾滋事、男女關係雜亂以及信奉異教，誠然，移民社會或多或少較具投機性格、械鬥習性，然而蔣毓英描寫這個荷蘭紅彝、鄭氏父子曾經治理過的地方幾乎全爲負面評價。這並非偶然，而是清廷對於新入版圖的臺灣瞭解不深入，很難不帶有偏見來看待臺灣，即便是極力建議收臺灣入版圖的施琅，他的主要論點也是因爲臺灣的地理形勢而已，而非這個蠻荒之島值得大清帝國留戀，臺灣入版圖是爲了東南沿海門戶的安全。康熙皇帝本人對臺灣觀感亦不甚好：

> 臺灣屬海外地方，無甚關係；因從未向化，肆行騷擾，濱海居民迄無寧日，故興師進剿。即臺灣未順，亦不足爲治道之缺。……海賊乃疥癬之疾，臺灣僅彈丸之地，得之無所加，不得無所損。
>
> 〔註81〕

連皇帝對臺灣都抱持此種觀感，更遑論那些治臺的聖朝大員了。在清朝官員看來，臺灣既然是一個未開化的蠻荒之地，則儒學教化的工作便亟需推行不可，於是府縣廳儒學的設置，或者地方書院的建立就紛紛進行，務求能教化臺灣人民，將臺灣徹底改造成儒漢化、內地化的社會，而清代臺灣儒學的論述，主要呈現的地方即在儒官、儒者們的官學、書院、社學及義學之中，以下將有系統地介紹這些儒學的建制。

〔註80〕請參見蔣毓英《臺灣府志》，南投：臺灣省文獻會，1993 年出版，頁 91～94。
〔註81〕《清聖祖實錄選輯‧康熙二十二年冬十月十日條》，臺灣文獻史料叢刊，臺北，大通書局。

一、清代臺灣儒學教育建制

清代省級單位的教育最高長官是為提督學政，職掌一省所有的教育行政與學校教育的工作與職權，然臺灣因為孤懸海外，起初由分巡臺廈兵備道兼管，或在臺的高級官員兼管。府設府儒學，置教授一人，管理全府之教育事宜；縣設縣儒學，置教諭一人，掌管全縣之教育工作，此外，府縣均設訓導為教授與教諭之副手，這些官方教育機構，一方面具備教育行政機關的身分，一方面也具備學校教育的功能，而教授、教諭及訓導則有監督生員課業、舉行月課、教誨生員之責。

書院則是介於官學與私學之間，其作用乃彌補官學不足的教育工作，主講者稱作山長或者院長，其建置有地方官倡建，或縉紳籌辦，生徒於書院就讀則配有膏火，使其不必擔憂經濟問題，可專心讀書。社學則有分漢人社學與原住民社學，是屬於鄉、堡、坊及里等地方所設置的官塾，漢人社學後來甚至還形成文人雅士聚會的場所；原住民社學於臺灣平埔族人快速漢化後於道光年間多已中止，社學式微之後，其角色為義學所取代。惟無論教育單位為何，教學內容主要為應試科舉考試而作準備，教學成果往往以科舉應試及第率來評價，這則是主要的通病。中國傳統的文教機構，除了由政府掌控的官學之外，書院則最具代表性，其歷史淵遠流長，如在先秦時為「講堂」、在兩漢魏晉時有所謂的「精舍」，迄於宋明始有「書院」，書院其實是最典型的儒學人格養成的文化場所，且相對官學而言，書院較為重視士子品格操守，儒學價值透過書院而形構的教化修養亦較深遠，書院之存在亦是為彌補熱衷科舉弊病之危害，明儒王陽明曾謂：

> 所以匡翼夫學校之不逮也。夫三代之學，皆所以明人倫，今之學宮，皆以明倫名堂，則其所以立學者，固未嘗非三代意也。然自科舉之業盛，士皆馳騖於記誦辭章，而功利得喪，分惑其心，於是師之所教，弟子之所學者，遂不復知有明倫之意矣。懷世道之憂者，思挽而復之。〔註82〕

而被陽明認定可「挽而復之」的機構，即指「書院」。而清代臺灣儒學的建制，實主要以「書院」為最大宗，在葉憲峻的博論中提到：「乾隆、嘉慶、道光、咸豐約一百二十年間（1736～1861），儒學的設置受限於縣、廳行政單

〔註82〕請參見王守仁《王陽明文集・萬松書院記》，考正出版社編印，1972年出版，頁21～22。

位未能擴置，而長期呈現停頓未增之現象。為因應此一時期儒學之不足，熱心文教官員、地方仕紳與文社士子，乃在此一時期積極籌設書院，以振興文教。」〔註83〕且在朱一貴事件後同治之前的這段時間，臺灣的漢人社學、義學多擴建或發展成書院為多〔註84〕，故清代臺灣儒學的發展主力是為「書院」殆無疑義。故討論臺灣儒學的傳播與發展，可以「書院」作為主要的觀察對象，茲分五方面來闡述：

（一）就學規而言

朱子學自南宋以降便取得官方正統儒學之地位，科舉考試之標準範本均以朱子注釋為主，而中國各地書院學規亦多取法朱子白鹿洞學規，作為教育宗旨。福建是閩學的發源地，其學規更是以白鹿洞學規為準繩，而清代臺灣書院則多仿效福建省的鰲峰書院，例如乾隆五年（1740）分巡臺廈道劉良璧曾為海東書院訂定六條學規，其內容如下：

> 一、明大義。聖賢立教，不外綱常；而「君臣」之義，為達道之首，所以扶持宇宙為尤重。臺地僻處海表，自收入版圖以來，秀者習詩書、樸者勤稼穡。而讀書之士知尊君親上，則能謹守法度、體國奉公，醇儒名臣由此以出。雖田夫野老，有所觀感興起；海外頑梗之風，何至復萌？

> 二、端學則。程、董二先生云：『凡學於此者，必嚴朔望之儀、謹晨昏之令，居處必恭、步立必正、視聽必端、言語必謹、容貌必莊、衣冠必整；飲食必節、出入必省；讀書必專一、寫字必楷敬；几案必整齊、堂室必潔淨；相呼必以齒、接見必有定；修業有餘功、游藝有適性；使人莊以恕，而必專所聽』。此白鹿書院教條與鰲峰書院學規並刊，工夫最為切近。

> 三、務實學。古之大儒，明體達用、成己成物，皆由為諸生時明於內重外輕，養成深厚、凝重氣質；故出可以為國家效力宣猷，入亦不失為端方正直之士。家塾黨庠術序，胥由此道也。諸生取法乎上，毋徒以帖括為工。

〔註83〕請參見葉憲峻《清代臺灣教育之建置與發展》，中國文化大學史學研究所博士論文，2003年6月，頁198。
〔註84〕請參見葉憲峻《清代臺灣教育之建置與發展》，中國文化大學史學研究所博士論文，2003年6月，頁198。

　　四、崇經史。「六經」爲學問根源，士不通經，則不明理；而史以記事，歷代興衰、治亂之跡，與夫賢佞、忠奸，善可爲法、惡可爲戒者，罔不備載。學者肆力於經史，則有實用；而時文之根柢，亦胥在焉。舍經史而不務，雖誦時文千百篇，不足濟事。

　　五、正文體。自明以帖括取士，成、弘爲上，隆、萬次之，啓、禎又次之。我朝文運昌明，名公巨篇，汗牛充棟；或兼收博採、或獨宗一家，雖各隨風氣爲轉移，而理必程、朱，法則先正，不能易也。夫不仰泰山，誤止狙貆之高；不窮典謨，妄誇諸子之陋。諸生取法宜正，立言無陂。

　　六、愼交遊。讀書之士，敬業樂群，原以講究詩書，切磋有益；故君子以文會友、以友輔仁。若少年聚會，不以道義相規而以媒褻相從，德何以進、業何以修？稂莠嘉禾，不可不察。諸生洗心滌慮，毋蹈前習。〔註85〕

　　就「明大義」言，人有五倫，非僅君臣之義也，而劉良璧單獨強調君臣之義，或因其訂規之十餘年前朱一貴大舉變亂之遺緒；「端學則」即重視士子平日生活言行舉止，表示書院亦重視約束外在行爲；「務實學」強調做學問應有實際作爲，使國家受益，並勸告士子「毋徒以帖括爲工」，要求屛棄學習的功利心態。「崇經史」表示其重視之學問不僅侷限於宋學，「正文體」則仍是再次宣示朱子學之官方正統儒學的地位。

　　由此學規可知書院不只重視士子的儒學學養要全面涵攝，並且也求全其待人處世的立身修養，並且仍一再提醒士子朱子學之正統地位，然亦勸告學子不應惟科舉試帖是務。這一方面要陶冶後學的儒學人格，另一方面也以教化語言來確保學子爲清帝國統治服務的政治目的。乾隆二十四年（1759）分巡臺廈道兼提督學政覺羅四明在劉良璧親定的學規上再加以衍伸，他訂定海東書院學規八則：一曰端士習、二曰重詩友、三曰立課程、四曰敦實行、五曰看書理、六曰正文體、七曰重詩學、八曰習舉業。〔註86〕首項不似劉良璧大肆宣傳君臣之義，反而希冀讀書人重視自身言行爲首要；立課程則是要求

〔註85〕請參見余文儀《續修臺灣府志》臺灣文獻叢刊第一二一種，臺灣銀行經濟研究室編印，1962年出版，頁355～356。

〔註86〕請參見余文儀《續修臺灣府志》臺灣文獻叢刊第一二一種，臺灣銀行經濟研究室編印，1962年出版，頁356～360。

生員須將每日研讀詩書的過程做成紀錄，以收溫故而知新之效；敦實行更是批判學者的弊病：

> 今學者開口便云『讀書』，到底讀書將爲甚事？此處宜自猛省。
>
> 倘徒慕讀書之名，而於倫常行己間多不可問，則所爲讀書之本已失；
>
> 雖能讀破萬卷、作絕妙文字，亦何以質聖賢而盟幽獨！〔註87〕

覺羅四明批評若只知做紙上功夫，而不修養自身德行，亦無法希聖希賢、效尤古人！看書理則引用大量程朱言論，如「朱子云：『讀「六經」工夫多、得效少，論「孟」工夫少、得效多』。程子曰：『「論語」、「孟子」既治，則「六經」可不治而自明矣』。」〔註88〕強調讀書應本於四書，再及於六經，且不可誤讀聖人文意，或宣講時扭曲原典意義，並引用朱子去除舊學成見而能清楚閱明聖人之文的治學工夫。習舉業則是闡述舉業並不妨害義理之學，並引用朱子言「使孔子在今日，也需應舉」〔註89〕實則八股制義頗有墨守成規、食古不化之譏，而覺羅四明則是在爲科舉制度的合理性進行辯護，並且認爲這種以古爲則的思考是「守前輩之金針、發先儒之閫奧」〔註90〕。從兩位先後的分巡臺廈道爲海東書院所手定的學規可以看出幾項訊息，一、以程朱儒學爲官方正統儒學論述；二、士子的學問研讀與言行舉止均受同樣重視；三、科舉應試的弊病與合理性的交相辯證。

清代書院的學規中，其傳達的理念與中國內地相去不遠，程朱思想一直都是重要的最高指導原則，士子們被期許作爲儒家文化的繼承者，而此時的儒學論述是以教化語言的外貌出現的，它更重視的是這些未來的士紳能爲清帝國效忠的政治目的。

（二）就碑文而言

建設書院時，通常會請有名望的博學鴻儒撰寫碑記內容，並放置具體的碑石於書院一旁，碑上刻文。清代臺灣各書院幾乎都有碑記之文，一方面是

〔註87〕請參見余文儀《續修臺灣府志》臺灣文獻叢刊第一二一種，臺灣銀行經濟研究室編印，1962 年出版，頁 357。

〔註88〕請參見余文儀《續修臺灣府志》臺灣文獻叢刊第一二一種，臺灣銀行經濟研究室編印，1962 年出版，頁 357。

〔註89〕請參見余文儀《續修臺灣府志》臺灣文獻叢刊第一二一種，臺灣銀行經濟研究室編印，1962 年出版，頁 359～360。

〔註90〕請參見余文儀《續修臺灣府志》臺灣文獻叢刊第一二一種，臺灣銀行經濟研究室編印，1962 年出版，頁 360。

記述書院建立之契機，另一方面則闡明儒里以鼓舞士子學習風氣。如康熙四十二年（1703）陳璸任臺灣知縣期間，便撰寫〈臺邑明倫堂碑記〉，闡述建立明倫堂的儒學理論，其文如下：

> 自有人類，即有人心；有人心，即有人理；有人理，即若天造地設而有明倫堂。苟斯堂之不立，則士子講經無地，必至人倫不明，人理泯而人心昧，將不得爲人類矣。噫！宰斯邑者何人，風教攸責，而可令斯地久曠乎哉？予用是殫力以拮据、畢慮以經營。越明歲癸未之夏，而斯堂得成。堂凡三間，高、廣如式，門樓、前拱、甬道、圍墻井列。成之日，用進諸生於堂，而告以斯堂取義「明倫」之旨，爲落成慶。及環顧文廟，又已掃地傾圮；方在選材鳩工、平基定向，爲創建文廟之舉。適行取銓部命下，而予因是不得盡心竭力於其間。雖然，人之欲善，誰不如我？文廟之成，固有待也。獨斯堂之役，費稟於官、役不病民。向之曠然者，今幸歸然其在望矣；義不可無一言以紀。予謂五經與五倫，相表裏者也。倫於何明？君臣之宜直、宜諷、宜進、宜止，不宜辱也；父子之宜養、宜愉、宜幾諫，不宜責善也；兄弟之宜怡、宜恭，不宜相猶也；夫婦之宜雍、宜肅，不宜交謫也；朋友之宜切、宜偲，不宜以數而取疏也。明此者，其必由經學乎！潔淨精微取諸「易」，疏通知遠取諸「書」，溫厚和平取諸「詩」，恭儉莊敬取諸「禮」，比事屬辭取諸「春秋」；聖經賢傳，垂訓千條萬緒，皆所以啓鑰性靈、開囊原本，爲綱紀人倫之具，而絃誦其小也。願諸生執經請業，登斯堂，顧名思義；期於忠君、孝親、信友、夫義、婦聽、兄友、弟恭，爲端人、爲正士；勿或徒習文藝，恣睢佻達，以致敗名喪檢爲斯堂羞，庶幾不負予所以首先建立斯堂之意。〔註91〕

本碑記闡述了五經與五倫是互爲表裡的關係，而五經所代表的處世德行正可以支持五倫的運行；其亦強調學思之吸收與行止之自律應齊頭並進、相互爲用，而重視經學的思維更是不在話下。而七年之後，康熙四十九年（1710），陳璸再任臺灣官職，則以臺廈道的身分再度幫重建的府儒學撰寫碑記，其〈新建朱文公祠碑記〉有云：

> 凡學者口之所誦、心之所維，當無有不寤寐依之、羹牆見之者；

〔註91〕請參見范咸《重修臺灣府志》臺灣文獻叢刊第一〇五種，臺灣銀行經濟研究室編印，1961 年出版，頁 680～681。

何有於世相後、地相去之拘拘乎？予自少，即知誦習文公之書。雖一言、一字，亦　沉潛玩味，終日不忍釋手。迨今白首，茫未涉其涯涘。然信之深、思之至，殆不啻所謂焄蒿悽愴若或見之者也。文公之言曰：『大抵吾輩於貨、色兩關打不透，更無話可說也』；又曰：『分別「義利」二字，乃儒者第一義』；又曰：『「敬以直內、義以方外」八箇字，一生用之不窮』。蓋嘗妄以己意繹之：惟不好貨，斯可立品；惟不好色，斯可立命。義利分際甚微，凡無所爲而爲者，皆義也；凡有所爲而爲者，皆利也。義固嘗不利，利正不容假義。敬在心，主一無適則內直；義在事，因時制宜則外方。無纖毫容邪曲之謂直，無彼此可遷就之謂方。人生德業，即此數言，略包括無遺矣。〔註92〕

陳璸先說明自己對於朱熹的仰慕崇拜之情，然後引述朱子言論，並且加上自己的詮釋，加以引申，如對朱子說「大抵吾輩於貨、色兩關打不透，更無話可說也」，陳璸即解釋爲「惟不好貨，斯可立品；惟不好色，斯可立命」。

由以上兩篇陳璸所寫的碑文，吾人可以窺見清代臺灣朱子學之流傳與影響甚大，朱子學中的實踐精神，清代臺灣官員奉之爲圭臬，並期許臺灣生童可以效法朱子儒學價值與思維。

（三）就祭祀而言

中國書院歷來相當重視祭祀，這與長久廟學合一傳統有關，以廟來護學，成就其爲儒家「聖域」，令世俗政權未敢干犯之。書院祭祀之對象主要是儒家聖賢，此外，如地方官守有對鄉里地方有重大貢獻或政績者；或是集捐重資創建書院，注挹文教事業者；或其有儒學風骨、有功德於聖門者，也都有機會被列爲書院祭祀的對象。清代臺灣書院也繼承如此的祭祀傳統，最有名的鄉賢受祭祀之例，如本文第二章第一節所提及之沈光文入祀鹿港文開書院。道光四年（1824），北路理蕃同知鄧傳安倡建鹿港文開書院，主祀宋朱熹，而以明末諸遺老——沈光文、徐孚遠、王忠孝、辜朝薦、沈佺期、郭貞一與平定朱一貴事變有功的藍鼎元陪祀。鄧傳安的理由是：「諸公皆人師、非經師，遜業諸生，仰止前哲，更思立乎其大，不僅以科名重人」〔註93〕，

〔註92〕請參見范咸《重修臺灣府志》臺灣文獻叢刊第一〇五種，臺灣銀行經濟研究室編印，1961年出版，頁683～684。
〔註93〕請參見周璽《彰化縣志》臺灣文獻叢刊第一五六種，臺灣銀行經濟研究室編印，1961年出版，頁460。

由此可知，祭祀明末遺老與藍鼎元的原因，皆在於其道德表率，符合儒家的
學理價值，而非著眼於其科舉功名。書院祭祀旨在透過儀式性的神靈祭拜動
作，從而灌輸儒家的學理價值予書院生徒們，而達成儒家教化傳播儒學思想
的目的。

（四）就教學內容而言

兒童入學年齡約六至八歲，起初施予童蒙教育，其目的在使其讀書識字，
具備基本的文字能力，之後則以專攻舉子業爲主，以求取科舉功名爲目標。
就學年限則無固定，基本上至少十年，內容主要學習內容則爲童蒙字書、四
書五經及制義試帖，日治時期伊能嘉矩曾經調查清代臺灣儒學教育的具體教
學內容，並做成簡表，茲列如下：

表（二）清代儒學教育中學齡對應於教材之進度表

學年	學齡	教科書（經學）	教科書（藝文）
一	七歲	三字經、大學白文、中庸白文、論語白文	玉堂對類
二	八歲	論語白文、孟子白文	玉堂對類、千家詩
三	九歲	孟子白文、大學朱熹章句、中庸朱熹章句、論語朱熹集註	聲律啓蒙、千家詩
四	十歲	論語朱熹集註、孟子朱熹集註、詩經白文、幼學群芳	唐詩合解、起講八式、童子問路
五	十一歲	孟子朱熹集註、詩經白文、幼學群芳、書經白文	唐詩合解、童子問路、初學引機、寄嶽雲齋
六	十二歲	書經白文、易經白文、孝經白文	童子問路、初學引機、寄嶽雲齋、十歲能文
七	十三歲	易經白文、春秋左氏傳	初學引機、寄嶽雲齋、能與集、小題別體
八	十四歲	春秋左氏傳、禮記精華	能與集、小題別體、七家詩、訓蒙覺路
九	十五歲	禮記精華	小題別體、七家詩、青雲集、塔題易讀
十	十六歲		青雲集、塔題易讀、啓悟集、小塔清眞

此表所列的教學內容及其排程，實則僅是通例而已，並非嚴格的標準，因入學時間不同，塾師的專業能力的參差不齊，選用教材亦有出入，然而可以確定的是研讀的儒家經典幾乎就是科舉考試的內容。

（五）就教學者出身與事蹟而言

清代臺灣儒學所設置的府儒學、縣儒學之教授、教諭與訓導，其出身幾乎全為福建人，且多為漳泉二州人士，主要原因乃是清代對於臺灣儒學官員的調派有一定的原則：「其教授等亦由內地人員調補。臺灣府學訓導，並臺灣等四縣教諭、訓導缺出，先儘泉州府屬之晉江、安溪、同安，漳州府屬之龍溪、漳浦、平和、詔安等七學調缺教職內揀選調補。倘有不敷，或人地未宜，仍於通省教職內，一體揀選調滿補。」〔註 94〕而書院之山長或院長之出身亦多為閩省人士，而無論官私立書院的山長、院長，與府縣儒學的教授、教諭及訓導，其出身多為舉人以上，且不乏進士。這批儒官學者們，是清代臺灣儒學建置的靈魂人物，有許多人做出相當的貢獻，如乾隆三十六年（1771）派任來臺的臺灣府教授，閩縣進士出身的董文駒，志書記載他「有學行，月餘課生童，嚴局試，盛供具以待。遇風雨則改期，無或曠廢。衡文慎甲乙，有所改竄，字畫必端正。得佳文，則優賞，以鼓舞之。與諸生言，必本忠孝諸大節。雖切磋嚴憚而和氣，仍予人以可親。嘗兼監海東書院。逢課期，稽察綦嚴，不徇情面。」〔註 95〕，此外，首任臺灣知府蔣毓英捐俸在臺灣府中建立三所社學自不在話下，臺灣府學的第一位訓導袁宏仁甚至捐出俸祿修建朱文公祠與購置藏書；康熙四十三年（1704）調任臺灣縣教諭的陸登選，陳文達《臺灣縣志》記載他：「其教人以德行為先，不事浮華；日惟集諸生闡明程、朱奧義及先正作文關鍵，月課品題。凡摳衣來前者，咸各得其意而去。時聖宇未葺，亟請邑侯新之，正其方位，以卜人文興起。旋而乙酉登賢書者接踵，士益爭自磨濯，以為蘇湖芳規復見於今。而當途諸公，亦咸敬重之。……昔歐陽子持文衡，力闢新體，而後有宋一代之文復歸醇古。今臺屬四庠之士，絕去奇邪文體、一歸於正者，夫子之力也。」〔註 96〕可想見其教學之認真，

〔註 94〕請參見周璽《彰化縣志》臺灣文獻叢刊第一五六種，臺灣銀行經濟研究室編印，1961 年出版，頁 71。

〔註 95〕請參見不著撰人《臺灣通志》臺灣文獻叢刊第一三〇種，臺灣銀行經濟研究室編印，1960 年出版，頁 461。

〔註 96〕請參見陳文達《臺灣縣志》臺灣文獻叢刊第一〇三種，臺灣銀行經濟研究室編印，1960 年出版，頁 261。

甚至改變臺灣縣士子文風，使其「文歸於醇古」。在這些儒官學者的努力教學之下，根據莊金德的統計，臺灣在清領時期產生過二十九名進士、兩百五十一名舉人，其教學成績可謂豐碩。〔註97〕

　　清帝國對於臺灣儒學建置的目標，其主軸始終放在移風易俗、改善風氣的方針之上，因爲面對臺灣這樣的一個移墾移民的社會，在統治初期僅能維護住社會治安，至於風俗教化與人文教育的建設則無暇兼顧，而這猶待一個完整自足的仕紳階層的產生，才能夠協助清政府籌辦教育甚至地方防務。清代的仕紳階級與文人儒士集團多爲重疊，而無論是遊宦或者在地，他們在政治上幾乎均是支持清帝國的立場，這當然可以被理解爲：清帝國的權力穩固程度與仕紳階級的地位與利益多寡是呈正比的，儒學教化的建制一方面加強清政府的對臺統治，一方面也鞏固文人仕紳的位置與利益。

二、清代臺灣儒學與閩地朱子學的辯證關係

　　歷來許多臺灣儒學的研究者，均認爲福建一地具有深厚歷史淵源的閩學與臺灣儒學關係匪淺，甚至認定臺灣儒學僅是福建朱子學的一個分支。學者陳昭瑛即是持此觀點，她認爲由清代的臺灣府縣儒學教育與朱子學的關係，可以斷定清代臺灣儒學承繼了福建閩學傳統。〔註98〕學者潘朝陽也接受如此的看法，他曾謂：

　　　　楊二酉《海東書院碑記》提到「諸生一仰止鰲峰，且不免望洋而嘆！」可見當時臺灣士子一心欽慕福建有鰲峰書院，另一方面也反映出臺灣士子苦於缺乏書院可以進學，同時也證明閩學實臺灣儒士的典範。當海東書院完竣，楊氏更期待書院能「與鰲峰並峙」，事實上，清代在臺設置書院以教臺灣儒士者，均以閩學爲楷模也，不惟「海東」與「鰲峰」隔海對峙；臺灣所有書院在精神、原則以及作風上，均是閩地朱子學的傳播和延續。換言之，臺灣傳統儒士基本上都是朱子儒學門生，與閩地乃至於中國各地的儒士，在道與學上，均無不同，而

〔註97〕請參見張炳楠監修、林衡道主修、莊金德纂修《臺灣省通志》卷五教育志考選篇第一冊，臺中縣：臺灣省文獻委員會，1973年出版。

〔註98〕例如她的兩篇文章：〈清代臺灣鳳山縣的儒學教育〉，收入第四屆高雄文化發展史研究會論文集，高雄市政府，1996年。〈清代臺灣教育碑文中的朱子學〉，收入儒家思想在現代東亞國際研討會論文集，中央研究院中國文哲研究所籌備處，1999年。

從這樣的核心質素投射出去，則臺灣傳統文化主體屬於朱子儒學的常道慧命，也與閩地和中國各地，沒有差別。〔註99〕

潘朝陽在這篇〈從閩學到臺灣的傳統文化主體〉文章中，除了提及上述海東書院士子仰慕鰲峰書院之儒學傳統外，他更提及漳浦儒生陳夢林曾至臺修《諸羅縣志》而邀請主講鰲峰書院的蔡世遠撰寫〈諸羅縣學記〉，這篇文章「其文、其神即代表了朱子學已從福建渡海而播植臺灣」〔註100〕，另外他也指出陳璸建造朱文公祠且撰寫碑記亦帶來朱子儒學之文化慧命。〔註101〕

筆者可以理解這種文化根源論與傳播論，並且認為在具體的歷史發展脈絡之中，它具備某種程度上的說服力，例如筆者也認同明鄭時期臺灣儒學與晚明東林黨人、復社、幾社諸君子的實學傳統是有關係的，且沈光文、鄭延平的儒學思考與行動也可放在晚明儒學歷史中審視的。

然而清代臺灣儒學文化主體是閩地朱子學的支脈，此一命題卻是畫蛇添足之贅言，它也在暗喻臺灣儒學「轉邊陲為核心」（鄭志明語）的儒學中國中心主義的確立。錢穆《朱子學提綱》中曾提及：

> 朱子生時，四方學者響附雲集。及其身後，其學流衍益廣。所著書，如《四書集註章句》及詩、易兩種，元明清三代皆懸之功令，定為取士標準，凡應舉者皆所必讀。〔註102〕

由錢穆所言可以得知，朱子學自南宋之後，迄清帝遜位，科舉廢除為止，它一直都是中國政權官方正統儒學詮釋權的擁有者，甚至不僅在中國，即便是日韓兩國亦不遑多讓：

> 宋明新儒學中的朱子學，其居統治地位的時間，在中國700年，在朝鮮約500年，在日本約250年。論時間中國最長；但論其影響，可以說朝鮮最深遠。因為中國朱子學佔統治地位期間，陽明學興盛時期長達150年之久，反朱子學的思潮也時起時伏，日本也是類似情況。〔註103〕

〔註99〕請參見潘朝陽《明清臺灣儒學論》臺北市，學生書局，2001年出版，頁141～142。

〔註100〕請參見潘朝陽《明清臺灣儒學論》臺北市，學生書局，2001年出版，頁143～144。

〔註101〕請參見潘朝陽《明清臺灣儒學論》臺北市，學生書局，2001年出版，頁150。

〔註102〕請參見錢穆《朱子學提綱》北京市，三聯書店，2002年8月出版，頁210。

〔註103〕請參見張立文、李甦平編《中外儒學比較研究》北京市，東方出版社，1998年6月出版，頁185～186。

　　若認知到佔據正統官方儒學論述的朱子學的地位，即可推論其分布流衍，可想見其於科舉教育中的再生產（reproduce）、再現（representation）的諸多機制所形構的影響力量有多大了；甚至朱子學學者亦捍衛其原有的文化場域管理權與詮釋權，排斥其他學說的挑戰與生存空間，這也都是可以理解的。倘若按照潘朝陽論述之邏輯進行推論，則清代直隸省、浙江省之文化主體亦爲閩學，更甚者，近代日本，與李朝後之朝鮮其文化主體也都是閩學嗎？這種論述是忽略了在地社會發展儒學多面貌的可能性，也忽視朱子學以外如陸王之學的影響流布。果眞如潘朝陽所言：「臺灣傳統文化主體屬於朱子儒學的常道慧命，也與閩地和中國各地，沒有差別」，眞的沒有差別嗎？

　　更細緻的分析應當是透過審視具體的歷史事實與脈絡，擇定如師承、傳播者、傳播路線及影響力量的各變項作實際的考察，而非僅依官方儒學論述的朱子學便要抹消這清代中國或臺灣所有儒學發展的在地性與歧異性。而這種意欲將臺灣儒學承接上核心位置的儒學論述，其實是壓制臺灣儒學能「轉邊陲爲自在」的空間。鄭志明曾解釋這句話說：

> 所謂「轉邊陲爲自在」，是要脫離對核心的迷戀。有人認爲臺灣可以成爲中國的核心，或者成爲世界的核心，這是患有著核心的自戀狂，若「轉邊陲爲核心」，將使儒學困在核心的迷宮裏。……臺灣繼承了中國核心高壓壟斷的父權意識，以變質的文化道統，使臺灣屈服在家長制的宰制性意識之下。臺灣若成爲核心，不僅不能建立自我的主體性，還要永遠屈服在核心的陰影之下。〔註104〕

　　善哉斯言，誠然清代臺灣儒學論述中確實有朱子學之色彩，然而遽論清代臺灣儒學是閩地朱子學的分支流脈則屬不精確之命題。就像後殖民先驅法農所言：「對我們而言，鍾愛黑人的人和憎惡黑人的人一樣有病；相反的，想要漂白自己種族的黑人和鼓吹對白人恨意的黑人同樣不幸。……眞正重要的是，讓人自由。」〔註105〕解消中心價值，去除對於核心的狂熱與追求，讓臺灣儒學其自然教養的動力與臺灣在地性相結合，並且回歸到原始儒學的面

〔註104〕請參見鄭志明〈臺灣儒學本土化的發展方向〉，本文收於第二屆臺灣儒學國際學術研討會論文集，成大中文系主編，1999年，頁673。
〔註105〕請參見法農《黑皮膚，白面具》臺北市，初版，心靈工坊文化出版社，2005年出版，頁65。

貌，探求臺灣儒學在臺灣民間社會中的穩定力量與自我轉化的歷程，或許可以是臺灣儒學本土化的重要方向。

第四節 小 結

就其正面觀之，明鄭與清代的臺灣儒學建制與論述，它提供一套價值體系以穩定政治情勢，鞏固民心士氣，並且有限度地達成階級流動。然而就負面觀之，明鄭與清代的臺灣儒學，也是相對穩定保守主義的價值體系，它透過儒學話語的聲明，儒官體制由上而下層層相疊的權力結構，以其正統的儒學論述與體制來建構帝國政治權力之穩定性，以儒教思維來控制仕紳與俗民之思考，以遂行其儒家價值教條化的愚民政策，甚至合理化清帝國特殊政策的殖民本質。

臺灣儒學發展自沈光文始，整體的儒學建制則起於明鄭，明鄭時期鄭氏政權與明朝諸遺老所帶來的經世致用、救亡圖存的實學思想，足可見證明鄭史與晚明及南明史有重要的歷史關聯。自南宋晚期迄清末，福建朱子學的儒學解釋始終佔據科舉考試的標準範本，成為近五、六個世紀以來重要的官方主流儒學論述（不僅在中國，朱子學無論是在日本或在韓國，都是官方的主流儒學），故當時隸屬清朝版圖的臺灣，科舉士子均大量研讀朱子儒學論述，其影響不可謂不深厚。然則要因如此的歷史事實而做出清代臺灣儒學便是福建朱子學的分支的判定，則屬於贅言。必須回到具體歷史事實中去看師承、傳播者及路線與其影響力等諸多因素，而非僅是以儒官（如府級之教授、縣級之教諭）之省籍來判定，因為官方儒學論述，整體儒學教育再生產的機制早以朱子的儒學解釋為主流、為標準，因而在當時清代中國整體的儒學建制下來談是無甚大意義的，反而導致論述者的自以為是與疏於查證，而某些臺灣儒學的學者也僅是要利用這些「儒學淵源」、「儒學傳統」來宣揚並合理化他／她的儒學中國中心主義、中國民族主義，追求儒學核心化的中心論述，實際上這僅是將儒學史的論述困鎖在核心的困境。

下一章，將進入日治時期臺灣儒學發展與變異的討論，日治時期的臺灣儒學所遭遇的「儒學變異性」在於，它不只要面臨異族統治的歷史命運，也同時要面對殖民主日本一再以其殖民主義與近代化相結合的「殖民進步主義」，儒學在此時產生了收納與結合日本殖民主的二手近代化的問題，並且在

近代化的浪潮中，還要面對來自臺灣內部的反對者——新文化運動者。臺灣儒學論述尤其是在日治晚期，它必須在表面上將自身整合到整個日本儒學論述（即以儒學論述爲根柢所建構的天皇制擬血緣國家）之中才得以繼續生存。

第三章　日治時期臺灣儒學論述

第一節　前言

一、「殖民性」與「現代性」和「本土性」的辯證

　　對於日治時期臺灣儒學論述，本文主要用兩個面向觀察，其一為文明（近代化）／傳統，其二即協力／反殖〔註1〕。而就日本殖民主而言，「同化於（近代）文明」與「同化於（日本）民族」〔註2〕是其於文化教育政策方面著手的兩個主軸，而在這樣的「同化」歷程中，日本殖民主試圖將其原有的殖民性與近代性（modernity）相結合，建構所謂「殖民進步主義」〔註3〕，而以舊文

〔註1〕然而筆者必須強調的是，這兩個面向的二分法僅是為了論述上的方便性，實則在二分法之間尚有許多難以歸類的模糊地帶。此外，本章雖為臺灣儒學論述，但是主要是談儒學論述與殖民主之間的互動關係，至於儒墨、儒釋的論戰，儒學論及日常生活的的近代化，儒學論述與原住民族群之間的關係等等議題，本章將捨去不論。

〔註2〕陳培豐先生曾論及日治時期的「同化政策」時說：「因應『同化』的内涵與目標，且將之放在近代日本的政治社會潮流中來解析的話，學友會（案：為1898年左右以日本陸軍成員組成的團體）的『同化』概念，包含了『同化於（近代）文明』與『同化於（日本）民族』……換言之，臺灣的『同化』政策應該可以再細分成兩個分析概念，就是『同化於民族』和『同化於文明』」，筆者於此處獲得極大啓發，並認為日治時期臺灣知識菁英，對於日本殖民主所回應的問題與論述，大抵不出此兩義性（陳培豐先生語），而儒學論述亦然，為求行文方便，以下本文僅寫「同化於民族」和「同化於文明」。以上參見陳培豐著，王興安、鳳氣至純平編譯《「同化」的同床異夢：日治時期臺灣的語言政策、近代化與認同》初版，臺北市：麥田出版社，2006年出版，頁41。

〔註3〕游勝冠先生曾在其博士論文中提及這個概念，他認為「本文所以在慣稱的『殖民主義』之間加入『進步』這個概念，是因為實際的論述往往在優越與低劣

人階層〔註4〕爲主的儒學論述中，部份出現了「殖民性與現代性（modernity）混淆並鏈結」的現象，部份儒學論述甚至進而向日本殖民主傾斜；然而亦有部分的儒學論述能夠認知並拆解殖民主的「殖民近代性」（colonial modernity），進而具備「反殖」甚或「去殖」的功用，惟其可惜之處在於其多以「隱蔽文本」（hiddentranscript）的形式或者「諷喻比興」言說技巧出現，未能充分而有力地發揮影響〔註5〕。

　　儒學論述（discourse）〔註6〕作爲臺灣於日治時期仕紳文人階級的思想表現，面對「同化於文明」與「同化於民族」此兩義性，就前者而言，這些儒學論述，有時對抗權位者因著「殖民近代性」而形塑的「結構性的差別待遇」，有時卻遭殖民主利用「殖民近代性」予以收編；而就後者而言，這些儒學論述往往透過承接日本殖民政權亦首肯的儒學價值與體系，而得以擁有生存與發表的空間，而在日本殖民主的官檢（censorship）〔註7〕之下「自我約束」

二分對立的共時關係框架之上，加上社會進化論的線性史觀這個歷時性的關係結構，文明、野蠻的等級分類，因此就成爲劃分人類歷史發展階段的依據。」，參見游勝冠《殖民進步主義與日據時代臺灣文學的文化抗爭》，清華大學中國文學所博士論文，2000 年 6 月，頁 7。

〔註4〕此處所指的舊文人包括日治時代的「一世文人」如吳德功、連橫、洪棄生與林獻堂等人，以及「二世文人」如賴和、葉榮鐘、林幼春、陳虛谷與陳逢源等人。此處說法參考林莊生《懷樹又懷人》，臺北：自立晚報，1992 年出版，頁 238。

〔註5〕最爲具體的例子即是《孔教報》當中出現論述或引述天命觀念的文字，其以「天命」對抗「天皇」的概念，即是一種潛在的儒學抵抗。

〔註6〕「論述」是一種陳述的系統，藉由這種方式，社會的現實世界可以爲世人所了解、應用且運作，進一步形成主體與客體間的權力關係。對傅柯而言，「論述」並不是一種「已在」的對象物，可以被我們的言談所講述，而是我們可以透過「論述」自身，來認知世界並生產意義，進而形成一種隱藏在人際間的權力網絡。日治時代的臺灣儒學論述，多通過漢學、漢文與儒家倫理關係的維護論述的形式而存在，而這些儒學「論述」，正是透過既有的意義生產系統，來鞏固臺灣儒學人士用以呼應日本殖民主，或接續漢族傳統文化以對抗殖民主的力量。以上參考廖炳惠《關鍵詞 200：文學與批評研究的通用詞彙編》，初版，臺北市：麥田出版社出版，2003 年出版，頁 83。

〔註7〕官檢（censorship）即指當政者藉由種種有形無形的檢查制度，來讓底下的作家與臣民，形成一種內在的自我節制與自我官檢（self cencorship）。而在文學研究中，作家刻意以避諱的方式，將原本所想要表達的不滿情緒加以壓抑、扭曲與變形，而連帶在閱讀的過程中，引發相當具有政治性見解的閱讀，形成某種新生意義再生的可能性。例如日治報紙中文人隱晦或者挖空的文字，或遭日本官方挖空或禁止刊登的留白，都顯得欲蓋彌彰，進而產生豐富意涵。例如在 1918 年創立的臺灣文社其「臺灣文社規則」第五條便云：「凡有涉及

或者「陽奉陰違」，且因而認定能以儒學論述來佔據思想價值的制高點，並藉由「漢文存續」作爲異質文化的存有事實，進而解消日本官方「同化於民族」的力道。

而儒學論述生存空間之存有，它一方面鞏固了日治臺灣儒士對於孔教信仰價值的保存，及隱微的漢人民族主義的被滿足（對於自己內心，或者至少實質上或表面上對於自己的同胞有所交代），另一方面也更加強了對於自身利益與地位的保護，這個空間，是一種創造性的模糊空間，它所帶來的是對漢人民族主義與大和官方國家主義的雙重妥善安置與滿足，還有再次保護自身文化資本與政治利益，甚至在這樣儒學論述的迎合與協力之間，儒學社群遂利用日本國體論的破綻而對「殖民近代性」加以拆解。

這樣的儒學論述是一個多面的複雜混合體，它的隨意拆解與拼合的特性，容易成爲掌握權力者的教化語言的特性，強化了它的多重曖昧性。日治時期的臺灣儒學論述是既對抗又妥協，以儒家論述的保守主義傾向力量，來迎合日本殖民政府渴求教化（或愚化）臺灣殖民地人民的企圖，但它一方面也對抗並且吸納著近代化的知識系統，進而也存在著去殖民（decolonization）的力量。

自明鄭時期（1662～1683）陳永華設立臺南孔廟以來，中國儒學的科舉建置開始在臺灣運作，臺灣的「儒漢化」就此開始。清廷領臺長達兩百一十二年（1683～1895），在這兩百多年之間，清廷的科舉制度逐漸培養出臺灣本土的仕紳階級，儒學教育的普及化，亦強化了清廷對於臺灣的統治力量，此部份本論文第二章已論之甚詳。

中日甲午戰役，清廷割讓臺灣予日本，臺灣的儒學仕紳頓時喪失因儒學科舉頭銜而獲得的利益，這些長期累積下來的文化資本遭到空前的侵蝕甚至毀滅，日治伊始，這種文化資本的幻滅直接導致了乙未戰役中儒生抗日的情形，而這種文化資本的再度被承認，則要等到臺灣總督府的揚文會與饗老典等攏絡舉動，再配以延續清代保甲制度中，給予傳統仕紳文人地方官銜的具體措施，才促使地方仕紳與文人能夠再度地被承認其文化資本，進而使大部分文人仕紳爲大日本帝國效忠與輸誠。

政治時事者，一切不錄。」《孔教報》編者施梅樵亦在會則中明白規定：「但有關於政治者不錄」。以上請參見廖炳惠《關鍵詞 200：文學與批評研究的通用詞彙編》，初版，臺北市：麥田出版社出版，2003 年出版，頁 37。

在這樣的政權轉換過程當中，中國傳統儒學論述所承接的民族主義形式也被迫進行轉換，它以迥然相異的形象出現，它可以是抵抗日人「同化於民族」的利器，也可以是妥協甚至迎合日人殖民政權的理論基礎，然而在此之中，日治時期臺灣儒學人士大多自覺地認知到：臺日於儒學共識上的相互利用，筆者藉著陳培豐的用語，將之稱爲「儒學的同床異夢」。

二、掙脫抗日／御用及新／舊文人的二分法

臺灣自戰後以來對於日治時期的歷史教育，長期放在中國民族主義的視野當中，而晚近研究此一時期儒學之學者，也都不免以中國民族主義的思維出發，往往堅持所謂的「民族大義」來論述，例如陳昭瑛曾謂：「儒學的民族思想、歷史思想、文學思想在日據時代的臺灣，成爲反抗日本殖民主義的大纛」〔註8〕，這些臺灣儒學史的論述，經常忽略了日治時期臺灣儒士亦與日本殖民政權建立良好關係的歷史事實，陳昭瑛所謂此一面向確實存在，但這並非事實的全部。筆者並非反對以中國民族主義意識來研究日治時代的臺灣儒學論述，這的確是一種探討其歷史意義的進路，然而在這樣的中國民族主義思維之下的學術研究容易將龐大複雜的問題切割成二元對立的簡單模式，因此本論文主張打破抗日／御用二元對立模式，而代以協力／反殖〔註9〕，並將諸多臺灣儒士與日人殖民政權的互動模式並陳，而以個案的方式來探討《孔教報》及其相關儒學團體等文人的儒學論述。更確切地說，筆者認爲：「儒學論述」因著不同外力如政經、文化等霸權之影響，而成爲可以任意拆解、拼合的話語系統，而其論述者將此話語系統放在爲特定政治目的或政權服務的位置，而就其爲民族主義立場服務的面向，臺灣儒學論述不必然指向中國民族主義，也的確爲日本官方民族主義服務過，在不預設民族主義立場之下，日治時期臺灣文人儒生的儒學論述意涵得以多面貌的型態並陳。

〔註8〕請參見陳昭瑛，《臺灣文學與本土化運動》，臺北：正中書局，1998，頁283。
〔註9〕如此取代的目的即在於抗日/御用的意義過於標籤化而陷入絕對二分，不如協力/反殖此「行動」意義上可以程度深淺劃分之，況且，主體可能同時存在反殖跟協力的行為。即便是御用文人，其論述與詩作仍值得研究，正如施懿琳先生說過：「這是流於過度單一的『非A即B』（非抗日即御用）的思考方式，未能以細緻的心靈去思考人性的複雜面與文學所可能存在的多元性。」，而放在儒學論述上來談，亦同此理。以上參考施懿琳先生《從沈光文到賴和——臺灣古典文學的發展與特色》，初版，高雄市：春暉出版社，2000年出版，頁264。

此外，以往論者多以新／舊文人來論述日治時代的知識社群，筆者認爲這是爲論述方便的二分法本無可厚非，但是有些研究者卻總喜歡爲新／舊文人分別貼上激進／保守、抗日／親日、左傾／右傾及具本土（nativity）意識／具中國情懷等標籤，雖說某些脈絡下的鑑別度確實有一定的妥當性，但是筆者拒絕這種標籤化的研究論述，拒絕二分法的綁架。

在探究日治時代臺灣儒學論述的歷史意義之前，須先行探究和漢民族的儒學發展歷史，日本儒學的發展有其特定的歷史過程與脈絡，在其發展之中，衍生了許多與漢文化儒學迥異的歷史思維與實踐，而由此考察和漢儒學社會之差異性，是探究臺灣儒學論述的第一步。

第二節　日本近代儒學與臺日儒學社會之差異

一、日本明治維新以前的儒學發展

儒學本源於中國，而傳入日本，最早是透過朝鮮的百濟國向日本輸出儒學經典，這與爾後日本人系統地學習儒學的最早紀錄，都可見於西元八世紀初成書的《古事紀》以及《日本書紀》。而日本從推古天皇十五年（西元 607年）開始，先後向中國派遣外交使者、留學生與僧侶，有系統地自中國取得儒學新知與更多的經典，至平安時代（西元 794 年～1192 年）結束爲止，傳入日本的漢籍已將近兩萬卷。十二世紀末起始，日本進入了幕府時代，武士藉由中央主導權的爭奪成爲「幕府將軍」，進而實質掌控日本政權，與京都的有名無實權的天皇構成二元式的權力結構。此一時期的儒學主要伴隨著禪宗傳入日本，由於戰爭發生頻繁，武士必須經常出生入死，因而「生死如一，立地成佛」的禪宗相當受到武士階層的歡迎，而禪宗的流行也帶來了中國的宋明理學，這也促成了江戶時代（西元 1603 年迄 1867 年）日本朱子學與陽明學的興盛。〔註10〕

（一）江戶迄幕末日本朱子學的發展

日本近代哲學家井上哲次郎（1855～1944）談及德川時代朱子學時，曾有這樣的評論：

〔註10〕以上參考張立文、李甦平編《中外儒學比較研究》北京市，東方出版社，1998年 6 月出版，頁 192～196。

　　　　　朱子學作為此文學復興之先驅，大大地振奮、感化了人心。以
　　　之為興動德川時代哲學思想的主體，應不為過。〔註11〕

　　從井上的認知可以看出，朱子學在德川時代日本的重要學術地位。就朱
子學而言，在日本的開創者乃藤原惺窩（1561～1619），他主要的貢獻是讓朱
子學脫離禪學的密切關係，而走上獨立自主的發展道路，他曾經寫成《四書
五經倭訓》，這是日本第一部用朱熹的觀點解釋四書五經的作品〔註12〕，他沿
襲朱子學者的傳統視角，批判佛教的出世主義，並且以朱子的觀念闡釋「理」
與「理一分殊」等觀念。藤原的弟子林羅山（1583～1657）承繼其衣缽，後
來得到德川家康的信任，進而以朱子學及「幕藩制」〔註13〕為德川幕府建構
其官方意識形態與政治體制，至此，朱子學遂成德川幕府官方認可的官方儒
學體系。

　　在藤原與林之後，日本朱子學分為諸多派別，歷來派別分法眾多〔註14〕，
筆者採用中國學者李甦平的分法：「我們依據日本朱子學對朱熹『理』範疇的
不同發展，將日本朱子學劃分為客觀經驗理派和主觀道德理派。」〔註15〕，
而李甦平實際上以這種分法來概括日本兩大朱子學者：貝原益軒以及山崎闇
齋，他說：

　　　　　從宏觀考察，日本朱子學基本上是按著兩個方向發展：一是強
　　　調了朱子學中的合理思維，向著經驗合理主義方向發展；一是濃化
　　　了朱子學中倫理側面，並使之與日本神道結合，向著主觀化、神學
　　　化方向發展。〔註16〕

1. 客觀經驗理派

〔註11〕請參見井上哲次郎《日本朱子學派之哲學》序論，富山房，東京都：1905年
　　　　出版，頁3。轉引自子安宣邦著陳瑋芬譯《東亞儒學：批判與方法》初版，臺
　　　　北市：喜馬拉雅基金會發行；樂學總經銷，2003年出版，頁20。
〔註12〕請參見王家驊《日中儒學比較》，六興出版社，1988年出版，頁145。
〔註13〕「幕藩制」在日本歷史上，專指日本德川幕府的制度。
〔註14〕例如日本學者阿部吉雄即將日本朱子學分作（1）主知博學派（2）體認自得
　　　　派；源了圓則將日本朱子學分作（1）經驗的合理主義（2）思辯的合理主義。
　　　　以上請參見王家驊《日中儒學比較》，六興出版社，1988年出版，頁174。
〔註15〕請參見張立文、李甦平編《中外儒學比較研究》北京市，東方出版社，1998
　　　　年6月出版，頁207。
〔註16〕請參見張立文、李甦平編《中外儒學比較研究》北京市，東方出版社，1998
　　　　年6月出版，頁207。

　　貝原益軒（1630～1714）是出身黑田藩的儒者，黑田藩提供費用讓他在京都學習儒學，他與當時京都的幾位大儒〔註17〕均有來往，他同時學習朱子學與陽明學，後來因爲閱讀明代中國學者陳建的《學蔀通辨》，轉而專精朱子學，並且採取批判陽明學的立場。貝原雖然推崇朱子，但是並沒有將朱子學視作金科玉律，他以批判與懷疑的精神完成《愼思錄》和《大疑錄》，奠定其於日本朱子學的地位。針對「理氣」的部份，貝原也跟朱子的看法有差異，他說：「理是氣之理，理氣不可分爲二物，且無先後，無離合，故愚以爲理氣絕是一物，朱子以理氣爲二物，是所以吾昏愚迷而未能依服也。」〔註18〕。此外，貝原也說：

> 萬物生於一理。故一理之內具備陰陽五行四時人物。天下豈有理外之物、理外之氣、理外之事乎？譬如具四體百骸始爲人，苟闕其中一體，則不爲全人。……理之統陰陽二氣亦如此。兼有氣而可以爲理。苟無氣則不可以爲理。此氣乃統理而有之。故言理者，則氣亦在其中矣。以理氣之離合不可言之。以先後不可言之。宋儒析之爲二。蓋天地之間，以理爲主，而若無氣則不能輔翼之。故理也，譬如君；氣也，譬如臣。分而言之，則不明理之爲主也。故不得不有此說。析其實而不得爲二。後人不知先儒之微意，妄自分析爲二物矣。〔註19〕

　　貝原追隨朱熹的觀點，認爲「萬物生於一理」，並且認爲「天下豈有理外之物、理外之氣、理外之事乎？」，但是，貝原並不同意「理先氣後」的看法，認爲「理氣不可分爲二物，且無先後，無離合」。其中，理氣不可分的目的，應在否定朱子將「理」提升爲最高的超越地位，使萬事萬物各主體行動均須以「理」來解釋，才具有正當性。而貝原如此否定「理」的優越地位，卻也開出貝原思想體系的多元化的高度容受性。貝原寫就的〈博學〉一文中曾謂：

> 四方上下之謂宇，往古來今之謂宙。此身生於天地之間，在萬

〔註17〕如伊藤仁齋、山崎闇齋、木下順庵等人。

〔註18〕請參見貝原益軒《愼思錄》第四卷，收於《日本倫理匯編》第8冊，頁212。轉引自張立文、李甦平編《中外儒學比較研究》北京市，東方出版社，1998年6月出版，頁208。

〔註19〕請參見貝原益軒《愼思錄》卷之四，收於《貝原益軒全集》第二卷，東京市：益軒全集刊行部，1911年出版，頁72。轉引自子安宣邦著陳瑋芬譯《東亞儒學：批判與方法》初版，臺北市：喜馬拉雅基金會發行：樂學總經銷，2003年出版，頁29～30。

　　　　古之後，宇宙間之事，即吾分內之事，不可不知也。故天下之理、
　　　　古今之跡，君子所當知矣。苟欲知，非博聞，何以為也？六書精蘊，
　　　　士之字從「十」象多事，宇宙之內事乃吾之職分之內事，從「一」
　　　　者一以貫之也。此謂可說出士之字意者。蓋士者，博通萬事，不執
　　　　滯於一事，可矣。〔註20〕

　　日本當代重要的儒學研究者之一──子安宣邦，他認為貝原此種批判性
地接收朱子學的表現，可說是「近世知識在十八世紀日本以具體、多采多姿
的形貌開花結果的雛形。」〔註21〕子安也稱許貝原「在『物』與『事』不可
分、不可離的『理』之世界中，指出君子的任務、士的職份乃是博知、博學。」
〔註22〕子安點出了貝原益軒學說體系啟蒙近世知識發展的作用。由此可見，
貝原是批判性地接收朱子的學問。在批判地吸收朱子「格物窮理」、「格物致
知」的精神下，貝原甚至也是一位草藥學家，其著《大和本草》即可說明他
實踐朱子學問的成果。李甦平認為貝原益軒將日本朱子學導引至與中國朱子
學不同的道路：

　　　　在貝原益軒倡導下，日本朱子學向著經驗合理主義方向發展，
　　　　使之成為西方近代自然科學傳入的媒體。貝原益軒對朱子學改造的
　　　　具體的途徑是：首先吸取了張載和羅欽順關於「氣」的思想，在繼
　　　　承林羅山「理氣合一」思想基礎上，用「理氣合一」論批判朱熹的
　　　　「理一元」論，並批判地繼承了朱熹「格物窮理」說，然後以此為
　　　　根基，當他的「窮理」思想與「實學」志向相結合時，就為日本朱
　　　　子學找到了一條與中國朱子學不同的道路──向著經驗合理主義方
　　　　向發展。〔註23〕

　　貝原益軒的「實學」思想路線由新井白石（1657～1725）所承繼與擴充，

〔註20〕 請參見貝原益軒《慎思錄》卷之二，收於《貝原益軒全集》第二卷，東京市：
　　　　益軒全集刊行部，1911年出版，頁35。轉引自子安宣邦著陳瑋芬譯《東亞儒
　　　　學：批判與方法》初版，臺北市：喜馬拉雅基金會發行；樂學總經銷，2003
　　　　年出版，頁32。
〔註21〕 請參見子安宣邦著陳瑋芬譯《東亞儒學：批判與方法》初版，臺北市：喜馬
　　　　拉雅基金會發行；樂學總經銷，2003年出版，頁33。
〔註22〕 請參見子安宣邦著陳瑋芬譯《東亞儒學：批判與方法》初版，臺北市：喜馬
　　　　拉雅基金會發行；樂學總經銷，2003年出版，頁32。
〔註23〕 請參見張立文、李甦平編《中外儒學比較研究》北京市，東方出版社，1998
　　　　年6月出版，頁208。

新井深刻發揮朱子「窮理」的思想，認為「窮理」即是追尋自然規律，是認識客觀事物的方法。新井透過「窮理」，在歷史學中分析日本社會歷史發展的規律，這與中國標榜春秋公羊學的常州學派有相似之處，他的歷史分析帶有近代實證主義的色彩。在新井之後，將經驗合理主義路線發揚光大者，即是幕末儒士佐久間象山，他在見證過中國鴉片戰爭中的失敗後，受到重大的刺激，進而思索如何維持日本如何抵抗列強侵略的重要問題。在重新反省朱子學之下，他認為「爲學之要，在格物窮理」，並深入闡明：「宇宙實理無二。斯理所在，天地不能異此，鬼神不能異此，百世聖人不能異此。近年西洋所發明許多學術，要皆實理，視爲別物。」〔註24〕他認爲西洋科學乃是「實理」，然而必須跟「窮理」的精神相結合，才是有用的學問。佐久間喊出著名的口號「東洋道德，西洋藝術（案：即指西洋科學技術），粗精不遺，表裡兼該」，這也與中國清末的口號「中學爲體，西學爲用」類似。從貝原益軒至新井白石，再至佐久間象山，他們代表了李甦平所謂的日本朱子學派中的「客觀經驗理派」。

2. 主觀道德理派

將日本朱子學帶往與日本神道教相揉合的方向的代表人物，正是山崎闇齋（1618～1682）。山崎四十八歲時，曾經應德川幕府大老保科正之邀請爲賓師，此後聲名大噪，開創崎門學派，其影響力自江戶延續至明治維新之後。山崎奉朱子爲神明，稱他爲「孔子以來第一人」，奉朱子作品爲教條規範，甚至日常生活亦用朱色器具以表示尊崇朱熹的心意。在學術方面，他提倡「敬義內外」，認爲「主敬」的工夫不能只是在心上，更要在日常生活的實踐上。山崎更將神道教跟朱子學問相結合，以朱子學倫理道德觀作爲日本神道中的本源，創立「垂加神道」，山崎曾謂：「神垂以祈禱爲先，冥加以正直爲本……嘉（案：闇齋自稱）自贊：神垂祈禱，冥加正直。我願守之，終身勿忒」〔註25〕，如此宗教禱文式的自白，產生了德川時代最具影響力的神道教之一──「垂加神道」。在此，吾人可以發現：儒家倫理與神道教的結合，是主觀道德理派（李甦平語）

〔註24〕請參見佐久間象山《象山全集》第一卷，信濃教育會，昭和9年出版，頁60。轉引自張立文、李甦平編《中外儒學比較研究》北京市，東方出版社，1998年6月出版，頁211。

〔註25〕請參見山崎闇齋《山崎闇齋全集》上卷，日本古典學會本，頁4。轉引自張立文、李甦平編《中外儒學比較研究》北京市，東方出版社，1998年6月出版，頁213。

的主要路線，而這樣以國家神道結合儒學倫理的傾向，也在往後的日本儒學史
發展中被繼承並運用。

（二）江戶迄幕末日本陽明學的發展

日本陽明學可說是以日本官方儒學——朱子學——的異端身分登上日本
歷史，它最早於十六世紀中葉傳入日本，然而蔚然成派卻是要等到十七世紀
的三〇年代了，在德川中期朱子學派與古學派〔註 26〕鬥爭勝利之後，德川末
期陽明學的興盛隨即成爲官方朱子學的下一個論敵，然而也因爲官方朱子學
派的壓制，日本陽明學的發展並非如朱子學延續不斷，往往中輟之後才再興，
斷斷續續有其相關代表人物的出現。陽明學在德川幕府後期日本封建社會走
向瓦解的過程中，發揮相當作用，相對於德川幕府的官方朱子學，在此一時
期主要爲下等階級武士與市民階級所接受，其接受原因在於陽明學所提倡的
「知行合一」與講求實際，相當符合武士階層的信念，也迎合市民階級渴求
改革社會現狀的心態。

日本陽明學的開創者首推中江藤樹（1608～1648），中江本人就曾是下級
武士，他追隨陽明的理念，也認爲「心」即是天地萬物萬理之本源，中江曾
謂：「心，統體之總號，太極之異名也，合理氣，統性情……其大無外，其小
無內。」〔註 27〕可見一斑。此外，中江特別推崇陽明所強調的「孝」，在陽明
學中其實「孝」本指人們愛護親人的本性，但是中江不僅將「孝」提高爲人
類社會最高的道德表現，而且也將之視爲萬物萬事根本道理與宇宙萬物之本
源。中江門人中，有熊澤蕃山開創後來的「陽明學事功派」。

熊澤蕃山（1619～1691）出身於浪人（即未出仕的武士）家庭，年輕時
曾接觸朱子學，後來拜中江藤樹爲師，因受到陽明「良知說」的啓發，曾經
不讀書而練心法三年。熊澤擔任岡山蕃主池田光政的幕僚，受到池田的重用，
因此熊澤藉此在岡山蕃大肆宣傳陽明學，這樣的舉動等於是公然向德川幕府

〔註 26〕日本古學派是指以伊藤仁齋（1627～1705）與荻生徂徠（1666～1728）先後
　　　　爲代表人物的古學派儒學家，此一派喜歡以孔子或者古代先王的事蹟來批判
　　　　後世的儒者，尤其針對朱子及其所代表的性理學，此外，此派也可說是具有
　　　　建構日本式儒學的企圖心，這是古學派儒學最重要的特色之一，徂徠學在徂
　　　　徠死後仍繼續發展，但至寬政年間隨即遭到彈壓，徂徠身後也因爲他的儒學
　　　　路線獲致許多批判與罵名。

〔註 27〕請參見中江藤樹《明德圖說》，轉引自張立文、李甦平編《中外儒學比較研究》
　　　　北京市，東方出版社，1998 年 6 月出版，頁 199。

官方朱子學挑戰，當時的朱子學領袖林羅山藉機誣陷熊澤爲反幕府事件的背後主使者，熊澤因而遭到罷黜。熊澤以陽明學事功派聞名，他特別重視「行」的工夫，尤其熊澤對於當時諸多政治上的弊病與缺失提出對策，例如在稅賦方面，提倡以日本古代「十擔一」制取代幕府「公七私三」的重稅；爲了改善武家的貧困且防止上層武士的墮落，熊澤提倡「農兵論」，主張寓兵於農，吾人由此可見日本陽明學積極介入政治現實的現象，這可說是其一貫的傳統。陽明學在熊澤之後，其影響力曾經下降，這必須等到佐藤一齋與大鹽中齋的中興。

佐藤一齋（1772～1859）是日本朱子學宗師林羅山後代林述齋的學生，佐藤一生從事儒學教育，直至七十歲起擔任幕府儒官，他一直身處在官方朱子學的權力核心之中，但是佐藤從青年時期便對陽明學心嚮往之，因此他表面上標榜朱子學，實際上卻宣揚陽明學。佐藤的門下弟子人才出眾，幕末志士如佐久間象山、吉田松陰及西鄉隆盛等人都是佐藤的門徒，佐藤的學問可說是直接影響了幕末風起雲湧的局勢。佐藤對其學生影響最鉅的觀點在於：認知到西洋科學技術的先進優勢，並將之納入其學問體系。佐藤以「眞知」取代「徒知」教誨學生，啓發幕末志士後來積極吸收西洋科學新知的主張。大鹽中齋（1796～1837）則是篤信陽明的「知行合一」之說，以「實踐」二字作爲其信仰，1837 年時著名的「大鹽平八郎起義」則是其具體實踐。此事件肇因於天保年間的飢荒，當時大阪不肖米商趁機囤貨，哄抬米價，致使餓殍遍野，大鹽見機將所有藏書賣光以賑災，但仍無法改善饑饉，便夥同門徒、饑民們商量起義，卻因事蹟敗露而提早行動，在焚毀奸商的店舖之後，即遭到強力的鎮壓，大鹽藏匿民間四十餘日後，因遭到官兵包圍，自殺而死，這樣的遺風或可說也影響到後來吉田松陰與西鄉隆盛殉國的行動。在此一事件中，吾人可得見，日本陽明學者秉持儒家信念，爲求「知行合一」不惜以身殉道。馬克思寫於大鹽死後八年的《關於費爾巴哈的提綱》（1845）曾言：「哲學家們只是用不同的方式解釋世界，問題在於改變世界。」〔註28〕，大鹽以自己的生命來驗證了這句話，許多論者總以儒學論述總是佔居官方協力者地位，全盤否定其可能具備的解放動能，卻忘記了日本儒學史上曾有過「大鹽平八郎起義」此事件，足以證明：儒學論述的實踐也可能促成階級解放力量

〔註28〕請參見中共中央馬克思恩格斯列寧斯大林著作編譯局編《馬克思恩格斯選集》
第一卷，二版，北京市：人民出版社，1995 年出版，頁 57。

的產生。

幕末的陽明學，即以佐藤一齋的學生吉田松陰為代表。吉田松陰（1830
～1859）出身於長州藩的下級武士家庭，因為他主張尊王攘夷的思想，從事
反對幕府的政治運動，年方三十就被幕府處以死刑。關於吉田陽明學的理念，
他曾說：「以知廢行非真知，以行廢知非實行。故知行二而一，先後亦相待而
相濟也」〔註29〕，吉田認為「知」是「行」的指導，而「行」是「知」的實
踐成果，兩者可謂一而二，二而一，此外，吉田亦認定傳統的考據之學、詞
章之學、訓詁之學及佛老思想為無為的「曲學」，而將經國治民的「義理經濟
之學」視作「正學」，主張積極吸收西洋科學新知，其又創設松下村塾，這樣
的村塾規模並不大，學生僅有數十位，可是竟然培養出明治維新諸多要角，
如伊藤博文、木戶孝允、高杉晉作、山縣有朋及井上馨等人，都是吉田一手
培養的人才，吉田的陽明學可說是對日本明治維新做出重大的貢獻，中國著
名學者章太炎曾經評論：「日本維新，亦由王學為其先導」〔註30〕；而梁啟超
也評論道：「日本維新之治，心學之為用也」〔註31〕，由此可知日本陽明學在
日本近代明治維新的基礎上影響甚鉅。

（三）近世〔註32〕日本儒學社群知識建構的兩個方向

1. 近代化——西洋帝國主義的刺激與挑戰

中國學者李甦平談論德川時代的儒學對於日本社會的變革，有以下的影
響，他說：

> 德川時期的儒學是日本儒學的鼎盛時期，這個時期儒學的流
> 派有日本朱子學和日本陽明學，其中，日本朱子學倡導的經驗合
> 理主義，為日本傳入西學奠定了理論基礎……由此，開日本經驗
> 科學之端，並成為西方科學技術輸入的橋樑。日本陽明學則以它

〔註29〕 請參見吉田松陰《吉田松陰全集》，岩波書店，昭和14年出版，頁258。轉引
自張立文、李甦平編《中外儒學比較研究》北京市，東方出版社，1998年6
月出版，頁223。

〔註30〕 請參見章太炎《答鐵錚》，民報第十四號，轉引自張立文、李甦平編《中外儒
學比較研究》北京市，東方出版社，1998年6月出版，頁224。

〔註31〕 請參見梁啟超《宗教家與哲學家之長短得失》，轉引自張立文、李甦平編《中
外儒學比較研究》北京市，東方出版社，1998年6月出版，頁224。

〔註32〕 此處的「近世」儒學主要指整個江戶時代的儒學，以區別明治維新之後的「近
代」儒學。

的反體制性和行動性，在德川封建社會的社會變革中，發揮了有益的社會功能。由於日本陽明學者大多處於在野地位，因此更多地發展了陽明學重行的合理思維，強調實踐、事功、知行合一，並以這種實踐觀，在否定現存制度規範運動中，起到了反對封建幕府的重要作用。〔註33〕

實則李甦平這一番評論為日本德川時代儒學做了相當好的註腳，江戶以來的儒學發展，無論是朱子學或是陽明學，其學者多不拘泥於中國儒學的教義，而能擷取所需，針對日本國內確切遭遇的現實問題發聲，而且，幕末的朱子學與陽明學甚至合流一處，一同為明治近代國家的誕生努力。日本朱子學諸子對於朱子學義理的轉化與導向、日本陽明學諸子對於幕府政治與國家處境的強烈介入，在在證明了日本儒學者對於中國儒學的靈活變通〔註34〕，但是就其歷史現場而言，這主要是因為西方殖民帝國挾其政經、軍事力量，逐步對於東亞世界的侵逼所致，「近代化」〔註35〕遂成為幕末以來對於日本國家最為切要的問題，而日本儒學者們無論是否於危機意識下所對儒學進行的改造與導向，均對近代日本得以順利走上西化的路線有所幫助，這也締造日本於一八六八年的明治維新的成功。

〔註33〕請參見張立文、李甦平編《中外儒學比較研究》北京市，東方出版社，1998年6月出版，頁229。

〔註34〕然而筆者還是要強調，日本儒學者中將儒學教條化、墨守成規者不乏其人，吾人不可忘記，朱子學就是以對於幕府統治有益的姿態，進而登上德川幕府的官方主流論述，甚或打壓異己（如朱子學構陷攻擊古學派儒學與陽明學派儒者的行為），正如江戶中期，一七九○年時發生的寬政異學之禁，當時幕府定程朱之學為唯一正統，程朱學以外的學派則遭到禁止，一七九五年甚至又扼殺異學學者的仕途之路，而古學派儒學在此事件後幾近一蹶不振。

〔註35〕本文「近代化」的用法，類似於「現代性」的來臨，「現代性」意指以啟蒙時代或十七世紀末為分界點，隨著啟蒙和工業革命的來臨，導致經濟、社會和文化上隨之變遷，伴隨著市場消費、個人主義、公共領域和大眾媒體的發展，使人以「進步」（progress）作為理想和目標所在，渴望和落後的過去絕裂，而邁向開放的未來。而日本近代儒學者因為西方歐美列強的挑戰而趨向「近代化」是可以理解的，然而現代日本儒學學界早已提出重新從自身的歷史脈絡界定「近代化」的聲浪，子安宣邦先生批判丸山真男，以荻生徂徠的儒學觀點作為日本近代意識的起點之看法，這樣的思索歷程，其實正是所謂「另類現代性」的追索與思考，即在近代歐美霸權的衝擊下，於自身的社會歷史環境與脈絡探求不同的現代觀與傳統，而這也是本文對於臺灣儒學探討的主要學術關懷。以上參考廖炳惠《關鍵詞200：文學與批評研究的通用詞彙編》，初版，臺北市：麥田出版社出版，2003年出版，頁17以及頁167。

2. 主體化——對於中國的「他者化」

然而吾人亦應注意到，直至幕末吉田松陰與佐久間象山等人，其實都已經開始出現批判甚或貶抑固有儒學，並容納西學進入日本社會的傾向。然而這種批判中國儒學以建構日本自身儒學體系的行為，並非近代才發生，遠溯至江戶時代中期，古學派儒學者荻生徂徠以及本居宣長（1730～1801）便已產生反中國的儒學論述，現代日本人論研究權威南博（1914～2001）曾說：

> 在學問和思想上，日本不僅渴望擺脫中國的影響，到了江戶中
> 期，更出現反中國的傾向。儒學大師荻生徂徠提倡日本式儒學的古
> 學，當時，提出最精彩日本人論的是國學大師本居宣長。他徹底批
> 判日本人崇拜中國文化思想的「唐心」，認為「唐心」就是中國人之
> 心，已經被現世權力或戰爭給玷污了。相反地，「大和心」從太古以
> 來就已存在，是一種遵循自然法則的「清淨之心」，乃日本人固有的
> 心理所在。〔註36〕

這其實是在儒學的範疇中，掙脫中國儒學影響，以建構自身儒學主體的努力。在明治之後儒學的發展過程中，出現將中國「他者化」，更甚者認為支那已經腐敗至極，進一步貶抑中國儒學社會的傾向也越來越明顯，子安宣邦如此解釋這樣的歷史現象：

> 對於日本而言，中國的存在一直像是一個龐大的他者，甚至今
> 天依然維持這樣的形象……中國對日本而言，是個既存的大國。對
> 日本文化而言，特別是對於日本的書寫文化而言，中國與漢字文化
> 在傳承上具有很大的存在意義。對於日本文化的成立而言，中國文
> 化是不可或缺的前提，也是不可避免的條件。縱使日本人的民族意
> 識想要加以否認，但是沒有這個前提，日本文化便無法存在，這是
> 難以否認的事實。但是為了要保持日本與其文化的自立，或者為了
> 彰顯此自立性，日本有必要強調它與中國及其文化之間的差異。**他**
> **們必須強調自己與中國乃「異質」，或刻意把「他者」的印記烙在中**
> **國之上，才能夠彰顯日本文化的自立性。**〔註37〕（黑體為筆者所加）

〔註36〕請參見南博著邱琡雯譯《日本人論——從明治維新到現代》，初版，臺北縣新店市：立緒文化，2003年出版，頁8。

〔註37〕請參見子安宣邦著陳瑋芬譯《東亞儒學：批判與方法》初版，臺北市：喜馬拉雅基金會發行：樂學總經銷，2003年出版，頁165。

　　由子安之言可知，日本儒學作爲其文化主體中的重要倫理價值，其吸納與轉化的過程中，實則多帶有主體化的追求，藉由批判、貶抑以及指出其差異性，來建構日本自身的儒學主體，乃至文化主體性〔註 38〕。這種文化主體性的建構是相當自然的，然而這種「去經典脈絡」以建構自身儒學體系的努力，它必須被深刻地自覺到，否則這種貶抑與他者化就將造成嚴重的後果。明治維新之後的儒學發展與國家神道結合成就了「國體論」的誕生；到了昭和時期，日本儒學者竟欲以日本價值獨占儒學正統地位，進而合理化侵略中國的軍事行動。

　　明治之後的儒學發展自山崎闇齋以來，國家神道與儒家倫理結合；再加上古學派儒學追求日本式儒學自立文化主體的路線與儒學傳統，原本是主體性追求的奮鬥，但是或許這些江戶儒者們從沒想過：他們在思想主體性上的建構，遭到大日本帝國政策法西斯主義的利用，進而爲日本帶來二戰中無法避免的悲劇性命運，此點後文將更詳細闡述。

二、日本明治維新後之儒學發展

　　日本於西元一八六八年進行「明治維新」，幕末以來，學術思想顯然不能只是空中樓閣了，在歐美列強進逼的情況之下，學術思想必須化爲具備行動力量的實踐。漫天蓋地而來的歐風美雨，迫使明治政府全盤走向西方資本主義的道路，朝向「文明開化」與「富國強兵」兩個目標邁進，在極端西化的浪潮中，也先後出現「日本人劣等論」與「日本人優等論」的論戰，在主張西化派方面，除了福澤諭吉所推崇的「脫亞入歐論」之外，甚至有人主張廢棄日語，改採英語爲官方語言〔註 39〕，更極端者，尚有福澤諭吉的學生──高橋義雄極力主張與西方人通婚說〔註 40〕；在明治初期以來的自由民權運動

〔註38〕然而，日本自明治維新之後，也時而存在批判西化論的聲音，到了明治後期更有「日本主義」的呼聲，西方文化的優越性也在此時遭到強烈批判，可見日本近代國家主體性之確立，並非全以分辨中日差異，或者貶抑中國爲其主要動能。

〔註39〕即指森有禮於 1873 年於美國出版的《日本教育》一書中，提出廢除日語，以英語作爲國語。

〔註40〕在高橋寫的《日本人種改良論》第五章當中，高橋説：「於公於私，都是爲了提高遺傳能力，日本人別再猶豫了，趕快尋求良緣和西方人通婚吧」、「和西方人結婚不必然會導致西化，就好比人吃牛肉，身體不會變成牛體一樣，沒有什麼好責怪的」，以上高橋之言論，轉引自南博著邱琡雯譯《日本人論──從明治維新到現代》，初版，臺北縣新店市：立緒文化，2003 年出版，頁 31。

〔註 41〕屢受壓制之後，日本人優等論者則極力駁提倡西化論者的論點，此種
優等論形構了「國粹主義」〔註 42〕乃至於「日本主義」〔註 43〕的優越論，這
些論點都有其可供溯源的日本儒學觀點。

在「近代化」與傳統的爭論中，在日本人優等論與劣等論的批駁中，從
幕末過渡到明治近代日本國家的創立，日本儒學起了什麼樣的作用呢？日本
人於明治國家建立後，其對於儒學的觀感與看法爲何呢？甲午戰爭後，日本
獲得新殖民地——臺灣，日本儒學中「中國他者化」的作用，是否也投影在
這個中國曾經統治的島嶼呢？日本殖民政權如何看待臺灣的儒學人士與其論
述呢？如果要能深刻地探究日治時代的臺灣儒學論述，便不可能不從日本近
代儒學發展，旁及中國近代儒學發展的歷史脈絡下來理解。

（一）幕末儒學觀點的影響

幕末過渡到明治維新的時期中，明晰的歷史軌跡乃是：1.由鎖國攘夷到開
國攘夷 2.由尊王思想到倒幕行動 3.由大政奉還到後來的王政復古。日本儒學
者面對西洋帝國壓迫的危急存亡之秋，儒學者分爲「鎖國攘夷」與「開國攘
夷」兩派。前文曾述及的吉田松陰與其同門的大橋訥庵、水戶藩的儒者會澤
正志齋、藤田東湖均屬於鎖國攘夷派。而前文亦提及的佐久間象山與橫井小
楠則屬於佐幕的開國攘夷派。

在藤田東湖死於一八五五年的江戶大地震之後，會澤正志齋成爲水戶學
派的中心人物，其尊王攘夷的思想表露於其所著二書——《新論》、《迪彝編》，
其影響力並不侷限在水戶藩，成爲當時尊王攘夷派的重要經典。此書的中心
思想，即表露在於對「國體」的維護，如會澤正志齋《新論》便云：

> 謹按，神州者太陽之所出，元氣之所始，天日之嗣，世御宸極，
> 終古不易。固大地之元首，而萬國之綱紀也。……而今西荒蠻夷，
> 以脛足之賤，奔走於四海，蹂躪諸國，眇視跛履，敢欲凌駕上國，

〔註41〕 即指 1881 年板垣退助創立自由黨，1882 年大隈重信自組「改進黨」接連的事
件，日本興起自由民權思想，但是等到 1890 年，伊藤內閣便藉著大日本帝國
憲法壓制之。

〔註42〕 如 1888 年由志賀重昂、三宅雪嶺、杉浦重剛等人創辦的「政教社」發行刊物
《日本人》，便主張批判性吸收歐美科學技術，並且批判全盤的歐化主義，他
們高唱日本人主體性自覺論，也同時建構了「國粹主義」。

〔註43〕 1897 年，以井上哲次郎、高山樗牛等人創立的「大日本協會」，發行刊物《日
本主義》，宣揚日本人國民性自覺的「日本主義」。

何其驕也。〔註44〕

會澤以「太陽之所出，元氣之所始，天日之嗣」來賦予日本一種特殊性，即一種在歷史上，日本獨有的性格，天皇是天照大神的後裔，而日本人都是其子孫，而會澤強調的不只是一種獨特性，更有一種「優越性」，所以「西荒蠻夷」的侵逼，被會澤視爲一種「何其驕也」的放肆行爲。會澤雖未曾定義何謂國體，但他在下面這段與國體相關的論述中，可見「國體」的線索：

　　　帝王之所恃，以保四海而久安長治。天下不動搖者，非畏服萬民把持一世之謂，而億兆一心，皆親其上而不忍離之實，誠可恃也。〔註45〕

學者金培懿認爲會澤此一番話，形構成「國體論」的機軸，即「1.天皇一系之支配 2.天皇與億兆萬民之親近 3.億兆萬民自發而不得不之奉公心」構成了日本國家的三大要素。〔註46〕金培懿更認爲會澤所稱說的「國體」，其意義就是：

　　　國家的本質與根本精神，自開國以來就具有而不可欠缺者，是一種整合、統合後有別於他的獨自性。〔註47〕

而所謂「不可欠缺者」，金培懿認爲是「日本歷來無易姓革命，皇統連綿一事」，金培懿解讀其意爲「而這即便是中國亦不具備此卓越性，故有別於他國，而這就是日本人民整體統合才有的效果」〔註48〕。會澤正志齋的言論其來有自，若將之放在前文述及從山崎闇齋、日本古學派儒學以來的日本主體化建構的歷史脈絡中，則更容易能夠理解會澤的話語，會澤其實是從日本儒

〔註44〕請參見會澤正志齋《新論》，收於《日本思想大系》第 53 冊，東京市：岩波書店，1973 年 4 月出版，頁 381。轉引自金培懿〈近代日本中國學者的儒學反思意涵〉，此文收於《國際漢學論叢》第二輯，臺北市：樂學書局，2005年 2 月出版，頁 140。

〔註45〕請參見會澤正志齋《新論》，收於《日本思想大系》第 53 冊，東京市：岩波書店，1973 年 4 月出版，頁 382。轉引自金培懿〈近代日本中國學者的儒學反思意涵〉，此文收於《國際漢學論叢》第二輯，臺北市：樂學書局，2005年 2 月出版，頁 140。

〔註46〕以上請參見金培懿〈近代日本中國學者的儒學反思意涵〉，此文收於《國際漢學論叢》第二輯，臺北市：樂學書局，2005 年 2 月出版，頁 140～141。

〔註47〕請參見金培懿〈日本的孔子教運動〉，此文收於《國際漢學論叢》第一輯，臺北市：樂學書局，1999 年 7 月出版，頁 261。

〔註48〕請參見金培懿〈日本的孔子教運動〉，此文收於《國際漢學論叢》第一輯，臺北市：樂學書局，1999 年 7 月出版，頁 261～262。

學的傳統中擷取出固有的質素，進而重塑並召喚一個新的日本「國體」〔註49〕。

《新論》實則是在對於幕府的不信任氛圍之中完成的，而幕府先後在 1854 年與 1858 年，擅自與美國締結「日美和親條約」、「日美通商條約」，原本對於幕府存有一定尊敬的水戶藩攘夷志士們，在此之後更失去對於幕府的信心，其原本「鎖國」的態度也因迫於時勢，多轉向「開國」的方向，原來的「尊王敬幕」，卻也僅剩「尊王」而已，這是日本自幕府時代以來二元式的權力結構即將轉向一元式絕對天皇制國家的前奏。

而前文述及的佐久間象山，在對待幕府的態度上，與水戶藩儒士不同，他認爲尊幕府即是尊天皇，但是他攘夷的立場與水戶藩儒者並無二致，其爲朱子學者，並且能從朱子學的轉化中開創吸收西方新學的道路，前文已論述，不多贅言。值得一提的是，佐久間雖認爲「東洋道德，西洋藝術」，但他已逐漸感受到後者的「力」要強過前者，在這樣的危機意識底下，佐久間主張幕府與朝廷合力的「公武合體」，以對抗西洋霸權。相較於佐久間的看法，橫井小楠還是認爲「德」是一種無形的國力，他仍然認爲所謂「東洋道德」仍舊是不會改變的，他相信儒家的道德倫理具有普遍性，部分的「理」會隨「勢」移，但根本性的「理」仍舊是不會改變的。然而橫井亦提倡「實學」，仍有其現實層面之關照，他的「實學」自然也影響到他後來成爲天皇侍講的弟子——元田永孚〔註50〕。幕末儒士的儒學觀點深刻地影響了明治維新之後興起的

〔註49〕對於會澤正志齋的《新論》，子安宣邦先生認爲會澤擷取了荻生徂徠的鬼神論——即荻生所謂「方聖人之未興起也……故聖人之制鬼以統一其民，建中廟以居之，做蒸嘗以享之。」——並且將之應用在因應幕末外來危機之上，如子安先生說：「他（案：會澤）提到因應外來危機時，最重要的是『民心的統一』。那麼統一民心需要什麼？會澤的答案就是祭祀，他認爲可以藉由祭祀而達到民族統一。他指出古代日本由天皇主導的國家神道是一種統一的祭祀型態，並倡導其再興和重建。之後明治政府所形成的國家神道之輪廓，其實在這裡已經明確地勾勒出來。」子安先生這樣的觀點，更可以證明會澤正志齋的《新論》對於近代日本民族國家的形構有決定性的作用，也在在顯示儒學論述被擷取爲近代明治國家的形構服務。以上請參見子安宣邦著陳瑋芬譯《東亞儒學：批判與方法》初版，臺北市：喜馬拉雅基金會發行：樂學總經銷，2003 年出版，頁 72～74。

〔註50〕元田曾曰：「臣子之道，忠孝而已，忠孝之道，在於明道理，明道理，在於實學而已。」以上出於元田竹彥、海後宗臣《元田永孚文書》第一卷，東京：元田文書研究會，1969 年出版，頁 45。轉引自川路祥代《殖民地臺灣文化統合與臺灣傳統儒學社會》，國立成功大學中文所博士論文，2002 年 6 月，頁 20。

日本孔子教運動。

（二）明治維新後的日本孔子教運動

金培懿將幕末儒學對於後起孔子教運動的影響歸納爲五點：「1.排斥易姓革命，褒揚萬世一系的天皇。2.闡明國家意識型態 3.日本優越感的創造 4.發揚東方道德，兼攝西方技術 5.發揮儒家道德可抵外侮、可興國勢，繼而可布此大義於四海。」〔註51〕揆諸這五點，從江戶初期以來的日本儒學均可追溯其源，而明治維新讓日本儒學產生劇烈的轉換，其相承因襲的地方不難發現。對於這樣現象，吾人可參考馬克思主義歷史學家艾瑞克・霍布斯邦（Eric Hobsbawm）的看法：

> 當社會變遷加快或者社會轉型達到一定程度的時候，過去就必須停止繼續成爲現在的模範（pattern），或頂多只成爲現在的模型（model）。當我們無法自發地每一步都照著祖先的步伐走，或者也不可能這麼做時，「我們就應該再回到祖先的路子上。」這句話隱含了過去本身的一個基本的轉變。如今過去變成了（而且必須變成）創新的面具，因爲過去不再表示一種以前怎麼做現在就怎麼做的作法，而是一種在本質上完全不同於以前的作法。即使我們實際上把鐘撥回到以前的時間，也不代表我們真的回到了過去，只是在形式上回到了我們所意識到的過去，兩者間有著功能上的不同。〔註52〕

實際上「過去」已是不可得了，它的重新登場是爲了「現在」，它以一種「創新的面具」出現，並且此「過去」已非彼「過去」了。日本近代儒學的構建，無論是幕末對於江戶初期的追溯，或者是明治時期對於江戶時代的尋索，它事實上都是一種「被發明的傳統」，正如霍布斯邦（Eric Hobsbawm）所言：「『創制傳統』是一系列的實踐，通常是被公開或心照不宣的規定控制，具有儀式性或象徵性的本質。它透過不斷地重複，試圖灌輸大眾特定的價值觀與行爲規範，以便自然而然地暗示：這項傳統與過去的事物有關」、「不管與歷史過往再怎麼相關，傳統的『創發』其特殊性就在於：這樣的傳統與過

〔註51〕 請參見金培懿〈日本的孔子教運動〉，此文收於《國際漢學論叢》第一輯，臺北市：樂學書局，1999 年 7 月出版，頁 264～265。

〔註52〕 請參見艾瑞克・霍布斯邦著、黃煜文譯《論歷史》，初版，臺北市：麥田出版社，2002 年出版，頁 39。

往歷史的關聯性是『人工』接合的」〔註53〕，近代日本天皇制國家即是這樣
的產物。

1. 日本國體論與〈教育勅語〉體制

天皇是日本國自有史以來便存在的制度名位，但是自早自鎌倉時代，天
皇便已有名無權。它在幕府與攘夷志士的生死鬥爭當中，再度被放到眾所矚
目的焦點上，這自然是人爲的結果，但是，即便是明治政府的權臣們對於天
皇的「工具利用性」瞭然於心，那它要如何獲取其權威性與日本人民的認同
呢？法律化是最初步的手段，一八八九年制定的大日本帝國憲法，正式在其
條文中納入此種天皇爲國家統治最高頂點的國家觀，然而更重要的是，必須
運用國家的教育體制，透過政策性的宣傳來灌輸人民此種國家觀，才是最爲
根本而有效的策略。

〈教育勅語〉就是因應這樣的需求而產生的，橫井小楠的弟子元田永孚，
在此時被大久保利通推薦爲天皇侍講，正是〈教育勅語〉的起草人。元田深
知他不能再如同過去的侍講一般，只講些人倫之道與帝王之術，而他的實學
觀也不允許他因襲守舊，如橫井小楠曾在一八六一年寫給他的信中，如此提
及其《國是三論》：

> 《國是三論》定出來，一是〈富國〉，一是〈強兵〉，一是〈士
> 道〉，以此三論爲經綸一國之基礎。其根本是磨堯舜精一之心術，修
> 養成毫無私心，絕不落於秦漢以後之私心，日夜講明此事。〔註54〕

其師輕視著作而重視經世實學的觀念深深影響元田，他必須爲幕府崩潰
後以天皇爲統治階級頂點的明治政府，量身訂做一套新統治哲學，於是他改
造朱子學，以天皇與臣民之間的「忠」，與天皇作爲擬血緣制的國家君長與臣
民之間如同父子的「孝」合之爲一，然而朱子學中亦強調君臣之間契約式的
忠義相待，而這完全被元田所淘汰，而成就了儒學外貌的日本國體思想、擬
血緣制的原型。以往要效忠的藩主、幕府將軍如今全都消失了，日本的階層
社會至此將所有的效忠全歸之於天皇，而且「忠」於天皇，更勝於個人的私

〔註53〕 請參見艾瑞克・霍布斯邦等著、陳思文等譯《被發明的傳統》，臺北市：貓頭
鷹出版社，2002 年出版，頁 11～12。

〔註54〕 請參見山崎正董《橫井小楠遺稿》，東京：日新書院，1942 年出版，頁 348。
轉引自川路祥代《殖民地臺灣文化統合與臺灣傳統儒學社會》，國立成功大學
中文所博士論文，2002 年 6 月，頁 21。

情「義理」〔註55〕，美國文化人類學者潘乃德（Ruth Benedict）博士，即曾分析天皇先後頒布的〈軍人勅諭〉、〈教育勅語〉判斷說：

> 日本極大部分的思想灌輸，是在使「忠」成爲至高無上的德性。正如政治家置天皇於階層頂點，去除將軍和封建諸侯，而使階層制度單純化，同樣在道德的領域，他們把所有其他的德行都置於「忠」的範疇之下，想使義務的體系單純化。藉此他們不但想統一全國於「天皇崇拜」之下，而且想減輕日本道德體系的割散狀態。他們想向人民灌輸一個觀念，即一個人只要盡「忠」，也就盡了所有其他義務；他們想把「忠」變成道德體系的拱心石，而不只是地圖上的一個領域。〔註56〕

以「忠」作爲最爲優越的德行，這亦是後來撰寫《勅語衍義》的井上哲次郎所再三強調的，井上認爲「忠」「孝」都是由「誠」所出，其根本差異在於忠是爲大綱，孝是爲小節，而且當兩者發生衝突的時候，必須要捨「孝」取「忠」，如此才能確立「國民道德」。〔註57〕「國體論」是爲著日本近代民族國家而產生的，它是從近世儒學的材料中被選取出來「過去」，而這卻絕對是一眞正的「創新」之物，對於歷史的擷取與捨棄，正是必經的過程，艾瑞克・霍布斯邦（Eric Hobsbawm）說：

> 現代民族主義運動，用勒南（Renan）的說法就是，一種忘掉歷史或是扭曲歷史的運動，因爲他們的目標是史無前例的，但卻堅稱自己是回歸歷史，而實際上只是在實踐他們所虛構的歷史。……他們都是創新之物，只是其中夾雜著歷史性的過去，而這些過去，其中有些是眞的，有些則是想像的。哪一種創新會以這種方式，以及在什麼樣的條件下，來達成其目的呢？民族主義運動是最明顯的，因爲歷史是最容易運作的原料，可以用來加工使其能滿足民族

〔註55〕日本人講求「義理」，潘乃德博士將之解釋爲：「正道；人應該走的路；爲了避免向世人道歉而勉強做出的事。」，以上請參見潘乃德著黃道琳譯《菊花與劍——日本的民族文化模式》，初版，臺北市：桂冠出版社，1991 年出版，頁 123。

〔註56〕請參見潘乃德著黃道琳譯《菊花與劍——日本的民族文化模式》，初版，臺北市：桂冠出版社，1991 年出版，頁 190～191。

〔註57〕井上哲次郎《國民道德大意》，此文收於《日本教育史基本文獻、史料叢書5》（復刻本），頁 161～166。

主義者所要的歷史上的虛構物：「民族」（nations）〔註58〕

而隨著 1890 年 10 月 31 日〈教育勅語〉由文部大臣芳川顯正頒發予全國學校，至此以國體論爲中心思想的〈教育勅語〉體制，已全然確立，日本近代民族國家也至此形成。

2. 孔子教運動由「去經典脈絡化」而導致「工具化」的傾向

〈教育勅語〉作爲儒學研究的催化劑，它促成了一八九〇年之後迄二次大戰終戰時期的孔子教運動，在明治初年到明治二〇年代間激烈的西化運動後，孔子教運動可說是伴隨著國粹主義、軍國主義甚或日本主義復興的副產品。關於〈教育勅語〉頒布後的孔子研究熱潮，金培懿曾如此描述：

> 同年（案：即 1890 年）十月山田喜之助的《孔教論》一書，由東京博文館出版發行。一直等到明治三十一年（1898）十一月，才有福地櫻痴的《孔夫子》問世，而由明治三十一年（1898）到明治四十四年（1911）間，興起了一股孔子研究熱潮。依先後出版順序，有明三十二年吉國藤吉的《孔子》、明治三十四年互理章三郎的《孔門之德育》、明治三十五年松村正一《東洋倫理——孔子の學說》、名至三十七年蟹江義丸《孔子研究》、明治三十八年山路愛山《孔子論》、明治四十一年西脇玉峰《孔子》、有馬佑政《孔子言行錄》、明治四十三年有孔子祭典會編的《諸名家孔子觀》、白河鯉洋《孔子》、遠藤隆吉《孔子傳》、明治四十四年住谷天來《孔子及孔子教》、宇野哲人《孔子教》等書、陸續出版。〔註59〕

儒學作爲〈教育勅語〉的註腳，更作爲日本思想史的重要傳統主流，它的被提倡與研究，實在是爲了鞏固日本明治近代國家所塑造出的天皇權威。而以國體論爲核心價值的天皇制國家，已爲明治維新後大多數的日本人民所信仰，此由「內村鑑三事件」〔註60〕的後續效應可看出。

〔註58〕請參見艾瑞克·霍布斯邦著黃煜文譯《論歷史》，初版，臺北市：麥田出版社，2002 年出版，頁 44。

〔註59〕請參見金培懿〈日本的孔子教運動〉，此文收於《國際漢學論叢》第一輯，臺北市：樂學書局，1999 年 7 月出版，頁 268～269。

〔註60〕「內村鑑三事件」發生於 1891 年 2 月，因爲日本著名基督教人士內村鑑三不願在宣讀〈教育勅語〉時行最敬禮，因而遭到日本舉國的批判，內村被指控爲「不忠之臣」、「外教的奴隸」，甚至連同爲基督教徒的日本正教會也一同譴責內村的「不敬」行爲。

　　此一時期的主要儒學刊物，從《漢學》到《東亞研究》再到《斯文》，它橫跨了明治、大正與昭和戰後數年。明治四十二年（1909），「東亞學術研究會」成立，翌年發行機關雜誌——《漢學》，而《漢學》在明治四十四年第十五號以後，又改名爲《東亞研究》，此後發行至大正七年（1918）爲止。《漢學》和《東亞研究》刊載諸多文史思想的論文，更介紹日本各地及其殖民地（臺灣、朝鮮），以及中國的孔教活動。《東亞研究》停刊後，「東亞學術研究會」與當時多個儒學團體再同組「斯文會」，發行機關雜誌《斯文》，創設主旨在於「以儒道鼓吹日本固有之道德，闡明東亞學術以資世界文明，並宣揚〈教育勅語〉，發揚日本國體之精華」〔註61〕，《斯文》延續《漢學》及《東亞研究》的風格，對於日本孔子教的提倡不遺餘力。〔註62〕

　　金培懿認爲日本孔子教的基本主張有以下八點：「1.孔子教並非宗教 2.孔子教是日本化以後的儒教 3.孔子教是〈教育勅語〉的注解 4.孔子教是日本國民道德、精神的依據 5.否定易姓放伐的革命思想 6.孔子教輔益日本國體，隆盛日本國運 7.強調日本的優越意識 8.孔子教具有時間上的恆常性與空間上的普遍性」〔註63〕檢視這些主張，儒學與儒教作爲日本人的精神傳統與資源是可以確定的，但吾人可輕易察覺到：儒學在近代日本孔子教中一再地被「去經典脈絡化」，這演變成儒學爲日本帝國主義所服務的「工具性」，這種傾向在昭和時期更爲嚴重。所謂的「去經典脈絡化」，吾人先從現代日本學者溝口雄三描述江戶時期朱子學的評論中思考：

　　　　人們讀《唐詩》或者《碧巖錄》，是由於日本自身的文學意識或只是禪的世界的內部需要，而不是想借助他們來了解唐代或宋代的中國……這種所謂拋開中國讀中國的作法由來已久。主要是在江戶時代，日本吸取中國文化的動機在很大的程度上是以日本內部的事情爲基準，極其主觀地進行的。〔註64〕

　　誠然，擷取他國思想時先行考量本國社會需求再作爲己用，是再自然不

〔註61〕請參見〈斯文會趣意書〉，轉引自金培懿〈日本的孔子教運動〉，此文收於《國際漢學論叢》第一輯，臺北市：樂學書局，1999年7月出版，頁271。

〔註62〕值得一提的是，斯文會於昭和十三年（1937）於臺灣屏東設立分會，故《斯文》提到臺灣的孔教活動多是屏東的消息。

〔註63〕請參見金培懿〈日本的孔子教運動〉，此文收於《國際漢學論叢》第一輯，臺北市：樂學書局，1999年7月出版，頁272～275。

〔註64〕請參見溝口雄三著，李甦平、龔穎、徐滔譯《日本人視野中的中國學》，北京市：中國人民大學出版社，1996年9月出版，頁90。

過之事，這是江戶儒者形構自身的儒學傳統時，以現實眼光來審視的必然結果。但是明治以後的日本儒學者，對於此種「去經典脈絡化」的行動的加劇，若不自覺，而緊接著而來的則就是對於中國儒學的「他者化」了。簡單地說，即：明治維新後的儒學研究者在建構自身儒學之主體性時，以如此「去經典脈絡」後的日本儒學判準來審視中國儒學，進而產生偏差與失準的現象，而這加速「他者化」中國儒學的過程，最後將導致的結果便是日本價值在儒學系譜中「自以爲是」的「正統化」。武內義雄藉著古學派儒學者伊藤仁齋的儒學理念，闡述日本儒學的特色時說：

> 仁齋本於《論語》倡忠信主義。要之，此乃支那近世之儒教本於四書而組織成之學說，朱子之持敬主義、陽明之致良知說，爲其代表性學說。仁齋自四書斥《學》、《庸》二書，本於《論》、《孟》以倡忠信主義，擺脫支那而揭舉日本獨自之儒教。……仁齋之學說乃根據嚴密的經典批判而揭舉一家之儒教。此爲其努力自支那後世的解釋中脫離出來，回返孔子而創造出的學問，其結果爲自《論語》中發現我國民道德之精神……而仁齋之忠信主義，即從此「誠」心行事無他。因而仁齋之儒教乃從《論語》中發現我國民道德之基本精神，證明立足於我國民道德與孔子之教之基調相同者之道德論說〔註65〕。

武內闡明「我國民道德與孔子之教之基調相同」即是說明日本國民道德符合儒教的「正統」，進入昭和時期，這種孔子教爲軍國主義、「大東亞共榮圈」服務的情形更加嚴重與露骨，如昭和七年（1932）井上哲次郎說：「實行孔子之理想（王道主義）者，不在支那而在日本。沒有一個國家像日本如此尊孔。這次滿洲國雖以『大同』爲年號，但是因爲眞正的王道是在我日本被實行，所以滿洲應該要能學我日本的眞精神，興隆理想的王道國家」〔註66〕此種佔居孔子正統王道思想的企圖已經十分明顯；昭和十年（1935）北村佳逸在《孔子教の戰爭理論》中如此合理化日本的戰爭行爲：「孔子之道，是道的擴大，是日本的勝利，是道德戰的凱歌。而以德征服他人（他國）乃是儒

〔註65〕轉引自金培懿〈近代日本中國學者的儒學反思意涵〉，此文收於《國際漢學論叢》第二輯，臺北市：樂學書局，2005 年月出版，頁 149。

〔註66〕請參見 1932 年《斯文》第 14 編第 4 號，〈王道主義に就いて〉，轉引自金培懿〈日本的孔子教運動〉，此文收於《國際漢學論叢》第一輯，臺北市：樂學書局，1999 年 7 月出版，頁 292。

教的教示，故其必可報以大勝利。」〔註67〕太平洋戰爭爆發後，宇田尚更言：

　　故在日支兩國國民要協力使大東亞戰爭能夠獲勝這件事上，
　　要將依據日本儒教的倫理，使其在思想上獲得強力的結合一事，
　　成爲根本條件。在此，便存在了爲大東亞戰爭提供根據的儒教的
　　重大性。〔註68〕

日本孔子教至此已經全然爲大日本帝國的法西斯主義服務。在二次大戰要結束前，於1944年舉行的「大東亞建設と儒教」座談會上，鹿子木員信甚至把希特勒跟孔子比擬在一起，他說：「然孔子之所求，希特勒之所尋，放眼現今，得仰望畏聽者，實我等日本民族也。」高田眞治說：「日本的皇道與孔子教一致，做爲中國人，不可不大大歡迎之」。〔註69〕從這些言論中，日本孔子教所認定正統儒學地位的實行者是誰已經不言可喻，然而這種挾武力要求他國遵守自身的道德體系的行爲，註定是要失敗的。潘乃德博士批判了日本人如此自以爲是的行爲：「日本人可以要求自己的事情，卻不能向別的國家強求——他們正錯在於認爲可以強求。他們沒有認識到，使他們『各守本分』的日本道德體系，在別處是行不通的。別的國家並沒有這種道德體系，它是日本的特殊產物。」〔註70〕

　　明治維新之後的日本儒學發展，大致上是從近世儒學的基礎中獲取資源，進而爲明治新國家建構其特有儒學產物——國體論，更以〈教育勅語〉作爲其宣傳工具，而在日本官方民族主義膨脹爲日本帝國主義之後，近代孔子教運動逐漸趨向爲日本帝國主義的意識形態與侵略行動服務，從而淪爲「工具性」的地位。在探究完日本近世儒學與近代儒學的歷史脈絡之後，吾人便可以明瞭諸多日本殖民政府看到臺灣儒學發展的眼光與判準。下一節，吾人必須先行掌握日治時代臺灣社會的時代背景。

〔註67〕轉引自金培懿〈日本的孔子教運動〉，此文收於《國際漢學論叢》第一輯，臺北市：樂學書局，1999年7月出版，頁296。

〔註68〕請參見1943年《斯文》第25編第7號。轉引自金培懿〈日本的孔子教運動〉，此文收於《國際漢學論叢》第一輯，臺北市：樂學書局，1999年7月出版，頁294。

〔註69〕以上兩人之言論均轉引自金培懿〈日本的孔子教運動〉，此文收於《國際漢學論叢》第一輯，臺北市：樂學書局，1999年7月出版，頁296。

〔註70〕請參見潘乃德著黃道琳譯《菊花與劍——日本的民族文化模式》，初版，臺北市：桂冠出版社，1991年出版，頁86。

第三節　日治臺灣儒學社會的時代背景

　　正如同筆者第二章所論述的，對於明清時期的臺灣儒士而言，尤其是清帝國的儒學建制，基本上它為社會的治安與文教提供一定的穩定基礎，也讓文人儒士可藉由科舉制藝試帖來獲取功名，而清代中後期也逐漸產生臺灣本地的仕紳階級。所謂的儒學論述，更是沉浸在濃厚的中國官方儒學朱子學氛圍之中，也因為受制於科舉，仕紳文人的思考與想像往往被侷限於此，因而對於近代化態度往往固執保守，即便在臺灣建省之後，滿清帝國因自強運動的推行而在臺灣開始近代建設，仍然遭到許多守舊的仕紳文人的批評與反對。

　　近代化的問題實則於清領末期便已浮現在臺灣歷史舞臺之上，而一八九五年清廷將臺灣割讓予日本，更是讓面對「近代化」與「殖民性」的主要歷史命題成為臺灣儒學論述的主調，而儒墨、儒釋間的論戰等思想調和的問題只能算是副調。乙未割臺戰爭中，臺日兩個儒學社會的儒學價值觀，或因語言的隔閡與戰爭的局勢而無法交流，然而殖民統治趨於穩固之後，日本的國體論如何影響臺灣？日本人又怎麼樣看待臺灣的儒學與儒教？本節將先行釐清當時臺灣面對近代化思潮與日人殖民地的文教政策的歷史概況，才能有效勾勒出臺灣儒學論述的面貌。

一、西方近代化思潮的衝擊及影響

　　日治時代的儒學知識社群 [註 71] 所面臨的近代思想的衝擊，崇文社的王學潛說的很清楚：

> 　　其他種種革命，凡達爾文、馬克斯、黑格爾、柏格森，及托爾
> 斯泰、克魯泡特金、尼采、禮仁以外，多數革命哲學家，鴻篇大文，
> 無不蒐羅翻譯，在中華大鼓大擂，如進化論、維物史觀、維心史觀。
> 其它革命理學家，種種學說，震動華人、破除國界、破除家族界、
> 破除種族界、破除夫婦界，文雄且偉，刺人腦髓，針人腦血。 [註 72]

　　此文寫於一次大戰後，世界民主主義與民族自決思想流行，言論思想尺度較為開放的「大正民主時期」。這說明了當時的儒學知識社群，亦充分意識

〔註71〕此處所言的儒學知識社群，就世代上援用林莊生的用法，分為直接受儒學漢
　　　　文教育的「一世文人」與儒學漢文教育與日本教育兼而有之的「二世文人」，
　　　　而就身份上而言，則包括日治時期文社、詩社、儒學刊物發行團體、鸞堂及
　　　　善社等成員。
〔註72〕請參見王學潛〈百期彙刊崇文社文集序〉，《百期彙刊崇文社文集》卷一，頁8。

到眾多西方思潮透過日本或中國的管道而被引介入臺，然而，這些思想中不
乏對於臺灣社會影響大者，例如由達爾文學說而衍生的社會達爾文主義，正
是奠定臺灣近代化基礎建設的民政長官後藤新平所信奉的信念，他的「無方
針主義」表面上雖尊重舊慣，實際上卻是為合理化臺日的差別待遇，作為學
理基礎。社會達爾文主義利用生物進化論來比附人類社會亦有優勝劣敗、適
者生存不適者淘汰的模式，常遭歐美殖民主利用以欺壓被殖民者。然而對於
日治臺灣儒學社群而言，社會達爾文主義更提供了反傳統思想的理論基礎，
認為再不改變舊有的思想信仰，隨即將遭到淘汰，因而這也成為當時新知識
份子反傳統的依據，遂呈顯出各種層面的「進化觀」。〔註73〕張我軍於一九二
四年四月起始對於舊文人舊詩文的批駁，正是上述現象的最佳例證。面對舊
有的文化價值體系遭到批判而走向崩解，儒學人士有著很深的危機感，既是
《孔教報》會員也是崇文社社員的高雄文人宋義勇即表達了這樣的看法：

> 試觀本島自歐風東漸，美雨東來，人情喜新厭舊，吸歐美之
> 皮毛，視禮教如敝屣，人權稱平等，戀愛唱自由，以致東洋文化，
> 幾乎蕩然無存。人心之偏向西洋學說，有如雨後春筍，逞出無窮。
> 〔註74〕

有趣的是，為何宋義勇不說「祖國文化」而說「東洋文化」呢？究其實，
論述中的「東洋 vs 西洋」的二元對立概念，讓人很難不聯想到佐久間象山「東
洋道德，西洋藝術（案：指西方科學技術）」的口號，東洋占居道德的制高點
（而且是以儒學為主的），在此文發表的 1937 年，幾乎已經完全滲入臺灣儒
士的思考。隨著西方思潮的流布，日本殖民主所帶來的「文明開化」雖說是
「二手的西化」，但這樣的新局勢，的確對於舊學漢文造成衝擊與影響。竹山
文人張達修也曾謂：

> 以彼莘莘學子，隨風逐浪，功利急求，僉謂孔孟文學，奧義艱
> 深，渺渺茫茫，無自知其涯涘也，於是盡棄東學而從西學焉。〔註75〕

在那個西風壓倒東風的年代，當時許多臺灣人所認定的文化歷史上的祖國
——中國也發生激烈的新舊論戰，而這樣的價值思維的廝殺與拼鬥要到「五四

〔註73〕請參見蔡淵絜〈日據時期臺灣新文化運動中反傳統思想初探〉，此文收於《思
　　　　與言》第 26 卷第 1 期，1988 年出版，頁 112～116。
〔註74〕請參見宋義勇〈尊重東洋文化，勿偏西洋學說論〉，此文收於《彰化崇文社詩
　　　　文小集》，1937 年，頁 3。
〔註75〕請參見《百期彙刊崇文社文集》卷八，頁 47。

運動」才得以解決，當時的中國雖說積弱不振，但並沒有像臺灣被殖民的問題，臺灣的儒學社群維護漢文與儒學、儒教的用心並不能全以新／舊對立的眼光來審視，也必須把殖民下的漢族傳統消滅的危機感考慮進去。當時的臺灣儒士也批評中國的新知識份子如陳獨秀、吳虞等人，如彰化崇文社的批判：「吳虞陳獨秀輩，僅就偏見，指謫古聖賢之文學，創作詖辭邪說，迷惑青年」〔註76〕所謂的詖辭邪說當指吳虞「非孝論」一類的文字。然則受過儒學教育的舊文人社群難道對於西方近代化全然抱持著排斥與輕蔑的態度嗎？答案當然不是，臺灣儒學社群的儒學論述之於近代化的問題，容後文第四節再詳述。

根據黃秀政的看法，日治時期對臺灣造成重大影響的西方近代化思潮共計有：民族主義、民主主義、個人主義、共產主義、無政府主義與科學思想〔註77〕，左翼思想在臺灣所造成的衝擊亦不可謂不大，臺灣文化協會的左右分裂、諸多農民組合的成立、打破勞資不平等，以及文學語言上向「文藝大眾化」的臺灣白話文運動，都是左翼思想所帶來的影響；而民主主義、民族主義的思維更成為臺灣議會設置請願活動的主要依據；而自由民主的信念更是導致了男女平權與婦女解放等風潮。

二、日本的臺灣殖民地文教政策

（一）日本的殖民統治

「殖民統治」在歷史上一般都被認定是不名譽的，殖民主（colonizer）運用軍事力量與文化教育，徹底地剝奪被殖民者的經濟利益，榨取農作物原料、強徵勞動力侵犯人權，並且利用文教政策合理化充斥差別待遇與殺戮本質的殖民統治。如梅彌（Albert Memmi）認為殖民所造成的最重要傷害，是讓被殖民者從他的歷史和社群中被徹底根除，使得被殖民者對自己的文化、語言與歷史記憶產生遺忘、憎恨的情緒，因而構成殖民者與被殖民者在各方面的優／劣、上／下的二元對比。〔註78〕日本殖民臺灣的歷史，縱然有許多不同於西方歐美殖民主的地方〔註79〕，但是殖民本身的剝削、殺戮、差別待遇的本

〔註76〕請參見《彰化崇文社貳拾周年紀念詩文續集》，頁158。
〔註77〕請參見黃秀政《「臺灣民報」與近代臺灣民族運動》彰化：現代思潮出版社，1987年出版，頁101～107。
〔註78〕以上參考廖炳惠《關鍵詞200：文學與批評研究的通用詞彙編》，初版，臺北市：麥田出版社出版，2003年出版，頁45。
〔註79〕例如在教育方面，日本殖民政策中迥異於歐美殖民主，對於教育政策相當熱

質則一也。一八九五年，清廷於甲午戰爭中慘敗，簽訂馬關條約將臺灣、澎湖割讓予日本，臺灣成爲日本歷史上第一個殖民地。日治時期的殖民地統治，依照時代背景的差異，約略可分爲三期，此處依照王詩琅的分法，將日治時代分爲三期：1.綏撫時期（1895～1919）2.內地延長主義時期（1919～1937）3.皇民化時期（1937～1945）〔註80〕分別敘述之。另外，由於本文重點在於臺灣儒學論述，故本節將只針對日人之統治政策與文教政策，其他略而不談。

1. 綏撫時期（1895～1919）

乙未割臺戰役之後，臺灣人抗日的武裝行動仍然小大接續，故統治初期，總督都是軍人出身，實行軍政，對於所謂的「匪徒」〔註81〕進行武力鎮壓。然而，軍政僅至一八九六年三月便已結束，但是島內的臺人武裝抗日力量並未完全被消滅。日本政府便發佈「法律第六十三號」（也就是後來俗稱的六三法），授與臺灣總督頒布訓令具有法律效力的權力，而非受到一八九○年所頒布的大日本帝國憲法的保護，如此法令上的差別待遇，使得臺灣形同日本的國中之國，總督如同土皇帝一般。在財政方面，此一時期，因爲軍事行動的鎮壓與紛亂，產業與民生政策無法展開，故造成日本國庫龐大的負擔〔註82〕，而這種情形必須要等到一九○五年，在民政長官後藤新平諸多政治建設實施下，臺灣財政得以獨立，始不必依賴日本國庫支出。

一八九八年，第四任臺灣總督兒玉源太郎，起用醫生背景的後藤新平爲民政長官，後藤新平秉持對於社會達爾文主義的認知，認爲臺灣殖民統治須以「生物學殖民地經營」爲指導原則，不可遽以日本內地制度規範臺灣，遂行所謂的「無方針主義」來統治臺灣。基於所謂的「生物學殖民地經營」理念，總督府舉行各種調查事業，成立「臺灣舊慣調查會」探究臺灣固有慣習、風俗、信仰、種族等等，以及重新測量臺灣土地以俾稅賦之管理，甚至在一九○五年舉行了比日本內地早一年的人口普查；此外在地方治安管理方面，總督府延續自明鄭以來在臺灣行之有年的「保甲制度」，使之在警察的管轄之

衷。
〔註80〕請參見王詩琅《日本殖民體制下的臺灣》，臺北，眾文出版社，1980 年，頁11。
〔註81〕這些所謂的匪徒，有些人的目的確實是抗日，然而也的確有許多不良份子擁眾自重，以抗日爲名，行搶奪劫掠之實，後來甚至被日方所招撫。
〔註82〕在領臺之初，因爲這種沉重的財政負擔，日本帝國議會議員甚至有將臺灣以一億日圓轉賣給法國或清國之議。

下藉連坐法成爲嚴密的法治網絡。〔註83〕在宗教信仰方面，總督府採取尊重並且攏絡的態度，在一八九九年將全臺的寺廟、祭祀團體納入法規管理之中，地方行政官員亦經常參加民間的重要慶典，以獲取民眾好感。

在此一時期，臺人的武裝抗日行動至一九一五年的西來庵事件後，便已相當稀少。總督府以此「無方針主義」治臺，確實有效地壓制了武裝抗日行動，亦攏絡了臺灣住民，尤其是仕紳階級的菁英份子，總督府將之納入地方行政與治安體系之中，形成社會穩定力量。殖民政府所帶來的資本主義產業體系也完成建構，致使經濟發展，臺灣總督府的諸多措施，爲日本殖民臺灣奠定穩當的基礎。

2. 內地延長主義時期（1919～1937）

一次大戰結束以來，民主自由主張與民族自決思潮席捲全世界，歐美列強所控制的殖民地紛紛掀起獨立運動或民族復興。此一時期亦與「大正民主時期」相疊合，在日本內地產生了許多社會主義的左翼運動、民主主義運動，臺灣知識菁英也趁此風潮，展開了一連串文化抗日的民族運動、勞工運動，並且糾結同志、發行刊物。〔註84〕在此際時代因素衝激之下，日本統治當局不得不改弦易轍，如一九一八年明石元二郎總督便揭櫫「同化主義」爲其基本方針，具體措施乃頒布「臺灣教育令」確立「同化」目標，一九二二年更頒布新「臺灣教育令」，確立除初等教育外，其他各級教育開放日臺共學；一九一九年，朝鮮發生「三一事件」，原敬內閣此時便改革殖民地制度，並提出「內地延長主義」作爲殖民統治的依據，臺灣首任文官總督田健次郎即是「內地延長主義」的實行者，田總督強調臺灣並非日本的殖民地，而是日本內地的延長，在教育上，要將臺灣人同化爲日本人。這些種種政策上的宣示與實質改變，意在安撫此時期的各種民族、政治與左翼運動。在政治上於一九二〇年亦實施地方自治，給予臺人有限度的民主空間，另外也讓具備社會名望與教育學識人士出任各級協議會員，然而這些協議會員僅有提供建言的權

〔註83〕請參見伊藤潔《臺灣──四百年的歷史與展望》，二版，臺北市：新遠東出版社，1994年出版，頁74～80。

〔註84〕臺灣近代民族運動始於1914年年底的「臺灣同化會」設置，1918年組織「六三法撤銷期成同盟會」、1921年開始的「臺灣議會設置運動」，其間透過1920年創刊的《臺灣青年》及改名爲後來的《臺灣》、《臺灣民報》等機關報來宣傳政治運動與民族運動。以上參考矢內原忠雄著林明德譯《日本帝國主義下之臺灣》，臺北市：吳三連臺灣史料基金會，2004年出版，頁222～223。

力，並不具議決之權力。即便所謂的「一視同仁」經常遭受質疑或產生漏洞，但由田健次郎開始的八任文官總督，「內地延長主義」之政策方針一直是他們所標榜的。

3. 皇民化時期（1937～1945）

約略在昭和初期，即一九二〇年代的後期，日本政府開始對國內各種社會主義思想及運動進行強烈的壓制，一九二八年再次強化「治安維持法」針對左翼運動者，在同一時期，臺灣於一九二〇年以來風起雲湧的民族運動、左翼運動也差不多在此時遭到打壓。一九三四年，日本內地設立特高警察（此即是思想警察），開始消滅不利軍國主義的思想；一九三六年文部省設置「思想局」，出版《國體的本義》宣揚國家主義。〔註85〕這一切的措施均是日本邁入法西斯主義國家的前奏。

一九三七年，日支事變〔註86〕爆發，臺灣殖民地隨著日本內地進入法西斯國家戰時體制，此由一九三六年臺灣總督又變為武人擔任可以看出。臺灣於此時成為日本重要的「南進基地」，基於此重要的戰略地位，日本統治當局亟欲鞏固臺灣人對大日本帝國的忠誠，於是原本的「同化主義」更強化為「皇民化運動」，務求在語言、思想、民俗、生活習慣甚至姓氏上，全面將臺灣人改造為日本人。一九四一年，將全體臺灣住民納入「皇民奉公會」，宣揚戰鬥意志，使其從事各種支援戰爭的工作。一九四二年實施陸軍特別志願兵制度，招募臺灣人從軍；一九四五年初在臺灣正式實施徵兵制，先後投入戰爭的臺籍日本兵多達二十多萬之譜。文學戲劇，更在此時以「皇民文學」、「皇民化戲劇」的面貌出現，以強化臺灣人走向皇民化的意識。

總的來看，日本殖民歷史可分做這三個時期，日本統治當局雖有政策上的調適與變革，然而五十年間剝削壓榨臺灣經濟利益、實行差別待遇的社會制度則是其不變的本質，「一視同仁」即便到了二次大戰戰爭末期也從未實現。

日本人透過教育政策與文化政策來削弱臺灣人的民族意識，使臺灣人脫離漢文化的影響，進而認同日本身分。「同化」是貫穿日治時代臺灣的文化與教育政策的基本概念，前文已述及，日治時期的臺灣儒學論述一直在回應由「同化」所分化的兩義性——「同化於（近代）文明」和「同化於（日本）

〔註85〕以上參考南博著邱琡雯譯《日本人論——從明治維新到現代》，初版，臺北縣新店市：立緒文化，2003年出版，頁154～155。
〔註86〕即是當時國民黨政府所宣稱的「蘆溝橋事變」。

民族」——的挑戰，以下本文將述及日本殖民下的文化與教育政策。

（二）日本殖民下的文化與教育政策

1. 日本殖民統治的文化政策

日本對臺灣進行殖民統治，在文化上首先要面對的，即是「漢文化」這個文化他者，然而這個「他者」並非與日本文化體系迥然相異的，在很多時刻，在臺日本人可以辨認出這樣文化他者——漢文化與固有的日本文化的距離並沒有那麼遠，相較於歐美列強殖民中南美洲、非洲國家時，宗教信仰文化體系上的差異性，臺日間的文化差異與距離並沒有那麼大。日本人長久受到漢文化的薰陶〔註87〕，漢文化上的親緣性、儒教社會的倫理價值，甚至還可讓臺灣總督與民政長官攏絡地方仕紳文人，「揚文會」上以漢詩唱和拉攏擁有前清功名的儒生，「饗老典」表示日本官憲敬老尊賢，即是例證。陳培豐亦曾點出此種現象：

> 日本與臺灣在語言文化上有高度近似性和重疊性，因為日治時期日本的國語表記要素包括平假名、片假名和漢字三種，均係直接或間接借自統治者（日本）與被統治者（臺灣）的文化母國——「支那」。除語言文字外，江戶時期漢字、漢文和儒學，甚至被日本人奉為最高的「學問」。……因此以文化的角度來看，日本統治臺灣代表往昔被「同化」者，變成推行「同化」的統治者；曾居於文明高階位置的「支那」臺灣，則淪為必須接受「同化」的被統治者。〔註88〕

對於漢文的抑制〔註89〕，可說是日本人憂心與臺灣人文化差異與距離更

〔註87〕 如日本上層社會對漢詩的喜愛，吳濁流《濁流詩草》中〈漢詩必須改革〉曾謂：「我有一位日本朋友，上野重雄先生，曾曾來書，要求我選擇幾首有氣魄的漢詩譯成日文，他要以此作詩吟，來鼓舞青年的志氣及振作國民精神。……社會上對漢詩的喜愛不消說，連研究漢詩的學者、專家、漢詩人，也是被人崇拜的。」以上參見吳濁流《濁流詩草》，臺北市：臺灣文藝雜誌社，一九七三年，頁341。

〔註88〕 請參見陳培豐著，王興安、鳳氣至純平編譯《「同化」的同床異夢：日治時期臺灣的語言政策、近代化與認同》初版，臺北市：麥田出版社，2006年出版，頁88。

〔註89〕 日治時期並非從頭到尾都抑制漢文，在日治初期甚至第一任學務部長伊澤修二還提出要保存漢文，以「混合主義」來進行同化政策，漢文被保存的理由是為了推行國語政策。以上請參見陳培豐著，王興安、鳳氣至純平編譯《「同化」的同床異夢：日治時期臺灣的語言政策、近代化與認同》初版，臺北市：麥田出版社，2006年出版，頁91。

為微小的中國，藉著漢文化的相近而使臺灣人向之靠攏，日本統治當局不得不拉開兩者的距離。因此，以「同化」乃至於「皇民化」為主，以抑制漢文為輔，成為日本殖民地文化政策的主軸。

（1）漸禁漢文

日本殖民臺灣初期，因為「生物學殖民地經營」理念而尊重舊慣與漢文，然而日人領臺不久隨即展開國語〔註90〕教育，其目的在於同化臺灣人，此一強制性地在臺灣推廣日語的行動貫穿了整個日治時代。〔註91〕漢文則被看待為與中國貿易的手段或是一種技藝，而且漢文科的教授時間也越來越被縮減；大正二年（1913），日本當局廢除在官廳命令、告示、諭告等官方文書的漢譯文；大正七年（1918）公學校一到四年級國語科平均再增加兩個小時，而漢文科則從每週五小時被縮減為兩小時。當時崇文社文人楊建便認為：「今日公學校之漢文科，經多廢止矣，所未廢之處，亦僅為隨意科而已，隨意科云者，教授與否，悉聽教師之意也。」〔註92〕；一九三七年，臺灣進入戰時體制，公學校漢文科遭到完全廢止，而全臺灣報紙的漢文欄也在當年四月也遭到強制廢止，楊守愚在他一九三六年六月九日的日記中寫道：

> 臺灣新文學界之漢文陣，很不幸的，執筆者十之八七都是徘徊於飢餓線上，為追逐麵包，以致無心執筆。因此，漢文陣之微微不振，也就成為不可避免的了，況乎又是處在禁止漢文這一個大統治方針之下。〔註93〕

漢文在既定的政策下，逐漸走向沒落自是必然的，而能夠在一九三七年四月後繼續以漢文發行的刊物，只剩下《詩報》、《風月報》及其後來的《南方》、《孔教報》及《崇聖道德報》等等，原本就已經暮氣沉沉的漢文，日本統治當局只是為它補上最後一刀而已。

（2）書房與義塾的改良與管制

領臺初期，臺灣總督府便已察覺到前清舊有的許多教育機構，此指書房與義塾而言。當時的學務部部員木下邦昌負責考察這些教育機構，然而他的

〔註90〕日治時代國語即指日語。
〔註91〕請參見吳文星〈日據時期臺灣總督府推廣日語運動初探〉，此文載於《臺灣風物》第37卷第1、4期，1987年3月與12月。
〔註92〕請參見崇文社《百期彙刊崇文社文集》卷一，頁38。
〔註93〕請參見許俊雅、楊洽人編《楊守愚日記》，彰化市：彰化縣立文化中心，1998年出版，頁27～28。

評價並不高，但是木下仍然認爲應當保存，他說：

> 本島書房由來已久，在教育上有很大的功績，現在將它廢除的
> 話，教師們將生活無著，一定會成爲本島設教上的妨礙。當然，我
> 們必須設立一些能取而代之的教育機構。然而如果當局不能承擔這
> 些教育費用，又將如何呢？雖然有朝一日我們將在本島發布學制，
> 但書房從很久以前便已存在，我希望不要廢除，而是制定一個能將
> 它改良的方策。〔註94〕

這種不急遽廢除而採改良與利用舊有機構的方式，可說是相當務實的觀
點。那麼「改良的方策」意指爲何呢？明治三十一年（1898）總督府頒布「關
於書房義塾規程」作爲管理之法源，明訂於課程內加開「國語」、「算數」兩
科，這樣的行動很明顯就是將書房義塾公學校化，總督府也在此時增加書房
義塾以忠君愛國爲核心的漢文教材，諸如：《大日本史略》全二冊、《教育勅
語述義》全一冊、小幡篤四郎《天變地異》漢譯本全一冊以及福澤諭吉《啓
蒙其窮理圖解》漢譯本全一冊。〔註95〕；大正十一年（1922），總督府頒布新
「臺灣教育令」，制定私立學校規則，對於書房義塾的控制力量增強，削弱其
傳統文化的特色，而即便是漢文科的教材，也是總督府編輯的。〔註96〕根據
吳文星的統計，一八九七年時，全臺書房尚有一二二四所，學生總人數爲一
九〇二二人，一九〇四年，公學校學生總人數始超過書房〔註97〕，公學校已
有取代書房的趨勢，一九四三年，總督府頒布書房義塾的廢止令，至此全部
停辦。總結整個日治時期，總督府對於書房義塾的態度起初是將之作爲公學
校的代用品，而後再逐漸以公學校取代其地位，甚至挖角清朝生員以上的漢
儒來擔任公學校的漢文科教席〔註98〕，致使書房擁有的較爲優良的漢文教師

〔註94〕 請參見臺灣教育會《臺灣教育沿革誌》，頁 969。轉引自陳培豐著，王興安、
鳳氣至純平編譯《「同化」的同床異夢：日治時期臺灣的語言政策、近代化與
認同》初版，臺北市：麥田出版社，2006 年出版，頁 92。

〔註95〕 以上參考陳培豐著，王興安、鳳氣至純平編譯《「同化」的同床異夢：日治時
期臺灣的語言政策、近代化與認同》初版，臺北市：麥田出版社，2006 年出
版，頁 94。

〔註96〕 請參見吳文星〈日據時期臺灣書房教育之再檢討〉，《思與言》，第 26 卷第 1
期，1998 年 5 月出版，頁 102～103。

〔註97〕 請參見吳文星《日據時期臺灣社會領導階層之研究》，臺北市：正中書局，1992
年出版，頁 314～317。

〔註98〕 請參見吳文星《日據時期臺灣社會領導階層之研究》，臺北市：正中書局，1992
年出版，頁 315。

減少，影響力也下降。書房與義塾遭到改良與管制，以其爲主要傳播管道的儒學自然也逐漸減少其影響力甚至變質，在整個傳統漢文與其教育體系逐漸被禁絕的趨勢下，臺灣儒學論述的生存空間銳減，便流向民間的結社，如文社、詩社等等。

2. 日本殖民統治的教育政策

（1）日治臺灣教育之階段性發展

筆者始終認爲對於日治臺灣儒學的某一種預設立場——認爲日本人對於臺灣舊有儒學價值是採取全面否定並且予以打壓——是違反史實的，而且筆者認爲日本人在臺所宣揚的以國體論爲中心思想的〈教育勅語〉，亦爲曾經在過去臺灣的歷史現場的儒學價值，它甚至可能影響了當時的臺灣知識份子，而這一點卻遭到戰後以中國中心主義爲指標的教育體系所否定，因而完全予以忽視，這更是有待商榷的作法，這樣的忽視，實質上是一種不負責任的做法。〔註99〕

日治時代的教育，〈教育勅語〉是日人在臺經辦教育事業以來，作爲「教化」臺人的主要思想依據。前面已述及日治初期《教育勅語述義》便已成爲書房教育中的新教材。誠如第二章所闡明的，清代臺灣的官方教化語言實爲儒學中的「朱子學」，那麼日治時代則以國語教育爲後盾，灌輸臺灣人「日本化的儒學價值」。一八九六年，總督府設立臺灣最早的國語教育機構——國語傳習所，設立旨趣便提到「注意道德的教訓和智能的啓發」，而清楚闡明其意涵爲「道德的教訓是以尊皇室、愛國家、重人倫以培養本國精神爲旨趣。智能的啓發則以教育臺灣人經世立業所需知識技能爲主」〔註100〕很明顯這是以

〔註99〕如論者李進添曾云：「在日本統治之前，臺灣主要的教育是以儒學教育爲中心。日本統治臺灣時期的教育政策，最主要目標在於「去中國化」之後，建立皇民化。而去中國化最好的方式就是打破儒學教育，轉換成皇國民教育。」這樣的觀點在於將儒學絕對的本質化，進而否定日本殖民主的教育體系中也可能含有某些儒學的質素，從歷史研究上，更不應該囿於中國中心主義立場之上，完全忽略了日本殖民者對於臺灣儒學的發展的維護，甚至在日支事變後給予其發表空間。以上參見李進添《日治時期臺灣儒學代表人物之研究》，臺北市立教育大學應用語言文學研究所碩士論文，頁57。

〔註100〕請參見臺灣教育會《臺灣教育沿革誌》，臺北市：編者，1939年，頁171。轉引自陳培豐著，王興安、鳳氣至純平編譯《「同化」的同床異夢：日治時期臺灣的語言政策、近代化與認同》初版，臺北市：麥田出版社，2006年出版，頁35。

「德」和「智」〔註101〕作爲最爲重要的核心教育理念，然而吾人在此也必須
了解到，日人在不同時期對於此二者的偏重有所不同，更重要的是，在初等
教育上，日臺至終戰前始終採取分流的結構性歧視的做法——即日人就讀小
學校，臺灣人就讀公學校，雖說在一九二二年的新臺灣教育令後獲得些許改
善，但仍舊杯水車薪。而且日人關於「智」的教育方面，始終預設將臺灣人
教育成日本殖民體系之下技術生產的底層人員，教學層次上以實務的操作層
面爲準，而非更爲高等的理論層面，〔註102〕故就這方面而言有一定的愚民教
育色彩在其中。以下茲就林茂生的分期法加以闡述日治時代教育發展。

①教育奠基期（1895～1898）

在臺灣民主國瓦解之後，臺人的武裝抗日行動仍然斷斷續續發生，此一
時期，第一任臺灣總督樺山資紀的學務部部長伊澤修二，爲日本在臺殖民教
育奠定了重要基礎。一八九五年，仍在治安仍不穩定的情況下，本著殖民地
教育者的熱忱，伊澤成立了「芝山巖學務部學堂」招收臺灣人學習日語；一
八九六年於全臺廣設日語傳習所。伊澤本著國家主義教育理想，想要把它實
現在臺灣殖民地上，他最爲重要的創建在於，伊澤奠定日本帝國以代表國體
論思想的〈教育勅語〉教化臺灣人的主調。學制方面，總督府於此時期設置
國語學校一所，國語傳習所十四所，國語學校中的語學部是臺灣人日治時最
早的高等教育機構。〔註103〕伊澤對於漢文的態度是採取混合主義，即認爲
漢文在此時期有其輔助國語推行的功用，故漢文在此時並非被抑制的對象。
〔註104〕伊澤承繼了日本近代國語學者上田萬年的語言觀，熱切地推行國語
教育，並且以〈教育勅語〉中提及的「一視同仁」的理想，施予最終同化臺
灣人於日本民族的教育。〔註105〕

〔註101〕就「德」而言，是象徵日本精神、天皇制國家秩序觀；就「智」而言則是象
　　　　徵對於近代資本主義經濟體系的合理性與啓蒙性。以上參考陳培豐著，王興
　　　　安、鳳氣至純平編譯《「同化」的同床異夢：日治時期臺灣的語言政策、近代
　　　　化與認同》初版，臺北市：麥田出版社，2006 年出版，頁 36。
〔註102〕以上參考林茂生《日本統治下臺灣的學校教育/其發展及有關文化之歷史分析
　　　　與探討》，臺北市：新自然主義股份有限公司，2000 年出版，頁 117～118。
〔註103〕請參見李園會《日據時期臺灣師範教育制度》臺北市：南天書局，1997 年出
　　　　版，頁 32～37。
〔註104〕實際上漢文在此時期之所以被借重，不過是日語要推行之前的一種過渡性政
　　　　策。
〔註105〕陳培豐先生認爲伊澤修二的國語觀是日本近代國語學者上田萬年的海外應用
　　　　版，上田萬年認爲日語是日本人的精神血液，是「情深無比的母親」，利用一

②**建基時期**（1898～1918）

伊澤修二離開臺灣後，民政長官後藤新平，並未延續伊澤修二的同化主義政策。後藤因為受到社會達爾文主義的影響，以進化史觀認為先天的差異所帶來的差別待遇是有其合理性的，後藤曾言：

> 世界上所有事情看似非常平等，但是其背後卻都存在有差別和歧視。然而，這也著實是身為人君的自然聖德。在娓娓說出我自己的經驗時，我特別有這樣的感想。為何如此呢。其道理如下：世上有所謂指紋這個東西，幾十幾億幾兆的人當中不管收集了多少指紋，其中不可能有同樣的指紋存在。由此可知，造物者雖然平等造人但也給我們個別的差別待遇。有關平等往往有人誤解其真義。然而，在平等與差別之間給予彼此得宜之寬嚴，才是統治天下之道。我個人深深體會明治天皇具備這種合符自然之御聖德，居於此一事實令我深思。〔註106〕

無疑的，「差別對待」對於後藤而言是極其自然的，因為人天生就有差異存在，因此受到不同的對待本也是自然的，而且即便是天皇的聖德之下，這種差別待遇也是不相扞格的，也是一種「平等」，也是「一視同仁」。因此後藤對於貿然給予臺灣人太高的近代文明教育也是反對的，他說：

> 教育雖然不可忽視，然胡亂注入文明將使人民養成極會計較權利義務之風氣，必然讓臺灣人民陷入不可預測的弊害。因此，教育方針之訂定頗須謹慎考究。教育固然必要，但其方針和程度、內容，現正考究中，尚未定案〔註107〕

根據後藤所謂的「無方針主義」，他在一方面尊重舊慣與固有風俗文化

種「母語簒位」的方式，藉著日語的學習，能夠抹消臺灣人原本不屬於日本單一民族的事實，使國體論中擬血緣制的破綻得到掩飾。以上參考陳培豐著，王興安、鳳氣至純平編譯《「同化」的同床異夢：日治時期臺灣的語言政策、近代化與認同》初版，臺北市：麥田出版社，2006 年出版，頁83。

〔註106〕請參見後藤新平〈明治天皇御逸話〉，收於《後藤新平文書》。轉引自陳培豐著，王興安、鳳氣至純平編譯《「同化」的同床異夢：日治時期臺灣的語言政策、近代化與認同》初版，臺北市：麥田出版社，2006 年出版，頁 115。

〔註107〕請參見〈後藤長官の訓示〉《臺灣教育會雜誌》27 號（1904 年 6 月），頁 2～3。轉引自陳培豐著，王興安、鳳氣至純平編譯《「同化」的同床異夢：日治時期臺灣的語言政策、近代化與認同》初版，臺北市：麥田出版社，2006 年出版，頁 120。

時，一方面實際上也肯定了因爲臺日間的差異所以實施差別待遇的合理性。在「同化於文明」方面不貿然給予臺人過高的教育程度，只想將臺灣人納入殖民地資本主義下的「實業教育」以供榨取臺灣經濟資源罷了，因此對於臺人的近代文明教育，他始終是一種「漸進主義」式的調控。在「同化於日本民族」方面則是消極地做表面工夫，而實際上益發肯定臺日之間的「同化」鴻溝難以跨越，後藤於一九〇六年去職後，教育課課長持地六三郎亦持續了這樣的路線，所謂「一視同仁」，伊澤的同化於日本民族的理想，在後藤與持地而言全都只是表面上的口號，因爲他們將臺灣視作「殖民地」而非「日本內地的延長」。一九一一年二月，隈本繁吉接任學務課課長，他原本對於殖民地臺灣的教育理念與後藤、持地相去不遠，然而隈本才接任，對岸中國便發生武昌起義，清帝國崩壞，中華民國建立，這對臺灣知識份子的國族想像刺激很大，再加上對岸中國許多教會學校的設立、臺灣人對於公學校教育的需求卻又持續無法被滿足〔註108〕、臺灣人持續將子弟送往日本內地、對岸中國留學，總督府對於臺灣殖民教育自後藤、持地以來的消極敷衍，已經到了需要全盤檢討的地步。隈本在大正初期十年，爲了將臺灣人的教育置於總督府可以控管的視野下，因而一改後藤以來的教育政策，普設公學校以滿足臺人的向學心〔註109〕。相較於伊澤修二是基於教育熱忱，想以〈教育勅語〉教化臺灣人並將臺灣人具體同化爲日本民族，後藤跟持地等於是對伊澤的教育理念產生了悖反與質疑，因而消極地主持臺灣的教育，而隈本等於是在大正民主時期，因應各種國際事件的發生，與臺灣人向學心益發熾烈，不得不改弦易轍強化臺灣教育，而實質上還是要借用教育的力量壓制日益增強的文化抗爭與日漸浮出檯面的民族運動抗爭。

③臺灣教育令時期（1919～1922）

〔註108〕1914 年 6 月 12 日《臺灣日日新報》之〈公學校と傾向（一）〉便云：「向學心在時運的進步激勵之下逐漸無法抑制，入學志願者的人數增多到致使公學校無法收容的程度」由此可見臺人對於公學校教育至此時已經不是接不接受的問題，而是求過於供的問題了。

〔註109〕若參考吳文星《日據時期臺灣社會領導階層之研究》，臺北市：正中書局，1992 年出版，頁 316～317 的表六——一八九八～一九二〇年書房與公學校概況比較表，吾人可以發現從 1898 年迄 1911 公學校學生人數只增加 38034 人，但隈本到任後十年，從 1911 到 1920 學生人數竟然增加了 106465 人，等於是前者的三倍。

大正八年（1919）年一月四日，臺灣教育令公佈〔註110〕，前四條是爲臺灣教育的精神，茲列於下：

　　第一條：在臺灣的臺灣人之教育依照本令（實施之）。第二條：教育應基於教育勅語的旨趣，以育成忠良國民爲本義。第三條：教育應期以適合時勢及民度而爲之。第四條：教育應該分爲普通教育、實業教育、專門教育，以及師範教育。〔註111〕

臺灣教育令的前四條規定，其實強化了「德育」的精神，即是將臺灣人「同化於日本民族」的既定政策更爲明確，同時，就第四條而言，臺灣教育令也促使教育機關更爲完整。然而，臺灣教育令所形塑的教育體系，於學制上都仍然無法與日本內地相接合，這表示日臺教育體制仍然是有差異，臺灣人的教育仍然是受到歧視與不公平的對待。大正時期之後，臺灣殖民地教育又回到將臺灣人同化於日本民族的主軸，一九一九年十月到任的首位文官總督田健次郎亦云：

　　對臺灣的統治方針，應當以日本帝國憲法爲基礎的基本精神爲出發點，所有設施經營，使本島民眾成爲純粹的帝國臣民；所有設施經營，是爲了教化善導本島民眾，對我朝廷忠誠，對國家具有義務觀念。……最先，必須盡一切力量使教育普及化，一方面啓發其智能與德操，一方面使其感受我朝廷撫育之精神及一視同仁的聖旨。使之醇化融合能直接與內地人有社會接觸的地步。最後教化善導他們達到政治均等的境界。〔註112〕

從田總督的談話中，再三地強調「對我朝廷忠誠，對國家具有義務觀念。」以及「使其感受我朝廷撫育之精神及一視同仁的聖旨」，在在令人察覺到，限本之後的強化「同化主義」的既定政策，已經成爲自大正以來的長期趨勢，然而實質上臺灣人在此時所關切的內臺共學、內臺學制因無法銜接而得至內地留學等問題，仍然沒有獲得任何實質上的解決，由此可見日本人經常在表

〔註110〕於一九二〇年離職的隈本對於臺灣教育令的催生有不可輕忽的貢獻，他與內地國會議員、天皇輔政機關的樞密院的交涉，直接地催生臺灣教育令。

〔註111〕轉引自陳培豐著，王興安、鳳氣至純平編譯《「同化」的同床異夢：日治時期臺灣的語言政策、近代化與認同》初版，臺北市：麥田出版社，2006年出版，頁282。

〔註112〕請參見吉野秀公《臺灣教育史》臺北市：南天書局，1997年出版，頁369～370。

面上安撫臺灣人，實際上仍然是歧視與差別待遇。

④新臺灣教育令時期（1922～1945）

由於臺灣教育令未能滿足臺灣人民對教育的期待，如日臺共學並未全面實行；臺灣文化協會亦在此時創立，臺人文化抗日的民族意識日益高漲，渴求近代文明的提升更加強烈。這些背景都是促使對臺灣教育令修正的新臺灣教育令誕生的原因。一九二二年，新臺灣教育令公佈，其前四條內容為：

> 第一條：在臺灣的教育依本令實施。第二條：國語常用者的初
> 等普通教育依小學校令實施。第三條：非國語常用者的初等普通教
> 育學校為公學校。第四條：公學校留意兒童身體的成長，以傳授德
> 育和生活上必須的普通知識技能，涵養國民的性格以習得國語為目
> 的。〔註113〕

很明顯的，與一九一九年的臺灣教育令相比，「在臺灣的臺灣人」的字眼消失了，取而代之的是「國語常用者」和「非國語常用者」，由此可以看出新臺灣教育令刻意去消弭臺灣人作為日本民族中的異質性，解消其特殊性。第四條與舊版的臺灣教育令無甚差別，而日臺共學也在此時得到些微程度的解決，如以往要總督府同意的「臺人就讀小學校」或「日人就讀公學校」，在此時改變成只要校長、州知事或廳長同意即可。〔註114〕在表面上的法律雖是如此規定，總督府也著實拿著新臺灣教育令一再宣傳「一視同仁」、「內臺平等」的口號，但是實際面總是與此有巨大的落差。日本殖民教育從限本以來，雖說的確增設了公學校，並且對於中學校與高等教育有某種程度以上的放寬〔註115〕，但是其教育目的始終在於如何將臺灣人教育成殖民資本主義下壓榨臺灣資源的工具性角色，其所宣揚的「一視平等」也多與實際不符合。更為重要的是，臺灣的殖民教育自限本之後，一再地利用教育體制壓制臺灣人的文化抗爭與民族意識，如在設立臺北帝國大學時，總督府送呈樞密

〔註113〕轉引自陳培豐著，王興安、鳳氣至純平編譯《「同化」的同床異夢：日治時期
臺灣的語言政策、近代化與認同》初版，臺北市：麥田出版社，2006年出版，
頁286～287。

〔註114〕然而這只是法律表面上的規定，實際上真正能夠進入小學校就讀的臺灣人極
少，如1925年才100人；1930年僅215人僅佔小學校學生的3.5%，可說是
有名無實。以上參考陳培豐著，王興安、鳳氣至純平編譯《「同化」的同床異
夢：日治時期臺灣的語言政策、近代化與認同》初版，臺北市：麥田出版社，
2006年出版，頁291。

〔註115〕例如臺中中學校、臺北帝國大學的設立等等。

院審議的文書中便提到：

> 近時臺灣在住著，不問內地人、本島人，一般的向學心大進，欲其子弟接受大學教育者，有增加之傾向。內地人姑暫擱之不論，本島人子弟內地由學者中，僅於大學置籍者觀之，大正十三年及大正十四年時為九十二或九十三人，十五年即增至一五六人之多。而且，又有赴中國、北美接受大學教育者。今試觀察此等大學入學者，內地人子弟本來即負有在臺灣活動之使命，今既去內地，動輒失在臺灣永住之念，又不能得適切於其境遇之智能，於臺灣將來之發展，影響不小。至於本島人之子弟，則更有不堪寒心者，即勉學者需花費不少經費，不易進入希望之學校等諸多不便；大學在學者，也僅少數得入官公立大學，多數均在私立大學。此等學生或僅見內地之黑暗面，或為不良思想所惡化，而多有生對統治困擾之憂。若夫赴大陸入其大學者，更需考慮其受近年排日及赤化之惡風之感染，固不待言矣！今雖難以俄然滅絕此流弊，然臺灣開設大學，傳授健全思想、正當知識，開此等學生在臺灣勉學之途，應有預防其弊害之效果。〔註116〕

這種存有「愚民教育」的用心，正可以說明殖民地教育的差別待遇本質，其以防患臺人的心理而強化臺人教育，但在教育中一再強化的並非欲使臺人「民度」大為提高的近代化文明，反而自限本之後強化「同化於日本民族」的力道，自此便不再回頭地往戰爭期的「皇民化教育」邁去了，限本「為防臺而治臺」的用心，可說是皇民化教育的前奏。皇民化教育可說是同化教育的加強版本，自最後一位文官總督中川建藏離任後，因應戰爭時期的需要，臺灣總督再度成為武官擔任。法西斯國家的思想改造與監視在此時期達到最嚴密的程度，臺灣人在此時期的教育政策已經使其被迫全盤脫離原有的臺灣文化。

然而自一九三七以來漢文欄全面遭到撤廢，但是大眾化刊物《風月報》及《詩報》仍可以漢文刊行，甚至《孔教報》與《崇聖道德報》等儒學刊物也以漢文刊出，這個現象便就牽涉到當時日本人如何看待儒學價值的問題？那麼在日治時期教育體系中的儒學價值又為何呢？

〔註116〕轉引自吳密察《臺灣近代史研究》臺北市：稻香出版社，1991年出版，頁168。

（2）日治時期教育體系中的儒學價值

一八九六年，臺南縣知事磯貝向當時的學務部提出教育上的建言：「利用儒學之事，奉讀我國〈教育勅語〉，其忠孝之道與儒學相同，亦有必要令（案：臺灣人）了解奉載日本大道就是信奉儒學之道理。」當時的學務部也認爲磯貝所言「多有資益參考之處」。〔註117〕由此可見日治時期的教育體系中，儒學仍然是其重要的價值核心。大正九年（1920），屏東的吳克己在當時《臺灣青年》上撰寫一篇文章，篇名曰：「臺灣青年自覺論」，此文主要是在談當時新舊文化衝突的問題，他認爲：「新舊思想不能調和，詭詐日生，奸謀百出」〔註118〕，而面對這樣的困境，吳克己提出解決的辦法是：「棄新舊思想之間謨，採〈教育勅語〉之精華」。當時的吳克己的發言證明了國語教育〔註119〕中以「國體論」爲思想核心的〈教育勅語〉，確實透過國語教育體制，讓某些臺灣青年將之運用在調和新舊衝突的思想工具上，因此吾人可以推論，日本化的儒學價值也透過國語教育，對臺灣人的「同化」造成一定影響。

實則日治時代的臺灣人，如果能夠瞭解〈教育勅語〉的意義，必然也能察覺到〈教育勅語〉與臺灣本身的儒學價值觀，有極其相似的特質。學者林明德認爲江戶時代的儒學發展平衡了日本人在東西文化的消化的層面上，有著一定的潛移默化的功能，林明德認爲〈教育勅語〉正扮演著這樣的角色。〔註120〕日本儒學將吸收的中國學問重新消化吸收，而成爲具有其特色的儒學，並且自江戶迄幕末，發揮了相當大的效用，前文第二節提及佐久間象山的口號「東洋道德，西洋藝術」以及橫井小楠「有用的實學觀」，亦深刻地影響著明治國家的近代化。這些概念透過〈教育勅語〉被投射到殖民地臺灣來，例如在明治三十一年（1898），臺灣公學校規則的第一條便規定：

> 公學校施予本島人子弟德育，以教授實學養成國民性格，同時
> 使其精通國語爲本旨。〔註121〕

〔註117〕以上引言請參見臺灣教育會編《臺灣教育沿革誌》頁34～35。轉引自川路祥代《殖民地臺灣文化統合與臺灣傳統儒學社會》，國立成功大學中文所博士論文，2002年6月，頁129。

〔註118〕請參見吳克己〈臺灣青年自覺論〉，此文收於《臺灣青年》第1卷第4號，大正9年（1920）10月15日，漢文頁18。

〔註119〕臺灣是日本近代史上，首度將「國語」列入正式科目的地方，而早已列入日本版圖的琉球，在明治二十六年（1893）時，仍然是用「沖繩語」進行授課。

〔註120〕請參見林明德《日本的社會》臺北市：三民書局，1997年出版，頁215。

〔註121〕請參見臺灣教育會《臺灣教育沿革志》頁229。轉引自陳培豐著，王興安、

其中所提及的「實學」以及「德育」，便是日本近代儒學價值的投射，它透過公學校的教育規則，影響了臺灣的教育與思想。當時在小學校與公學校當中，在供俸天皇的「御真影」的小型建物中，亦有供奉〈教育勅語〉之捲軸，可見〈教育勅語〉在天皇制國家教育體系中的神聖地位。〔註122〕為求洞悉日治時期以國體論為中心思想的〈教育勅語〉究竟有何儒學意義，茲錄其全文如下：

> 朕唯我皇祖皇宗，肇國宏遠，樹德深厚。我臣民克忠克孝，億兆一心，世濟其美。此我國體之精華，教育之淵源，亦實存乎爾臣民。孝予父母，友予兄弟，夫婦相和，朋友相信。恭儉持以己，博愛及眾，修學習業，以啓發智能，成就德器，進廣公益，開世務常。重國憲，尊國法，一旦緩急，則義勇奉公，以扶翼天壤無窮之皇運。如是不獨為朕忠良臣民，又足以顯彰爾祖先之遺風矣。斯道也，實我皇祖皇宗之遺訓，而子孫臣民之所當遵守，通古今而不謬，施諸中外而不悖。朕庶幾與爾臣民俱拳拳服膺，咸一其德。〔註123〕

「孝予父母，友予兄弟，夫婦相和，朋友相信。」即是儒家所強調的五倫範疇；「克忠克孝」亦是儒家所講求的倫理價值。正如陳培豐曾說：「〈教育勅語〉中所強調的兄友弟恭、父慈子孝等觀念原本都來自儒家，與臺灣社會的價值秩序觀念本來就有某個程度的疊合。」〔註124〕然而，在日本殖民教育體制下所傳達的儒學價值，與臺灣自明鄭、清代以來固有的儒學價值觀有何差異呢？以下將繼續探究。

（3）臺日之間的儒學價值差異性

許介鱗認為日本近世儒學強調的是忠孝一致，以「君臣上下之大義」為紀綱，強調「忠」的價值，即「君不君，而臣不可不臣」，所以「忠」是絕對

鳳氣至純平編譯《「同化」的同床異夢：日治時期臺灣的語言政策、近代化與認同》初版，臺北市：麥田出版社，2006年出版，頁100。

〔註122〕在日本亦曾有學校校長恭讀〈教育勅語〉誤讀，羞愧自戕而死之事，可見〈教育勅語〉背後所代表的天皇制是如何地被近代明治國家所神聖化。

〔註123〕轉引自陳培豐著，王興安、鳳氣至純平編譯《「同化」的同床異夢：日治時期臺灣的語言政策、近代化與認同》初版，臺北市：麥田出版社，2006年出版，頁237。

〔註124〕請參見陳培豐著，王興安、鳳氣至純平編譯《「同化」的同床異夢：日治時期臺灣的語言政策、近代化與認同》初版，臺北市：麥田出版社，2006年出版，頁169。

價值，而「孝」為相對的價值；反觀中國先秦儒家，是以「孝」為本，進而「修身、齊家、治國、平天下」，由「內聖」開出「外王」，故中國儒學認定「孝」乃是絕對價值，「忠」則是相對的價值。許先生更進一步推論，「忠」的絕對價值維繫了近代日本對抗列強欺凌，並且成功地促成近代日本天皇制國家的誕生；而中國「孝」的絕對價值則防止權力過於集中，因而也導致了後來軍閥割據與半殖民地的結果。〔註125〕

　　「忠」之所以在日本近代儒學社會中成為絕對的價值，這自然與「天皇制」的傳統性與古老有關係，日本自有天皇傳說以來，便不曾發生過類似中國的「易姓革命」，而且日本儒學價值本身也否定「易姓革命」，反觀中國儒學社會，易姓革命在中國歷史中卻是頻繁發生的事情，從孟子稱「暴君」為「獨夫」以來，只要君主無法「以德配天」，無法為人民帶來幸福與溫飽，中國傳統的封建社會自然會產生革命的力量。況且即便是易姓革命，中國儒學社會的著眼點仍在於能否保全天下蒼生之生存，顧炎武曾云：「易姓改號，謂之亡國。仁義充塞，而至於率獸食人，人將相食，謂之亡天下。……保天下者，匹夫之賤與有責焉耳矣。」〔註126〕可見，「亡國」與「亡天下」相較之下，後者較為嚴重，是匹夫之責所應保全的。如此對於易姓放伐觀念的差異，其實也是中日兩個儒學社會結構上的差異所造成的，學者川路祥代就「公」的觀念作出判別，認為中國是「網狀的公」，與日本「領域的公」不同，她認為中國人處在自己的社會中，總是處在不同的「人際網絡」之中，而成為「網狀集團」內的「結合點」；但是日本人卻總是生活在「一種領域性的小集團」之中，並且「個人無法直接參與大集團」，而小集團為大集團所統合。〔註127〕因此川路認為：

　　　　日本社會是以天皇為頂點而無數領域性小集團（共同體）形成
　　　　上下階層關係的金字塔組織。日本社會是古代就有這種公私關係的
　　　　累積，所以，經過長久時間而習慣化而且制度化的公私關係，就是
　　　　下一層共同體（私）必須服從上一層共同體（公），成為日本人的一

〔註125〕請參見許介鱗《近代日本論》，臺北市：日本文摘雜誌社，1987年出版，頁44～45。

〔註126〕請參見顧炎武〈正始〉，收於《日知錄》卷13，臺北市：臺灣商務印書館，1956年出版。

〔註127〕請參見川路祥代《殖民地臺灣文化統合與臺灣傳統儒學社會》，國立成功大學中文所博士論文，2002年6月，頁25～26。

種共識而統合日本社會領域性小團體〔註128〕

　　由此可知，中國傳統社會可說是以「橫向發展」爲主軸的網狀社會，而日本傳統社會則是「大集團」統合「小集團」的「縱向發展」爲主軸的階層社會。對於中日間的儒學價值差異，文化人類學研究者潘乃德更做出清晰的剖析：

　　　　「忠」「孝」兩種「義務」都是無條件的。由於日本人把這類德行看做是絕對的，因而有別於中國人的國家義務和孝道觀念。自從第七世紀以來，中國的倫理體系一再被日本吸收借用，「忠」「孝」原來也都是中國字。但中國人並不把這類德行看成是無條件的；中國人有一項最高的德性——仁，它是忠孝的先決條件。「仁」這個字常被譯成 "benevolence"（慈善、博愛），但其意義實包含了一切西方人所謂的良好的人際關係。父母必須具有「仁」的德性。領導者若缺乏它，人民可以揭竿而起，因爲它是人民盡忠的先決條件……中國的倫理觀把「仁」作爲一切人際關係的試金石。這一項中國倫理的要件，卻從未被日本吸收。〔註129〕

　　潘乃德認爲，在「忠」「孝」之上，有個「仁」的價值決定其實行與否，而日本從未吸收此一概念，實則這與天皇制的扞格不入有關，中國的「忠」「孝」價值，前文便曾說過，先秦儒學強調君臣之間的忠孝有一種「契約關係」的存在，論語有云：「定公問『君使臣，臣事君，如之何？』孔子對曰：『君使臣以禮，臣事君以忠』」，朱熹更於集註中引尹氏之言曰：「君臣以義合者也。故君使臣以禮，臣事君以忠。」〔註130〕此處即說明，君臣之所以相合，乃是在於「以義合」，所以君臣之間必須要「君使臣以禮，臣事君以忠」的相互對待。

　　由以上的論述可以了解到：日本在臺推行〈教育勅語〉，將之作爲同化臺灣人爲日本民族的工具，然因臺日間原本的儒學價值的差異，〈教育勅語〉中效忠天皇制的絕對價值，對於臺灣人而言自然是無法接受的。於是，日本官

〔註128〕請參見川路祥代《殖民地臺灣文化統合與臺灣傳統儒學社會》，國立成功大學中文所博士論文，2002 年 6 月，頁 26～27。

〔註129〕請參見潘乃德著黃道琳譯《菊花與劍——日本的民族文化模式》，初版，臺北市：桂冠出版社，1991 年出版，頁 107～108。

〔註130〕以上參見朱熹《四書章句集註》四版，臺北市：鵝湖出版社，1998 年出版，頁 66。

方便暗中擬定一份〈臺版勅語〉，雖然此份〈臺版勅語〉始終沒有公佈，但是可以看作日本殖民統治臺灣遭受到儒學價值差異的衝擊所做的調和行爲，茲引〈臺版勅語〉如下：

> 朕茲勅爾臺澎諸島。暨爾百執事。特昭宣教育之旨意。爾臣民惟忠惟孝尚德明道。恭儉執禮誠實修業。成就德器保持身家。慎終予始。勤勞不倦。殊習國語。以遵國法。而尊國體。尚一朝有事。惟當忠義奮發。匡補皇猷。以利邦家。此吾皇祖皇宗教學之遺訓。臣民之所宣恪守而無墜者也。惟吾祖宗繼天極建。光宅日域。協和萬方。聖子神孫。世世相承。一統無替。寶祚加隆。文教衍敷。德威遠播。由域外歸化者。皆就軌範。以成禮儀之邦。朕恭膺天命。丕承祖宗基緒。實賴賢良之輔佐。肅協神人。夙夜匪懈。得恢弘業。惟茲臺澎歸圖。固屬同文同種。惟是言語風俗既殊。教育之政。尤爲至重。朕惟一視同仁。無別内外。因時制宜。以協民心。爾臺澎爾百執事。上下一心。尚率祖宗之遺訓。而稱朕意。〔註131〕

首先由「惟茲臺澎歸圖。固屬同文同種。惟是言語風俗既殊。教育之政。尤爲至重。」可以看出日本統治當局亦認知到臺日間的同質性與差異性，並且在語言和風俗方面，承認了臺灣的特殊性。再者，就儒學價值方面的最重要的調和，乃在於原本〈教育勅語〉的神聖性根源「朕唯我皇祖皇宗，肇國宏遠，樹德深厚」，在〈臺版勅語〉中更換爲「朕恭膺天命。丕承祖宗基緒。」，優越性高於「皇祖皇宗」的「天命」概念。這是對於臺灣傳統儒學概念的貼近與拉攏，在儒學價值此一場域中的談判過程，神聖的〈教育勅語〉向臺灣特殊性靠攏的結果。陳培豐也認爲：

> 令人矚目的是，相對於舊〈内地版〉對於天皇掌握政權之正統性，僅以「斯道也實我皇祖皇宗之遺訓而子孫臣民之所當遵守」、「朕庶幾與爾臣民俱拳拳服膺咸一其德」來陳述；〈臺灣版〉中則是以「朕恭膺天命。丕承祖宗基緒。實賴賢良之輔佐。肅協神人。夙夜匪懈。得恢弘業。」之方式來說明。在此、儒教中「天命」這個〈内地版〉所沒有；而原本與天皇制相克的政治概念被

〔註131〕轉引自陳培豐著，王興安、鳳氣至純平編譯《「同化」的同床異夢：日治時期臺灣的語言政策、近代化與認同》初版，臺北市：麥田出版社，2006年出版，頁236。

融合到〈臺灣版〉中。〔註 132〕

天命觀是自湯武革命以來，儒家價值中極為重要的君權來源論，君王之所以能夠統治天下，即是上天之命所賦予的，當然，在中國儒學價值中，這樣天命的賦予自然不是無條件的，正如西漢時董仲舒，以儒家公羊學結合陰陽家五行觀所建構出來的「天人感應」之說，正是一種欲以「天命」制衡「君權」的學說，「天命」是依賴君王的「德行」而賦予的。所謂「皇天無親，唯德是輔」，「德治」的道德基礎才能合理地享有「天命」的賦予。而從〈教育勅語〉過渡到〈臺版勅語〉，代表了臺日儒學價值之間差異的調和。

本節闡述了日治時代的政治、文教政策的時代背景，並透過日本在臺實行的教育體制，說明其儒學意涵為何，並且點出臺日之間儒學價值的差異性與日本官方主動地調和此種差異性的儒學價值。然而，吾人不禁要問，日治時代臺灣儒學社群如何面對日本官方的儒學論述呢？他們能夠看穿日本國體論與近代性（modernity）結合的殖民理論嗎？他們能夠看穿所謂「同化」的詭策嗎？他們是否也有迎合日本儒學價值的行為？為什麼要去迎合？他們與日本殖民政權之間的對抗或協力的關係為何？臺灣儒學論述如何面對日本殖民主，有哪些類型呢？下一節將有詳細說明。

第四節　臺灣儒學的「現代／殖民／本土」分析

一、掙脫日治時期儒學肯定論與否定論的夾殺

日治時期臺灣儒學社群的儒學論述，本節將主要以現代性（modernity）／殖民性（coloniality）／本土性（nativity）三個面向論述之。若以不同標準加以檢證，立即會發現近代／傳統、協力／反殖、外來／本土的標籤屬性很難完全屬於那個社群或個人，甚至即便是同一個人，都有可能在不同時期表現出不同的傾向與混雜的屬性。然而，揆諸目前對於日治時期儒學論述的研究，約略可分為二者，一曰日治時期儒學肯定論，一曰日治時期儒學否定論。

（一）日治時期儒學肯定論

〔註 132〕請參見陳培豐〈從教育勅語到臺灣版教育勅語──近代日本的儒學、天皇制與殖民統治〉，發表於「臺灣與遺民儒學：1644 與 1895」學術研討會。臺北：國立臺灣大學東亞文明研究中心・臺灣儒學研究室舉辦，2005 年 9 月 8 日，頁 18。

　　日治時期儒學肯定論傾向於採取中國中心主義、儒學民族主義的視角來看待日治時代儒學社群的論述，先行豎立「儒性」的指標，例如「儒家詩教」、「漢民族意識」之類的標準，再將所有的文人儒士放入其中加以檢驗，得出其「儒性」的高低與否，並且判定其爲媚日文人與否。這的確是一個研究進路，並且可以洞悉臺灣儒學論述抵抗日本殖民主的面向，但是卻也因此陷入「本質論」的危機之中。這類論述最大的謬誤有三點，第一，「中國性」與「臺灣性」的混淆。所謂的漢民族意識或是中國情懷，在日治時代的新舊知識份子的認知理解中，它實質上呈顯了對「中國性」與「臺灣性」傳統回歸的曖昧與混淆的狀態，在當時的文人儒士中兩者經常是一體的，除非面臨「中國性」與「臺灣性」的分別時才會意識到其差異，這從日治中期新舊文學論戰中，中國白話文與臺灣白話文的論辯中可以看出。第二、儒學論述者採用本土傳統質素抵抗殖民主的「策略性的含混」的面向完全被忽略。日治時期，無論新舊知識份子均曾採用儒學傳統對抗殖民性，儒學肯定論多僅肯定「本質論」上的差異，而忽略「策略性的含混」〔註133〕的面向，完全被收納對於本土傳統的「本質主義式」的回歸，而忽略在當時歷史現場儒學傳統被運用的「工具性」與「含混性」。例如施懿琳認爲在考察連橫的《臺灣詩薈》時，連橫一方面刊登與總督相唱和的詔媚文章，一方面卻又刊登許多具有抗議意識的治警事件中友人的獄中詩，施懿琳將之歸納爲「表面與日政府虛應，而骨子裡卻有堅定的抗日意識者」〔註134〕正是突顯了這種「工具性」與「含混性」，而不同於「本質主義式」的「儒學肯定論」第三、忽略殖民主──日本的「儒性」在臺灣歷史脈絡中的作用力。這類儒學肯定論經常地忽略了日本殖民主長久以來亦具有的「儒性」，即便是臺日之間儒學價值有差異，但是他

〔註133〕此處「策略性的含混」的概念乃是採用阿里夫・德里克（Arif Dirlik）的意涵，他說：「我覺得絕大多數人在絕大多數時候都能感覺到身分性和主體性，這種身分性和主體性是複雜的，並且隨著歷史的變化而變化，但主體自身卻並不將此看作是『雜交性』。爲了對抗身分的『本質化』，並對其他的身分開放收納，『策略的含混』是必要的。」放在日治時代的儒學歷史脈絡，這種「策略性的含混」可意指儒學論述者主動吸納日本殖民主所提倡的儒學價值，藉以獲得生存空間；在文學上，文人歌頌媚日以獲取更多的發表空間，即：以接受日本屬性來作爲對殖民主的對抗。以上引自謝少波、王逢振編《文化研究訪談錄》，北京市：中國社會科學出版社，2003 年 6 月出版，頁 27。

〔註134〕請參見施懿琳先生《從沈光文到賴和──臺灣古典文學的發展與特色》初版，高雄市：春暉出版社，2000 年出版，頁 194～199。

們卻總是少談殖民主總以其「儒性」來吸納並且收編臺灣儒學社群的論述，宛如臺日之間的文化親緣性完全不存在似的，因而對於親日文人迎合日本殖民主的儒學論述，他們的解釋框架往往喪失效力。

（二）日治時期儒學否定論

　　日治時期儒學否定論傾向於肯定當時的新知識份子（包括左傾及右傾）的抵殖（decolonization）力量，而否定以舊文人為主的日治儒學社群的解殖動能。其動輒將「守舊」、「反動」、「頑固」、「不知變通」以及「御用文人」等形容詞加諸在臺灣儒學論述之中，將舊文人「本質論化」。誠然，日治時期的儒學社群，的確有部分人士肯定統治者所包裝的「殖民近代性」（colonial modernity），而不去質疑殖民統治的合法性，不批判其內所含的「殖民進步主義」，並且也有媚日的行為。相較於日治時期左翼知識份子的抗爭力量，儒學社群整體的解殖能量的確比不上。然而日治時期儒學否定論卻有以下六點的謬誤。

　　第一、儒學論述作為以漢文再現儒學價值的文本，確實有鞏固並且召喚漢民族意識的能量，在臺灣人自身的視野與解讀中，它仍然不失作為與殖民主文化相異的異質存在，進而產生抵抗「同化於日本民族」的可能。〔註135〕第二、儒學社群對於近代性與傳統社會價值衝突與調和的省思與反芻，進而開展出非西方單線式現代性的另類現代性（alternative modernity）或多元現代性（multiple modernities），這方面幾近被忽略。第三、採取隱蔽文本或者諷諭的文學技巧來批判日本人，這一面向抵殖的能量被低估了。〔註136〕第四、非

〔註135〕即便是日本人本身都察覺到儒學論述的書寫語言──漢文與日文有本質上的差異，例如在一九〇〇年左右臺灣發生的漢文科教授論爭中，橋本武引用上田萬年的國語觀，說了一段意味深長的話：「日文可說是日本人的精神性血液，日本的國體主要由此精神性血液加以維持。雖然同屬漢文，以日本訓讀式的念法和支那式的發音念法是不一樣的，在精神的活動上也有很大的差異。……畢竟支那的文章呈現的是支那人的思想感情，也就是說（案：漢文）只能是支那人的精神上血液。」由此可知，日本人看待漢文本身即有本質上的差異，因此光是漢文的延續便就是一種「差異性」的在場，而儒學價值更可能藉此成為「對抗的意識形態」。以上引自陳培豐〈日治時期的漢詩文、國民性與皇民文學──在流通與切斷過程中走向純正歸一〉，此文收於跨領域的臺灣文學研究學術研討會會議單篇論文，臺南市：國家臺灣文學館主辦，2005年10月15日～16日舉行，頁24。

〔註136〕施懿琳先生的〈日治時期臺灣古典詩的抗議精神與比興諷諭傳統〉一文曾提及此種比興諷諭的傳統文學手法「在日治時期的臺灣，的確充分達到抒吐鬱

知識階層的中下階層臺灣人民，有其對儒教價值的敬重與信仰，忽略了儒學論述以儒學價值訴諸中下階層臺灣人民所可能產生的文化抵殖能量。第五、新舊知識份子對於儒學價值與漢文保存的態度並非截然對立，無論是「一世文人」或「二世文人」而言，均有人利用儒學價值來對抗日本殖民主的事例。學者吳密察便認爲：

> 對於日治時期前期的文字和文人活動，卻不能只用鼓吹「新文學」之青壯世代的觀點，簡單地加以否定。……這些背景、教養、家世、財富相近的臺灣仕紳／文人／地主，也自然形成一個具有橫的聯繫網路的階層。這個階層和他們所具有的網路，與一九二〇年代以後被稱爲「社會運動」及「文化運動」之旗手的新世代之間，應該不是斷絕的。例如一九二〇年代後期將文化協會推向左傾的彰化社會主義青年，便有不少可在舊文學的階層或網路中找到痕跡，新文學集團和舊文學集團並不是截然劃分的。〔註137〕

由此可見，新舊知識份子非但不是斷裂的，很多時候甚至是重疊的。學者蔡淵絜也認爲新知識份子在進行新舊論戰時，的確有「反傳統」的傾向，但是卻是有選擇性的，並非如同中國五四運動那樣的全盤否定傳統價值。〔註138〕第六、日治時期的儒學社群受到新文化知識份子的刺激後，曾有部分人士在語言上主張回歸臺灣語言，而這種本土性的回歸值得肯定。

（三）以「轉向」概念反省臺灣儒學肯定論與否定論

「轉向」是一個歷史現場的名詞，它很早就出現在一九二〇年代的日本，一九三〇年代即被廣泛地使用，它主要是指自大正民主時期以來，風起雲湧的民主運動、左翼運動因爲國家強制力的日益加重，因而不得不轉換其思考點，進而宣佈放棄其原有的主張與信仰〔註139〕，這個名詞尤其總是被放在昭

懷、聯絡同志，以寄託侘傺不平之氣的目的。」請參見施懿琳先生《從沈光文到賴和——臺灣古典文學的發展與特色》，初版，高雄市：春暉出版社，2000年出版，頁213。

〔註137〕請參見吳密察〈「歷史」的出現〉，此文收於黃富三、古偉瀛、蔡采秀主編《臺灣史研究一百年：回顧與研究》，臺北市：中央研究院臺灣史所籌備處，1997年出版，頁16～17。

〔註138〕請參見蔡淵絜〈日據時期臺灣新文化運動中反傳統思想初探〉，此文收於《思與言》第26卷第1期，1988年出版，頁119～120。

〔註139〕例如日本共產黨領導者佐野學與鍋山貞親都在被下獄後，在獄中都聲明撤回他們廢除天皇制的主張，表明「轉向」的立場。

和六年（1931）到昭和二十年（1945）的歷史脈絡中理解。然而「轉向」並
非獨獨發生在日本，只要是國家強制力以特定意識形態壓迫國民時，這種現
象可能發生在任何地方。《日本精神史》一書作者鶴見俊輔曾剖析過「轉向」
的定義：

> 我則把「轉向」視爲國家行使強制力之後，在個人或集團中所
> 造成的思想變化。這可作爲記述不同處境下所發生各種類型轉向的
> 導引。爲了給「轉向」定下特徵，我們可以記述國家權力的特質及
> 其使用的強制力，和個人思考回應這些強制力的變化。轉向本身在
> 本質上是好是壞，無法由這定義來確定。〔註140〕

由此，鶴見明顯同意將「國家強制力的行使」與「個人思想上的變化」
兩者的辯證關係直接記述下來，而不去分別「轉向」本身是好是壞。透過單
純的記述闡明知識份子在這辯證過程中的思想變化，這本身難以判斷好壞，
這很可以讓臺灣儒學論述的研究得到一個啓示：即，若以特定的意識形態立
場來看待日治時期的臺灣儒學社群，就很容易陷入民族主義與左傾右傾的善
惡二元對立之中，而這正是日治臺灣儒學肯定論與否定論的共通弊病。或有
人認爲「轉向」本身的研究不必論其「好壞」，那麼「轉向」的研究價值在哪
裡呢？鶴見說：

> 我認爲「轉向」研究有價值，是因爲我認爲錯誤中所含的眞
> 實比眞實中所含的眞實對我們更重要，如果眞有所謂眞實中的眞
> 實的話。要是能更細心地界說錯誤中的眞實，我們對經由錯誤所
> 獲得的眞理就有方向感。我認爲這才是有實際用處的眞理核心。
> 我對自己一再提出下列問題：有沒有人在漫長的人生中不經過轉
> 向這一關？導引這些人轉向的條件是什麼？他們如何把自己的轉
> 向正當化？〔註141〕

由鶴見這番話吾人可以暸解：在國家強制力的運作之下，團體與個人的
思想變化的「歷程」比「結果」還要重要，因爲在轉換與接合之間會產生很
多的曖昧與縫隙，而所謂「錯誤中的眞實」即是這些曖昧與縫隙所呈顯出來

〔註140〕請參見鶴見俊輔著李永熾譯《日本精神史》，臺北市：學生書局，1984 年出
　　　　版，頁 164。
〔註141〕請參見鶴見俊輔著李永熾譯《日本精神史》，臺北市：學生書局，1984 年出
　　　　版，頁 18。

的「真實」，它讓看似挫敗不堪的形貌顯得更有力量，而這也是本文面對日治時代臺灣儒學論述一貫的信念，即：不去判定日治儒學社群文人的好壞，而是直觀「他們在那個曖昧、矛盾與壓抑的歷史現場中思考與想像的變化」，而非像儒學肯定論與否定論，只見其所欲見，進而是其所是，非其所非。

二、日治臺灣儒學論述類型

以下將以現代性／殖民性／本土性等概念劃分，將日治時期臺灣儒學論述分為幾個主要的類型。

（一）回歸傳統儒學價值

抗日初期，臺灣各地義勇軍風起雲湧，雖說多數文人仕紳均為保護其既有利益，攜家帶眷且囊括所有財貨內渡大陸，但仍有不少文人仕紳留在臺灣積極抗日，姜紹祖、徐驤、吳湯興及吳彭年等儒生甚至戰亡，寫下乙未抗日可歌可泣的一頁歷史。而此時儒生抗日的思想基礎乃是肇基於「夷夏之辨」的儒學傳統，如吳湯興的〈招募義勇告示〉中，可看出這樣的思想：

> 且披髮左衽鑿齒雕題，異服異言，何能甘居宇下？本統領惻然不忍，志切救民，故不憚夙夜勤勞，倡率義民義士，以圖匡復，以濟時難。爾等踐土食毛，盡屬天朝赤子，須知義之所在，誓不向夷。〔註142〕

在臺日雙方對於彼此均無充分了解的情形下，將彼此「他者化」甚至「非人化」的敘述，血腥的衝突與殺戮自是難以避免。一八九六年，三紹保生員李成與詹振所起草的〈起義檄文〉中，列舉了日本人十條罪狀，其中第一條是「不敬天，不敬神明」、第二條則是「不敬孔子，不習字紙」〔註143〕，這樣的思考的確也是回歸到傳統儒學價值「夷夏之辨」當中。然而這些起義的理由，也充分顯示出當時武裝抗日的臺灣人沒有機會瞭解日本人看待儒學的概念。

如前文所述，繼臺人武裝抗日被壓制後，書房、義塾等教育機構也被改造並且逐漸被抑制，於是對於日本殖民主的在傳統儒學價值的文化抗爭上，便主要是這些儒學社群擔當重任，文社、詩社便成為維護漢文、漢詩、儒學價值的主力。就文社而言，日治時代的三大文社分別為：一九一一年創立於

〔註142〕王曉波編《臺胞抗日文獻選編》臺北，帕米爾，1985年出版，頁29。
〔註143〕王曉波編《臺胞抗日文獻選編》臺北，帕米爾，1985年出版，頁31。

臺北的高山文社、一九一七年創立於彰化的崇文社、一九一八年創立於臺中的臺灣文社。其中值得一提的是後二者。

　　臺灣文社可說是櫟社的外圍組織，其成員亦與一九二○年代成立的臺灣文化協會成員多有重疊，臺灣文社的創社宗旨，可由其機關刊物──《臺灣文藝叢誌》之發刊詞看出：「探求經史之精奧，發爲文學之光華，維持漢學之不墜，抑且發揚而光大之。」〔註144〕而崇文社更於報上刊載其創設主旨前三條曰：「一、尊崇聖人，振興禮教爲基礎，綱常之道庶幾不墜。二、喚醒社會迷信，所以尊崇聖神之道在於嚴肅誠敬，不在物質形式。三、文廟春秋致祭先師，執事祭品，未臻完善，武廟祀典缺修，吾輩胡可漠視。」〔註145〕審視兩大文社的創設旨趣，臺灣文社藉著追溯儒學經典，以「文以載道」之文學〔註146〕維護漢文的價值與延續，更要發揚光大之。而崇文社更是揭櫫尊崇儒家聖人的用心，強調振興禮教、維護綱常，並且透過儒學價值的重新詮釋，批判當時過於奢侈浪費的迎神賽會，進而舉行祭孔典禮來維護儒學價值。

　　就詩社而言，根據統計，臺灣詩社在日治時代曾有過二九○所〔註147〕，而關於詩社，黃得時曾言：

> （案：詩社）對於發揚民族精神，貢獻極大。首先可以藉作詩的機會，把對於日人的不滿不平，或對於家國悽涼之情感，用悲痛的詩句，或隱或現，吐露出來，使得鬱積於胸中的憤懣，可以排洩無遺，使人人心情暢快……雖然表面上是「以文會友，以友輔仁」，其實，是利用詩人集合的機會，對於日人的暴政，互相交換意見，作徹底的批評，激發民族意識。〔註148〕

　　可見詩社的聚會有其凝聚漢民族意識、發揚漢民族精神的功能，而日治時代的詩作，可說是對於儒家詩學的回歸，許俊雅認爲日治時期漢詩承繼了中國詩學中「詩言志」的儒家詩教，其以《詩》大序爲其精神，曰：「詩者，志之所之也，在心爲志，發言爲詩。情動於中而形於言。」而當它被放到日

〔註144〕請參見《臺灣文藝叢誌》第一號，1919 年 1 月，頁 1。
〔註145〕請參見《臺灣日日新報》，1917 年 11 月 8 日。
〔註146〕在此處的「文學」是指傳統「以文載道」之文學，臺灣近代出現「純文學」的概念，要到一九二○年代新舊文學論戰中才出現。
〔註147〕請參見許俊雅《臺灣寫實詩作之抗日精神研究──一八九五～一九四五之古典詩歌》初版，臺北市：國立編譯館，1997 年 4 月出版，頁 32。
〔註148〕請參見黃得時〈臺灣詩學之演變〉，此文收於《孔孟月刊》第 21 卷第 12 期，1983 年 8 月出版。

治臺灣的背景時，「治世之音安以樂，其政和；亂世之音怨以怒，其政乖；亡國之音哀以思，其民困。……至於王道衰，禮義廢，政教失，國異政，家殊俗，而變風變雅作矣。」據此，許俊雅說：

> 鯤嶠詩壇，自延平、斯庵以還，即張種族之精神，立興復之遠志，慷慨擊節，發揚蹈厲，下逮乙未劫餘五十年間，忠義詩人，自矢堅貞，遠紹大序言志之旨，奉少陵詩史爲圭臬，法香山諷諭而敷辭，賦詩寫實，輒評日政之暴，風鼓氣節，凜然可敬，溯厥緣由，蓋亦言志詩教有以致之歟！〔註149〕

日治時代的詩社承繼《詩》大序中的言志傳統，更以「變風變雅」的形式出現，而「奉少陵詩史爲圭臬，法香山諷諭而敷辭」更是說明日治時期詩作介於「詩」和「史」之間，日治臺灣詩人自鄭成功以來正是繼承了這樣的儒家詩教的傳統。論者陳昭瑛更進一步以王松、洪棄生等人爲例，認爲儒家詩學在殖民者同化與新舊論爭之中獲得了「現代轉化」的機會，儒家詩學藉此獲得新義，造成「儒家詩學和西方詩學的對話」，結果竟然使一九二〇年代的知識份子發現儒家詩學對於新文學而言，非但不是阻力反而是助益。〔註150〕

此外，就底層社會的俗民而言，「鸞堂」與「善社」就是傳統儒學價值與民間神明信仰相結合的形式了。鸞堂是清末時從中國傳入臺灣的宗教組織，雖說其混雜了道教與佛教的教義，這自然是宋朝以後三教調和的產物，但是鸞堂卻多以儒教自居。關於鸞堂，李世偉說：

> 鸞堂自清末傳入臺灣後，便藉由扶鸞宣講、慈善救濟等活動積極的宣揚儒家聖教……我們不妨稱之爲「民間儒教」，而這種民間儒教是以宗教的面貌出現的，故也可視爲「宗教性儒教」，至今鸞堂仍多以「儒宗神教」或「聖教」自居。〔註151〕

至於善社，李世偉認爲善社的兩個重要工作，即是「宣講勸善」與「慈善救濟」，其中「宣講勸善」則是自唐代以來就有的俗民教化活動，多以善書

〔註149〕請參見許俊雅《臺灣寫實詩作之抗日精神研究——一八九五～一九四五之古典詩歌》初版，臺北市：國立編譯館，1997 年 4 月出版，頁 33～34。

〔註150〕以上請參見陳昭瑛〈儒家詩學與日據時代的臺灣——經典詮釋的脈絡〉，此文收於其著《臺灣儒學：起源、發展與轉化》臺北市：正中書局，2000 年出版，頁 251～287。

〔註151〕請參見李世偉《日據時代臺灣儒教結社與活動》，初版，臺北市：文津出版社，1999 年出版，頁 87。

宣講的方式進行，期待芸芸眾生能「諸惡莫作，眾善奉行」；而「慈善救濟」則以扶鸞儀式爲行善的驅力，實際以勸募而來的物資扶弱濟貧，甚至設立慈善事業如育嬰堂、貧民工藝等等。〔註152〕崇文社在徵文「風紀維持策」中，文人楊大邦曾主張「設宣講」是敦風化俗的好辦法，他說：「宗教談因果，宣講報應，感人尤速。況十六條論文，易最切人生必要之語，若能體而行之，則風紀正而俗淳矣。」〔註153〕，這可視爲對於善社宣講的肯定。

　　實則詩社與文社的文人也多爲鸞堂和善社的主持者，很多詩人本身甚至就是扶鸞的鸞生〔註154〕，而善社的主事者也多爲地方信奉儒教的仕紳文人，詩社與文社此種「學藝性儒教」（李世偉語）與鸞堂與善社此種「宗教性儒教」（李世偉語），其人際網絡之聯繫與疊合是錯綜複雜的。日治時代儒學社群在詩社、文社中透過漢詩、漢文的創作闡發其對於儒家價值的肯定與回歸，而在鸞堂與善社中則能直接地介入俗民的社會教化與扶弱濟貧的工作，甚至鸞堂還曾有過以扶鸞方式戒抽鴉片習慣的事情，終因與總督府鴉片販賣利益衝突，受到壓制。然而吾人可以了解到，眞正能夠對於現實社會有所介入與幫助，不見得只有日治時代的左翼知識份子，日治時代儒學社群延續清代以前的儒學價值，在臺灣的儒學社會一直扮演社會穩定進步的力量〔註155〕。

　　筆者反對以「儒學民族主義」的思考來過度詮釋、引申甚至誇大日治時代的臺灣儒學社群的文化抗爭，例如論者陳昭瑛在其〈當代儒學與本土化運動〉〔註156〕一文中，便過度化約並誇大了日治時代儒學對於日本人的文化抗爭，單方面地強調抗日的層面，這正是筆者所要批判的「日治臺灣儒學肯定論」。然而，筆者仍然要再度強調，日治儒學社群透過對儒學價值的回歸，以儒學的「意識形態」進而「召喚」（interpellate）〔註157〕臺灣民間社會對於儒

〔註152〕請參見李世偉《日據時代臺灣儒教結社與活動》，初版，臺北市：文津出版社，1999年出版，頁187～221。

〔註153〕請參見楊大邦〈風紀維持策〉，《臺灣日日新報》1919年3月15日。

〔註154〕例如清代宜蘭舉人李望洋本身曾擔任過宜蘭仰山書院山長，甚至也擔任宜蘭鸞堂新民堂的鸞生。

〔註155〕除了詩社、文社、鸞堂與善社之外，日治時代也有許多儒教結社，如新竹王石鵬等人倡設的「孔孟教會」、臺北瀛社詩人倡設的「崇聖會」、臺南文人黃欣等人創設的「臺灣彰聖會」等等。

〔註156〕此文收於劉述先主編《當代儒學論集》，臺北市：中央研究院中國文哲所，1995年12月出版，頁243～290。

〔註157〕此處的召喚（interpellate）是運用阿圖塞（Louis Althusser）的概念，即意識形態召喚人作爲一個主體，使人於其給定的論述位置與關係安處，並視爲眞

學價值的認可，儒學的批評者或可說這是「保守固舊」的儒學使人民各安其位的「虛假意識」，然而更重要的，它也確實「召喚」（interpellate）臺灣人作爲日本殖民主對抗面的意識形態，某種程度上構建了與日本殖民主「異質」的文化存在。日治臺灣儒學社群回歸儒學價值的傾向與論述，自乙未抗日迄日治終了，不曾中斷，無論新舊知識份子，也從未全然被他們放棄或遺忘。

更爲根本的，儒學論述隨時存在一個令日本殖民主擔憂的問題，即透過儒學價值的召喚，導致臺灣人肯定其固有之儒學價值，再因〈教育勅語〉以儒學價值爲主體，則進而導引臺灣人認爲在儒學價值此一向度上，臺灣人優於日本人，進而顛覆殖民者所欲構建的「上／下與優／劣」的殖民主義價值。〔註158〕正如吳三連（1899～1988）對於傳統價值的回歸想望：

> 吾人懷疑又憤慨，既然成爲東洋文明之中心的漢族後裔，爲何被人稱爲落後文化的臺灣人，但閱讀早大教授、現任眾議院議員永井先生之著作而解悶，亦產生自重心。……若是永井先生所說的果眞如此，則吾人應當學習現在的日本，而同步進行研究我舊祖國文化。〔註159〕

回歸儒學傳統本身是日治時代臺灣儒學論述的基調，然而日本殖民主以其近代化與殖民性相結合的單線式進化觀對臺灣知識階層進行馴化，臺日儒學共通的價值則是作爲日本國體論推行過程中的潤滑劑〔註160〕，這使得儒學價值的回歸常遭到遮蔽化，進而爲日本的東洋文明論背書，甚至在昭和法西斯國家主義盛行時，臺灣儒學論述協助日本帝國在儒學價值中的「正統化」。然而對於日本殖民主在意識型態上的詭策，臺灣儒學社群並非完全無法識破。下文將分析臺灣儒學論述對於日本此種「殖民近代性」的批判、接受等各種解讀方式。

（二）對於殖民近代性的因應與解讀

「殖民近代性」（colonial modernity）的根本問題在於以「近代性」來提

實。
〔註158〕由此可了解，日人構建此種優勝劣敗的本質論時，主要利用近代性與日本性相結合之「殖民進步主義」，而非儒學價值。
〔註159〕請參見吳三連〈同胞教育者に送る〉，此文收於《臺灣青年》第1卷第4號，1920年10月出版，頁50。
〔註160〕如日治初期伊澤修二對於漢文的「混合主義」的態度，認爲漢文的存在有益國語教育與日本天皇制國體論思想的推行。

升「日本性」的優位意識，傳統儒學社群面對日本殖民主的「殖民近代性」
批判與接受的態度都有。若以公開言論（public transcript）與隱蔽文本
（hiddentranscript）的觀念條析之則可以分爲四種類型：第一、公開言論上全
盤接受這樣的「殖民近代性」而不加質疑，並且成爲殖民結構的共犯，稱之
爲「**與殖民主共謀的儒學論述**」。第二、公開言論上部份或全盤地表達接受「殖
民近代性」，自覺地認爲此種「依賴他者的近代化」是可行的，除了認爲「殖
民近代性」將爲殖民地臺灣帶來最大效益，並且自覺地站在西方文明對立面
的「東洋文明」位置，甚至在新舊的衝突中尋找「另類現代性」或者「多元
現代性」的可能，稱之爲「**依賴他者與近代性省思的儒學論述**」。第三、公開
言論上部份或全盤地表達接受「殖民近代性」，但卻是作爲暗地抵抗的動能，
其目的在於獲取更多抵抗與生存的空間，發表在其隱蔽文本之中或以文學諷
諭技巧批判之，稱之爲「**同床異夢的儒學論述**」。第四、不論公開言論或是隱
蔽文本皆曾表達清楚的抵抗意識與批判態度，稱之爲「**堅守漢民族立場的儒
學論述**」。〔註161〕

　　其中筆者所謂的「儒學否定論」傾向把第一種類型的表現作爲全體日治
儒學社群的再現，以左翼論述強調其社會位置的保守性與封建性，好像這些
儒學社群完全沒有解殖的動能，好像傳統文人完全不會反省也沒有任何主體
性與能動性；筆者所謂的「儒學肯定論」則傾向把第四種類型作爲整體日治
時期儒學社群的再現，好像是傳統文人的文化抗爭均不存在「殖民近代性」
的影響，而且其目的都是爲了「祖國情懷」、「大中國意識」一般，這是偏狹
的「儒學民族主義」的論調。以上這兩種論述都犯了「以偏概全」的問題，
人性的光明面與黑暗面何其複雜，怎能輕易如此劃分。

　　眞正符合大多數人實情的是第二、三種類型，雖然有些人最後會變成第
一種類型〔註162〕，然而可以肯定的是，日治臺灣知識份子無論是否是新或舊，
他們的論述多半處在這種曖昧、矛盾與壓抑的氛圍與心理狀態，很多人甚至
是第二、三種類型是兼而有之的。這根本原因在於，他們雖說都是知識份子，

〔註161〕此一類型的代表人物可說是洪棄生，其言行上如不說日語、不讓子弟受日人
　　　　教育，撰寫相關的歷史著作與詩文批判日人，此一類型的言論多以回歸儒學
　　　　價值爲主，前文已經論及這樣的現象，故後文將不再贅述此類型。
〔註162〕例如連橫於1930年3月2日在《臺灣日日新報》撰寫〈新阿片政策謳歌論〉，
　　　　站在殖民主的立場爲其鴉片政策辯護，這完全是喪失主體性與接受殖民近代
　　　　性的合法性。

但也都是活生生的人，就算要抵抗也需要生存空間與發表空間才能達成，他們也並非全然認為「殖民近代性」帶來的只有壞處。筆者認為：在「義務論」〔註163〕與「效益論」〔註164〕的取捨之間，一元式的眞理並不比多元式的眞理要更接近眞理，毋寧像鶴見俊輔論述談「轉向論」的時候強調，清楚地記錄下個人或團體在政府強制力之下思想的變化軌跡，「記錄」本身就具有研究的價值。

1. 對於殖民近代性（colonial modernity）的批判與抵抗

游勝冠認為臺灣傳統儒學社群〔註165〕的文化立場主要有兩類：

> 一類是將自己封閉在漢傳統的文化視野當中，不去過問殖民統治的現實問題；一類是主動表態認同殖民統治，在呼應殖民主義日本與臺灣具有同文同種共通性的論述中，積極維持知識份子傳承的漢文化傳統，尤其是儒家價值，前清以來就已樹立起來的文化霸權的地位。〔註166〕

游勝冠認為這兩類的傳統知識份子在提倡東洋文明之下，前者「不介入殖民地文化政治鬥爭的作法，使得他們的漢文化認同，並不具有去殖民的能量」；後者則不是為殖民者「執鞭前驅」，就是「在日本提攜下成為強食者」。〔註167〕值得肯定的是，若干文人的確有這樣的現象，游勝冠的意見的確有其公允之處。然而游先生所抽取的傳統文人的樣本卻多集中在張純甫〔註168〕與

〔註163〕在哲學上而言，義務論者強調「動機」（motive）、義務（duty）、權利（right）和道德原則的重要性。

〔註164〕在哲學上而言，效益論者認為所謂的道德原則根本是不需要的，他們認為行為的結果帶給最大多數人幸福與快樂才是最重要的。

〔註165〕就其文脈而言，游先生主要批判的是「自清據跨越到日據的傳統知識份子」。由此可知，他所指的應該是所謂的「一世文人」，即受教育的時間主要在清代的舊傳統知識份子，然而此一部份之儒學社群，並不等同日治時代的儒學社群，在此須注意游先生採用文本的侷限性。以上請參見游勝冠《殖民進步主義與日據時代臺灣文學的文化抗爭》，清華大學中國文學所博士論文，2000年6月，頁58。

〔註166〕請參見游勝冠《殖民進步主義與日據時代臺灣文學的文化抗爭》，清華大學中國文學所博士論文，2000年6月，頁59。

〔註167〕請參見請參見游勝冠《殖民進步主義與日據時代臺灣文學的文化抗爭》，清華大學中國文學所博士論文，2000年6月，頁55～76。

〔註168〕實則張純甫曾經批判過諂媚日人的江亢虎，許俊雅曾謂：「某年，江亢虎於臺北賦詩為文，諂媚日人，引喻失義，無恥荒謬，純甫憤為四百韻以駁之，海內咸仰，無不稱快。」如此看來，張純甫仍然具有抵抗日人的意識，而非不

崇文社許子文等少數幾位文人，令人不禁質疑以少數文人的論述來判定全體
「一世文人」的儒學論述價值，會不會有以偏概全之嫌？

　　對於日人殖民統治的詭策——「殖民近代性」的建構——的質疑與批判，
光緒四年（1878）年出生的連橫，在一九二八年的《臺灣民報》寫過一篇質
疑日人同化政策的文章〈質昭和新報：何謂統治根本？何謂思想善導？〉：

　　《昭和新報》以本月十日發刊初號，此為御用新聞，固無足言，
　　唯其宣言中，有曰「循帝國統治臺灣之根本義」，又曰「思想善導」，
　　此二者實有曖昧誤謬之點，不得質之該報，希明白復答焉。□□□
　　□□□□□□□□□□，□□□□□□□□，□□□□□□□□□□□，
　　□□□□，□□□□□□□□□□□□□，□□□□□□□□□□，
　　則同化政策也，內地延長也，此三十年來之彰彰在人耳目者，不知
　　此等之外，尚有何統治之根本義乎？至於思想，則何人而能為之善
　　導？夫人之所以靈於萬物者，以其有思想也，飢而思食、寒則思衣、
　　勞則思息：此動物之所同具也。然而人之所以為人者，則非特飢而
　　思食、寒則思衣、勞則思息、必有更高尚、遠大、優美之思想，而
　　後足以全其人格。若以臺灣今日之思想而觀，則其所表現而要求者，
　　平等也、自由也、幸福也，此等之外，尚有何種思想，亦何庸為之
　　善導？〔註169〕

　　連橫此篇文章，即是傳統儒士對於日本殖民主的「殖民現代性」相當具
有代表性的批判文字。遭到塗抹的部份若依照上下文判斷，應是連橫對昭和
新報此一「御用報紙」的「質疑」，而若以「則同化政策也，內地延長也」以
判斷句的規則思索，則上句應是連橫在說明此一思想為「內地延長主義」的
同化政策，如此可以推測出，被塗抹的部份應為連橫提出問題質疑同化政策
的「思想善導」，而且連橫批判日人只是老調重談、極其貧乏，認為「不知此
等之外，尚有何統治之根本義乎？」，更甚者，此段文字之所以遭到塗抹，則

　　　　介入現實的殖民統治之中。以上請參見許俊雅《臺灣寫實詩作之抗日精神研
　　　　究——一八九五～一九四五之古典詩歌》初版，臺北市：國立編譯館，1997
　　　　年4月出版，頁64。另外，江亢虎是否一味諂媚日人，翁聖峰〈江亢虎遊臺
　　　　爭議與《臺游追記》書寫〉，《臺北師院語文集刊》第9期，2004年11月出
　　　　版，頁31～54則提出不同的證據與看法。
〔註169〕載於《臺灣民報》第二百三十五號，昭和三年（1928）十一月十八日。文中
　　　　□部份為刊載時，日方認為其文字不宜刊登，遭到塗抹。

極可能是因為這些疑問已經逾越了日本官方的言論尺度。接著，連橫大談「人之所以為人者」在於其「必有更高尚、遠大、優美之思想，而後足以全其人格。」此處則是運用「人之所以為人者」抹消臺日之間的「優／劣，上／下」的關係，將雙方都提升到「人」的根本命題，這是連橫的文字策略。而文末，很明顯可以看出連橫認定，比起那些「內地延長主義」的思想善導，對於臺灣更重要的則是「平等也、自由也、幸福也」的近代價值，如此看來，在連橫的評判中，「平等也、自由也、幸福也」的近代性價值優位於「內地延長主義」的思想善導，這其實是一種將日本官方「殖民近代性」裂解的做法，而且刊登在《臺灣民報》上，更顯出連橫並不在乎這樣的文字可能會帶來的文禍。在另一篇〈思想自由論〉也有質疑日本同化政策的文字：

> 余前論思想解放，而歸結於集會、結社、言論、出版之自由，此自由者載在憲法，固國民應享之權利也。臺灣改隸日本三十餘年，臺灣之人為日本之國民乎？若以為然，則臺灣人應受憲法之保護，而享自由之權利，而今靳而不與，此何理也？……夫日本之統治臺灣，非曰「同化政策」乎？非曰「內地延長」乎？「同化」者何？「延長」者何？非欲以臺灣人與日本人平等乎？非欲以日本人所享之權利而臺灣人亦得同享乎？既得同享，則集會、結社、言論、出版之自由，當悉與之，而後謂之平等。〔註170〕

除了再次強調「近代性」的價值──「集會、結社、言論、出版之自由」之外，連橫更直接針對日人「一視同仁」的空頭支票提出批駁，他再次強調臺日之間的「結構性的差別待遇」，如點及臺人不受日本帝國憲法保護，而是特別法的差別待遇。其文之後又批判越來越嚴苛的思想管控，認為不該禁止外來思想，連橫此時便回溯日本歷史無論古代或近代均以吸收外來思想「以成今日之富強」，並列舉儒學價值也是其中之一，「遣唐以來，制度典章刻意模仿，孔孟之道黽勉以求，經籍流傳發揚光大，而今日儒教之思想，其裨益國人者又何如？」〔註171〕連橫肯定儒學價值對於日本之富強亦有重大影響。

連橫以上的論述文字，以日人「內地延長主義」的「一視同仁」概念作為立基點，並且質疑在臺人在「近代性」的價值並沒有被賦予，因而藉此質疑其殖民統治的根本理論，等於是直接挑戰了殖民統治的合法性，並且還提

〔註170〕請參見《臺灣民報》第二百三十九號，昭和三年（1928），12月16日。
〔註171〕請參見《臺灣民報》第二百三十九號，昭和三年（1928），12月16日。

及儒教的價值曾有助於日本帝國的富強，這表示連橫將「近代性」和「殖民性」分得很清楚，他的論述策略刻意繞過殖民性中的「日本性」，並且一再表達臺灣人追求「近代性」價值的渴望，可見並非傳統儒學社群無法看穿「殖民近代性」的詭策。

另外，亦屬於一世文人的林獻堂（1881～1956），在日本作家佐藤春夫來訪時，在官方監控言論人員的陪同下，林獻堂也不畏懼地發表他批判「殖民近代性」的言論，他在批判歷任總督在「平等」與「同化」之間政策搖擺後，他說：

> 到底是平等還是同化呢？說平等，我以為是把兩者的價值看作同等之意。至於同化，則是不把兩者認為是平等，而要使其成為同一個東西；那麼，這一來則是把那一邊同化到那一邊去的問題了。若說內地人要同化於本島人當中，那我就不得而知了。若說強要本島人同化到內地人去，那我想本島人是沒那麼容易認同的。何故呢？因為，人在本性上都具備有向上之心，而本島人早已擁有自己是文明人的自負。還有，肆無忌憚地說，本島人有著自己比來臺灣的一般官員或商人還要具有高度文明的自負。這樣的本島人，要他們把自己高度的自負捨棄，去同化於比其低度的文明，這種事，在人的本性而言是絕對做不到的。……內地人與本島人的文明的高下，若要做個客觀的比較，則需要於現狀做比較，更且需要追溯到過去的歷史來做比較才行。……內地人的確擁有政治地位的優越性，我也充分地尊重。但是，政治地位的優越，未必意味著文明的優秀。〔註172〕

林獻堂這番話的最後，他質問佐藤春夫是個「同化論者」或是「平等論者」？佐藤春夫並非政治人物，他本著作家的良知，但又礙於旁邊有思想紀錄與監視的人員，只得模糊其詞，並且試著以臺日雙方均是人類，均有「過渡時代未開的文明」，藉此來躲避林獻堂之質問，並且提出「等到雙方都發達之後，其結果就會相同，那小區別等等，就能脫卸了」的願景。然而林獻堂馬上提問「不過，如您所說的那樣的文明，不知是否有達到的時候呢？」此時佐藤不敢確切地說，只能回答：「是的，二百年、三百年，甚或是五百年後，

〔註172〕請參見佐藤春夫著邱若山譯《殖民地之旅》，初版，臺北市：草根出版社，2002年出版，頁 332～333。

不得而知。」然而，這樣無確切時間的，遙遠不可得的平等論調，立刻被林獻堂一針見血地評論：

> 果然是著眼於大局的高論卓見。但，我不願失禮地說，在現
> 實上，屬於滿負苦惱這邊的我們，不要說是一個世紀，兩個世紀，
> 就是一年兩年，不，一日、兩日，也都切望著這個重擔能盡可能
> 地早一天減輕。對於這個問題中，處於痛苦狀態這邊的切身焦急
> 的程度，您在無意間把它疏忽了。這是您堂堂正論的高見最大的
> 遺憾呢！〔註173〕

受到這樣質疑的佐藤春夫，他是這樣描述他當刻的心情：「我的論敵，從頭到尾，看來都是重複其社交性辭令。卻在無意間，短劍一閃，讓我覺得自己所論的致命要害被一剔而破。我就如同一條大蛇的屍體似地長長地橫躺在哪裡，不得不把自己的怪論的殘骸往自己的胸中收藏而感到無限的難過。」〔註174〕在此，林獻堂以揭穿殖民近代性的欺瞞性，深深刺中殖民者矯揉造作的要害，即所謂「一視同仁」根本只是騎驢之人用釣竿勾著紅蘿蔔垂懸在驢子前，催促驢兒快跑，實際上這根本就是得不到「平等」。林獻堂提及的「本島人有著自己比來臺灣的一般官員或商人還要具有高度文明的自負。」這裡的文明不單單只有指「近代化」而言，其後「內地人與本島人的文明的高下，若要做個客觀的比較，則需要於現狀做比較，更且需要追溯到過去的歷史來做比較才行。」這句話更是暗示若就過往的文明歷史而言，臺日均屬中華帝國文化圈的一份子，而且在傳統的儒學價值之上，臺灣人要比日本人來得優越。而林獻堂於其論述過程中，用幾近全盤否定的態度面對殖民性中的「日本性」，並且把「同化於文明」視為第一要務，這樣的論述基調等於是切割了「殖民近代性」。倘若以連橫與林獻堂等人的言論來思考日治時期儒學社群的解殖動能，雖然不及左翼文化知識份子直接以社會運動的形式挑戰殖民政權，但是要說儒學社群全然喪失解殖動能，似乎不是中肯之論，連、林二人的言論更證明了，即便是以儒學根柢為文化背景的人，也可能具有看穿「殖民近代性」的能力，也可能直接在公開場合批判「殖民近代性」的虛

〔註173〕以上請參見佐藤春夫著邱若山譯《殖民地之旅》，初版，臺北市：草根出版社，2002年出版，頁334～337。

〔註174〕請參見佐藤春夫著邱若山譯《殖民地之旅》，初版，臺北市：草根出版社，2002年出版，頁337。

假性。〔註175〕

　　誠然，在新舊知識份子的衝突下，的確有許多批判儒教孔道的聲音，這也是不容忽略的，然而在殖民主所包裝的「殖民進步主義」氛圍底下，儒學儒教的價值除了被批判，也重新被反省、再度被審視，此即是儒學現代化的歷程，而這樣的儒學價值的再詮釋，也被新式知識份子所理解並實行，甚至拿來對抗殖民主。

　　若論日治時代重要人物，也多有尊重儒學價值的事例。賴和被譽為「臺灣新文學之父」，但他曾兩次擔任崇文社徵文的寄附者〔註176〕，也曾贊助崇文社經費。一九二一年，《臺灣日日新報》上有人投書，影射賴和發表孔孟教義束縛人權，應毀孔廟之說，賴和三天後即投書澄清，其文曰：

　　　　因反對遵古，乃倡革新，有謂思想拘泥於舊，道德日遠乎古，
　　皆由昔儒少能創造，但事模擬道德只懸諸口者多，能顧於行者寡，
　　且多見夫行污納穢，嗜利慕名之徒。每借孔孟之教以自解，道德之
　　旨以為辭，中心懷疑，憤激出之，不覺遂有孔罪人之語。〔註177〕

　　賴和所批評的並非是儒家本身的價值，而是批評那些只把儒教「懸諸口者」，而不真切地實踐的人。臺灣民眾黨的領導者蔣渭水更曾以「孔子之政治理想」，在文協舉辦的演講會中發表〔註178〕，可見蔣渭水在某種程度上亦肯定儒家思想。以上的例證，也顯示賴、蔣兩人都曾對儒家的價值重新省思。一九二九年，嘉義地方人士欲建孔廟，《臺灣民報》即有刊載此消息，並剖析民眾的冷淡態度，其中提到「含有政策與手段的御用信徒，自然與誠實信徒不同」〔註179〕，由此可見，儒教信徒是被分為「御用」與「誠實」，不全然被認為是御用的附屬品；而連橫知悉此一消息，則在《臺灣民報》上說「不如以建廟之款……研究孔子之道。參以東西古今之學說。鉤深索遠。曲引旁通。……盱衡時局，洞察人群，擇其善者而從之，擇其不善者而改之，而孔子時中之

────────────

〔註175〕林獻堂並非以儒者自居，然而就其學問的漢文養成背景、創辦夏季學校中有提倡儒學的課程、盡其可能地不使用日語等條件而言，亦可視作廣義上的儒學社群之一份子。

〔註176〕即徵文之後若有在預定名次之內，寄附者則會寄贈獎品給文章得名次之人。

〔註177〕請參見〈來稿訂誤取消〉，此文收於《臺灣日日新報》，1921 年 11 月 10 日，第 6 版。

〔註178〕請參見《臺灣民報》，第 75 號第 6 版，1925 年 10 月 18 日。

〔註179〕請參見〈嘉義建孔廟　街民極其冷淡〉，此文收於《臺灣民報》第 246 號第 7 版，1929 年 2 月 3 日。

道，始足發揚於世上。」〔註180〕連橫對於孔廟的建設認爲可以把錢用學問研究事業的鼓勵上，這也顯示舊文人並非全然守舊不知變通。

　　而就抵抗殖民主而言，一九二一年臺灣文化協會成立時，其〈旨趣書〉便云：「德之不修，學之不講，聞義不能徙，不善不能改。爲世道人心所深憂者」〔註181〕這句話正是要爲文化協會的演講宣傳的路線辯護。文化協會事業中所開設的夏季學校，其中亦有儒學相關課程，例如連橫曾講述《臺灣通史》、林幼春曾開設「中國古代文明史」、「中國學術概論」；陳虛谷曾開設「孝」〔註182〕；一九二五年，文協在臺北舉行的文化講座，主持者蔣渭水爲了表達對日警監控與取締的不滿，竟然請王敏川於講堂講《論語》一個多月，聽眾認知到這是在對抗日本警察的無理，都準時進場聆聽〔註183〕；文化協會辯士吳簡木在講演「孔道與現代」的時候，當他講至「見義不爲無勇也」，被臺下日警喝令中止，《臺灣民報》隨即於其報面上質疑日方「孔道乃老學派與當局極力主唱（案：應作倡）」「豈是孔子的道德會見人而變異的嗎？」〔註184〕；此外賴傳和講「儒教的幾個特點」被取締中止，聽眾兩千多人被迫解散，情緒非常憤怒〔註185〕、連橫講述孔子的大同理想，並說明「仁」的意義也被中止解散。〔註186〕可見儒學的價值若有針對殖民者的不利詮釋，也有被視作「敵性思想」的可能。至此，吾人可知新式知識份子作爲主力的文化協會，把「儒學論述」拿來作爲對抗日人的知識武器，其對抗日人的「工具性」昭然若揭。

　　在新舊的調和方面，《臺灣民報》亦曾做過這樣剴切的呼籲：

　　　　當這新舊勢力的過渡時代，若任一保守派──特殊階級的專橫

〔註180〕請參見〈與嘉義人士書──論籌建孔廟〉，此文收於《臺灣民報》第247號第4版，1929年2月10日。

〔註181〕請參見葉榮鐘《日據下臺灣政治社會運動史（上）、（下）》，臺中市：晨星出版社，2000年出版，頁286。

〔註182〕以上請參見葉榮鐘《日據下臺灣政治社會運動史（上）、（下）》，臺中市：晨星出版社，2000年出版，頁299～300。

〔註183〕請參見葉榮鐘《日據下臺灣政治社會運動史（上）、（下）》，臺中市：晨星出版社，2000年出版，頁305。

〔註184〕請參見〈講孔子之道怎也被命中止？〉，此文收於《臺灣民報》第228號第6版，1928年9月30日。

〔註185〕請參見〈新埔文化演講〉，此文收於《臺灣民報》第118號第8版，1926年8月15日。

〔註186〕請參見〈臺灣通信：五、言論取締〉，此文收於《臺灣民報》第2卷第6號第11版，1924年4月11日。

則社會的改造是完全無望。若以急進派的做法，無視保守派的潛勢
力，一舉往前的氣魄雖然可貴，無奈要演出同室操戈的悲劇，而且
會給帝國主義者坐收漁人之利。〔註187〕

　　由此篇專論可見，新舊的調和是爲了「我群」（臺灣知識份子）與「他者」
（日本帝國主義者）的對抗，而被視爲重要的問題。而由本小節的引述的資
料也可了解，儒學價值同時均被新舊知識份子不同程度地接受，並作爲抵殖
的作用。吾人更可了解，把儒學論述全然認定爲「沒有任何解殖動能」，把新
舊知識份子全然劃分爲「保守反動 vs 改革激進」、「協力者 vs 抵殖者」的二元
對立價值，並非歷史事實。

2. 對於殖民近代性（colonial modernity）的受容

　　前文提過對於「殖民近代性」的受容有前三種類型〔註188〕，以下試爲析
論〔註189〕：

（1）與殖民主共謀的儒學論述

　　此種類型是全盤地受容，並在實際作爲上與殖民主成爲徹底的共犯結構，
並且從未質疑殖民性與近代性相結合的合理性，並且爲日人「教化」自己的同
胞，單方面地只是灌輸日本官方儒學的「國體論」思想，一味地強調「國民」
應有的「忠孝」與對天皇的效忠〔註190〕，卻忽略儒學中更重要的人文價值等
其他面向，這成爲某些孔教團體遭到無情批判的原因，昭和二年（1927）便發
生過孔教會在臺北的宣傳會遭到民眾大呼中止的事情，該年十一月十三日夜晚
「孔教會主催在臺北市太平町大開孔道的宣傳會」，該會講者林某怒罵抨擊臺
灣民眾黨與文化協會，並言：「如臺灣人被巡查毆打是要認作惡運，倘若有敢
反抗便不配稱爲忠良的國民」，當場民眾聽聞此等官方宣傳言論，群情激憤大

〔註187〕請參見〈新舊勢力的過渡時代　保守！急進！漸進！〉，此文收於《臺灣民報》
　　　　　第195號第2版，1928年2月12日。
〔註188〕請見本文124頁。
〔註189〕此處須說明，本文分爲不同類型的論述，是就其特定的論述邏輯而區別，並
　　　　　非在於區別某文人是某類云云；而事實上同一人言論亦可能出現不同類型論
　　　　　述的情形。
〔註190〕例如陳秋逢就曾批判過《昭和新報》「只言儒家式的倫理觀——忠、孝、弟、
　　　　　信、義，卻忽略臺灣人在政治、經濟環境上的困境」，前文亦曾提及連橫批判
　　　　　昭和新報提倡的「內地延長主義」，陳秋逢文章請參見〈讀昭和新報——思想
　　　　　善導在導不善者之疑義〉此文收於《臺灣民報》第238號第8版，1928年12
　　　　　月9日。

呼中止，孔教會理事長辜顯榮便請警官在旁監視，這樣的舉動被批判爲「被民眾厭惡的多是要依賴官廳，這乃是御用黨的特色，但要知道民眾的力是勝過官廳哩！」〔註191〕這類儒學組織主要站在殖民主的位置來「俯視」被統治者的臺灣人民，其儒學價值的宣講只能是官方宣傳的樣板，不具任何的解殖動能，完全喪失儒學本身的多樣性與主體性，成爲日本官方的附庸。

（2）依賴他者與近代性省思的儒學論述

在論述第二種類型前，先思考其與第三種類型要如何分別呢？〔註192〕主要有兩種方法，第一、透過隱蔽文本（hiddentranscript）的發掘，能貼近當事者較爲眞實的想法，才能知道他如何面對與回應日本殖民主所呈顯的「殖民近代性」的幻象，然而這樣的隱蔽文本要獲得的機會並不高，故此法的效度不高。第二、若無法獲得其隱蔽文本，則由其生平觀察，考察其公開言論（publictranscript）中與殖民主抵殖／協力的面向。然而大多數的日治時期臺灣知識份子，經常在第二種與第三種情形間游移不定。

前文曾論述日治臺灣教育體系的儒學價值與臺日間的儒學價值差異何在。〔註193〕據此，吾人可知臺日間原本就具有文化上的親緣性，而這之間的媒介自然是以傳統儒學價值爲主，因此日治時期部份儒學社群因爲儒學價值的相近而拉近彼此的距離，是一件可以理解的事情。然而，在臺日間的儒學價值有差異性也是不爭的事實，秘而未宣的〈臺版勅語〉正是日本官方意識到此種差異性，而做的一種儒學價值的調和。〔註194〕但是，在日本官方儒學論述的強力吸納下，許多儒學人士也多將儒學價值與日本統治者的殖民正當性結合在一起。大正八年（1919），臺中吳逸雲發表的〈孔教論〉有云：

> 幸我明治天皇深慮及此，故敕布《教育勅語》，蓋欲以爲我臣民
> 暗夜之明燈，學海之指針。窺其旨意，似乎合契於聖道而一毫勿差

〔註191〕以上請參見〈孔教會請警官臨監〉，此文收於《臺灣民報》第183號第2版，1927年11月20日。

〔註192〕請見本文62頁。

〔註193〕請見本文頁45～51。

〔註194〕陳培豐先生曾在〈從教育勅語到臺灣版教育勅語——近代日本的儒學、天皇制與殖民統治〉一文中提到，因爲日本官方長期警戒儒家的「天命觀」，因而使得日治時期的儒學社群，很少用「天命」的概念來對抗日人「天祖」的概念。請參見其文之頁19～21。然而筆者發現《孔教報》中多有論述「天命」概念的文字，筆者認爲僅是論述天命並載之於公開版面，即是一種潛在的抵抗策略，容第四章再論之。

也。……僕雖不敏，謹搜孔聖所傳遺教，傍引三五，以證吾道之與勅語同一軌而論明之。〔註195〕

　　吳逸雲運用「孔教價值＝教育勅語價值」的邏輯，來提升孔教本身的地位，然而在此提升的同時，其作為異質性的儒學價值也因為這樣的臺日儒學親緣性而被吸收殆盡了，自然也容易喪失抵殖的動能。這時候便產生了一個邏輯：「越抬升儒教與儒學的地位＝越抬升日本國體論價值」，而某些儒士文人便看準這樣的政治邏輯，便逕自與日本官方靠攏，而日本官方也樂於吸納這樣的力量。此類型的文人儒士其中亦有地主、紳商，為了在日治之後繼續維護其利益，多與日人往來唱和，保持與日方良好的互動。

　　在這樣的文化親緣性相近的背景下，這種對「殖民近代性」的受容，其歷時性的變化為何呢？

　　實際上從日治初期，日本統治當局對於傳統儒學社群的攏絡就不曾停止，「揚文會」除了向臺灣儒學社群展示的是日方對於臺灣傳統儒學價值的親近性，會後讓仕紳參觀種種諸多近代工業建設發展的成果〔註196〕，這也是向傳統文人展現「近代性」的能量。所以類似像「揚文會」這類活動，實質上就是在展演「以儒教文化親緣包裝後的日本性」結合「進步現代性」的制式邏輯。這使得傳統儒學社群一方面為了鞏固其本有的利益外，同時也受到了「殖民近代性」的魅惑。〈臺灣三字經〉作者王石鵬就是很好的例子，他受到這種「殖民近代性」之魅惑，以此肯定殖民性中的「日本性」，明治四十二年（1909），臺灣鐵道全通，王石鵬因而撰寫了一篇〈祝鐵道全通式〉闡明鐵道所帶來的種種好處，文末他寫道：

　　　　本島前途之幸福，正未可量，安可無一言以祝之乎？況當舉行鐵道全通式之日，復得天演貴胄，令譽廣孚之閑院宮殿下親臨，此不獨為鐵道盛典增光，亦屬我全島臣民之榮也……凡我臺人，故宜捧滿腔之熱誠，傾平素之葵慕……登彼新高山頭，齊聲而大呼曰：縱貫鐵道萬歲！閑院宮殿下萬歲！〔註197〕

〔註195〕請參見吳逸雲〈孔教論〉，收於《臺灣文藝叢誌》第1號，1919年1月。在此引用吳逸雲的論述，並非認定其為第二類的儒學論述，僅就其文來說明概念而已。
〔註196〕在彰化文人吳德功的〈觀光日記〉一文中便記述了此次參觀諸多近代化建設的經驗。
〔註197〕請參見《臺灣日日新報》第3146號，1909年，10月24日。

　　王石鵬因爲近代化的成果而對日本殖民性的產生認同感，他並沒有去質疑這兩者之間的結合關係，實則日人近代化的建設主要是爲了要壓榨剝削殖民地的生產利益，然而不可否認的，這種現代性的成果確實產生了使人認同殖民主的力量，進而受容殖民主所展演的「殖民近代性」。

　　其實對於西方文明的來臨，早在一九二〇年代的新舊文學論戰之前，舊文人便以展現出對於西方近代知識文明的接受，他們或在詩歌當中提及文明、或者致力於西方文明知識的學習、甚至翻譯或介紹西方文明思潮進入臺灣，臺灣不論新舊知識份子，整體而言，一直都是以爭取近代文明進入臺灣以提升臺灣人的文明水準爲第一要務。

　　然而同樣追求「文明」，新舊文人卻有不同的傾向，新式知識份子多傾向接受單線式進化觀的文明進化論；而舊文人則多傾向以傳統價值與西方文明融會貫通雜揉而成，甚而站在東洋文明的立場來接收西洋文明的新知，並且隨著日本明治後期開始的日本主義思潮逐漸抬升而益發站在東洋文明的本位。〔註198〕茲舉臺南許子文〔註199〕的言論爲例證：

　　　　凡自由、平等、戀愛、共和、利己、樂天諸種學說，盛行於世，
　　　　幾欲破我東洋固有之道德，先帝懼焉，思爲防微杜漸之計，爰於明
　　　　治二十三年十月三十日發一〈教育勅語〉，煌煌大文，燦耀於星辰日
　　　　月，貫通於中外古今，至深切矣。嗟我新附之民，同此高履厚，孰
　　　　不懷忠君愛國之誠，凡屏棄漢學而不講，是不從勅語也，廢漢學猶
　　　　可言也，不奉勅語，其罪彌天。〔註200〕

　　由許子文此文可見，他說「屏棄漢學而不講，是不從勅語也」，這就是將儒學與日本官方國體論等同起來的邏輯，許子文正是站在西洋近代性的對立面，以「東洋固有之道德」來爲臺灣的文化立場定位，可說是對於「殖民近代性」完全不加以質疑，而全然以日本的國體論思想爲最優位的價值。大正時期迄昭和初期，此種日本主義、國粹主義更演變爲後來的法西斯國家主義與大亞細亞主義，臺灣儒學社群的論述則隨著這樣的政治氣氛而更加爲日本

〔註198〕此種東洋文明實質上是以日本帝國爲文明正統的文明論。
〔註199〕許子文，號紫雯，曾任臺南女子公學校教師，爲南社社員。他在崇文社的徵文當中經常獲獎，若以站在日本國粹主義位置的儒學論述，許子文可說是崇文社同人中最典型的一位。以上許子文的資料乃是參考吳毓琪《日治時期臺灣南社研究》，成功大學中研所碩士論文，1998年，頁75。
〔註200〕請參見許子文〈維持漢學策〉，黃臥松編，《崇文社文集》卷一，頁32。

殖民主服務。在昭和六年（1931）到昭和二十年（1945）日本法西斯國家主義逐漸興起的期間，它更是為日本的大亞細亞主義與東亞共榮圈的理想服務，本論文第四章將專論之《孔教報》即屬此一脈絡之下。

　　黃美娥認為，此種站在東洋文明本位，但卻又能留心當時維新學問者，很有可能會產生出不同於日治時多數新知識份子的西洋進化觀的「另類現代性」或是「多元現代性」，她更認為這是傳統文人的「創造性轉化」。〔註201〕其實，這種新／舊、東／西交融，披沙揀金的過程中，產生逆反於單線式的西方文明進化觀的行動絕對是有的，尤其是新舊學問兼治的知識份子。「中學為體，西學為用」，這種以舊有的知識傳統與結構來理解新式學問的情形，其實是晚清以來就有的情形，如王爾敏曾經對「儒家思想是阻滯中國近代化的障礙」此一命題提出反證，他提及晚清的中國社會之求新與復古是並呈的，將傳統的學問與西方近代化的新式思想融會貫通，而後產生新的觀念。〔註202〕對照當時受到中日兩國文化衝擊的臺灣，求新與復古也的確是並呈的，而且是有所反省的。這種在近代性中產生諸多的轉折，尋找自身的近代性的淵源的嘗試，其實都曾尋求著打破歐洲固有的「近代性」模式。日本學者溝口雄三曾經在《中國前近代思想的演變》的序言說過：

> 「近代」這個概念，本來就是歐洲的概念；這個概念本來是歐洲人內部相對於舊時代的自我歌頌之概念，然而隨著「歐洲」自我膨脹為「世界」，這個概念也在不知不覺之間變成了世界性的概念；這個時候，「近代」這個概念甚至成為證明歐洲在世界史上的優勢地位之指標。至於亞洲方面，或則抵抗、屈服，或則讚美、追隨，最終則接受了這個概念；因此，對亞洲而言，「近代」一詞不得不成為各式各樣轉折的概念。本書試圖突破這個無奈的轉折，並解開它的束縛。我們既不抵抗歐洲，亦不追隨歐洲。也就是說，已經接受的東西，就加速他的亞洲化，使它根植於亞洲……如果要在亞洲找尋「近代」，那麼唯有溯及亞洲的前近代，並以其為「近代」的淵源。要言之，唯有藉著亞洲固有的概念，把「近代」一詞重新加以界定。〔註203〕

〔註201〕請參見黃美娥《重層現代性鏡像——日治時代臺灣傳統文人的文化視域與文學想像》，初版，臺北市：麥田出版社，2004 年出版，頁 183～235。

〔註202〕請參見王爾敏《晚清政治思想史論》，臺北市：臺灣商務印書館，1995 年出版，頁 19。

〔註203〕請參見溝口雄三著，龔穎譯《中國前近代思想的演變》，北京市：中華書局，

溝口對於「近代」一詞的使用經常是小心翼翼的，「近代」宛如東亞近代
知識份子心中除之不去的幽靈，而要脫離西方單線式的進化觀，則有打破「近
代」魔咒的迷思，進行除魅化才有可能。新式知識份子王敏川〈書房教育革
新論〉一文曾經提及「新舊者豈由時代而分別乎？以古爲舊，以今爲新乎？
然則今之人未必盡優於古之人也。周雖舊邦，其命維新，孔孟之道，雖舊猶
新矣。」並且在新舊衝突中提出反思「若有適應時代者，雖舊亦何傷？不適
應時代者，雖新亦何益？」〔註 204〕比照溝口雄三的言論，王敏川身爲新舊學
問兼治的知識份子，對於儒學的困境，他並不認爲由日本殖民主轉手的近代
化必然得完全接受，他也不認爲新學的所有價值都應該接受，反而應該是適
應並且接合當時的殖民地臺灣的歷史與社會的脈絡才是。

以上，吾人可知第二種類型的儒學論述在面對「殖民近代性」時，或因
臺日儒學文化親緣而選擇成爲依賴他者的近代性，受到近代性的魅惑不自
知，進而從屬於日本殖民主，站在以日本爲正統的東洋文明位置；或者因爲
在面對殖民主帶來的近代性對其進行省思，進而能將傳統儒學價值與近代性
相互雜揉、融會貫通，甚至有開創出「另類現代性」或者「多元現代性」的
可能性與動能。

（3）同床異夢的儒學論述

表面上似乎對於「殖民近代性」受容，但是實際上卻是以此換取抵抗的
空間與能量，此種類型可以彰化王敏川〔註 205〕（1889～1942）爲例。王敏川
對於儒學的價值一直相當推崇，並且能夠從中省思儒學的固陋與革新，這從
其文〈孔教論〉可以看出：

> 然世之尊孔子者亦多矣。推其能解孔教之精神者，能有幾哉？
> 此不可不考而申論也。自家庭之善教廢弛，社會之惡風滋蔓，狡猾
> 相蒙，險譎百出，不知禮義廉恥爲何物。道德之陵廢，壹至於是。
> 誠非倡導孔教，無以匡救時弊也。且尊之者，豈徒虛飾文字已哉。
> 必有救時之毅力，養成高尚之人格，而後可也。嗚呼，苟能如是，
> 則孔教可以復興。斯文賴以不墜，則人心正，風俗淳矣。予不勝引

1997 年出版，序言。

〔註 204〕以上請參見王敏川〈書房教育革新論〉，此文收於《臺灣青年》第 4 卷第 1
號，1922 年 1 月 20 日。

〔註 205〕陳昭瑛也曾經採用儒學的角度來研究過王敏川，其文可參見陳昭瑛《臺灣與
傳統文化》臺北市：臺灣書店，1999 年出版，頁 188～228。

領望之。〔註206〕

由上段文字可看出王敏川呼籲孔教道德可以挽救頹喪的世風,「且尊之者,豈徒虛飾文字已哉」說明倡導孔教並不能只是文字的矯揉造作,而必須是「必有救時之毅力」的實學精神與實踐作爲。在王敏川描繪近代社會改革者的圖像時,也借重孔孟的積極入世形象,他認爲「孔子一生之受磨折而不改其志,可謂社會改造家之模範。孟子曰天將降大任於斯人也……又曰貧賤不能移、富貴不能淫、威武不能屈,此之謂大丈夫。嗚呼!蓋如是者,始足以稱社會改造家歟?」〔註207〕王敏川作爲馬克思主義者的人生歷程中,儒學價值顯然是提供其奮鬥的動力之一。

然而綜觀王敏川的一生,也可發現身爲日治時期新舊學問兼治的知識份子,其曖昧、矛盾與壓抑的表現。王敏川曾經在《臺灣青年》中發表文章歌頌日華親善,並認爲「日本與中華爲唇齒之邦,圖日華之親善,不僅繫於東洋之平和,而亦關於世界之平和也。日華親善之問題,已久爲兩國間有識之士所倡導。」〔註208〕此於一九二二年發表此種向日本統治當局表示友善的言論,似乎與一九二三年以後積極投入社會運動、民族運動乃至於一九二七年後更激進的左翼抗爭行動的王敏川有所不同;大正四年(1915)年底,總督安東貞美在臺灣北中南各開饗老典,當時王敏川即曾應景寫下歌頌總督府的詩歌:「我皇隆尚齒,大典敞瓊筵。滿座香山叟,人推絳縣賢。杯頒流澤遠,金賜記恩綿。聖德同堯舜,謳歌遍四遍。」〔註209〕如此阿諛諂媚的詩作與向日人示好的「日華親善」言論,都不像是王敏川會說的話,然而如此的落差其原因爲何呢?施懿琳曾經提出這樣的觀點來加以說明:

> 有心從政的臺灣人士,不能像洪月樵、許夢青一般,閉門深居,拒不相見,否則將會把自己逼到絕路。他們知道在何時應做表面虛應,在何時應持守行爲分際。最終目標還是要抗日,還是要保存漢文化的傳統。這是日治時期作爲被殖民者不得不採行的

〔註206〕請參見王敏川〈孔教論〉,此文收於《臺灣文藝叢誌》第1號,1919年1月。
〔註207〕請參見王敏川〈吾人今後當努力之道〉,此文收於《臺灣》第4卷第1號,1923年1月。
〔註208〕請參見王曉波編《臺灣社會運動先驅者王敏川選集》,臺北市:臺灣史研究會,1987年出版,頁23。
〔註209〕轉引自蘇秀鈴《日治時期崇文社研究》,國立彰化師範大學中國文學教育研究所碩士論文,2001年1月,頁141。

　　應變手法。〔註210〕

　　誠如施懿琳所言，這種因時地而制宜的行爲仍是必要的，否則完全沒有機會在政治上對臺灣大眾發聲，對於天皇制國家的禮讚與歌頌，實際上都只是對於殖民近代性中的「日本性」作表面上的敷衍與滿足，眞正的目的只是爲換取更多的生存與抵抗的空間，保持這樣的柔軟性以待適時地挑戰殖民主的「殖民近代性」。

（三）回歸臺灣本土性的路徑

　　游勝冠曾經批判過傳統儒學社群擁有所謂的漢學文明，但是面對本土他性卻是加以排除的，他說：

> 漢學既被視爲進步的日本性之一，傳統主義的教化論和殖民主義的同化論，又因爲同樣以文化差異的等級化爲出發點，而被等同起來，傳統知識份子以漢學這樣的文化資本，將自己與其他被殖民的臺灣人劃分開來的論述，要不複製殖民主義的進步意識形態，可以說很難。〔註211〕

　　游先生認爲在儒學的文化親緣之下，「漢學被視爲進步的日本性之一」，而且儒家的教化論跟同化論被等同起來，傳統知識份子因而將自己跟其他被殖民的臺灣人劃分開來，而佔居殖民主爲他們設定好的具備文化資本的位置。游先生更認爲說：「由於傳統知識份子就是這樣站在高高在上的教化者，文明開化的位階，俯視其他臺灣人，相對於他們所認同的殖民者文明進步的形象，不斷複製殖民進步主義對臺灣人的再現。」〔註212〕最後，游先生爲傳統知識份子排除本土性的現象做了一個結論：「傳統知識份子爲維護既得利益，並未放下統治階級的身段，打破存在於他們與其他臺灣人之間的等級關係。因此他們並未和其他的臺灣人平等地站在被殖民的位置，通過傳統主義論述建構臺灣一體的民族文化想像」〔註213〕

〔註210〕請參見施懿琳先生、楊翠《彰化縣文學發展史》，彰化市：彰化縣立文化中心，1997 年出版，頁 100。

〔註211〕請參見游勝冠《殖民進步主義與日據時代臺灣文學的文化抗爭》，清華大學中國文學所博士論文，2000 年 6 月，頁 72。

〔註212〕請參見游勝冠《殖民進步主義與日據時代臺灣文學的文化抗爭》，清華大學中國文學所博士論文，2000 年 6 月，頁 73。

〔註213〕請參見游勝冠《殖民進步主義與日據時代臺灣文學的文化抗爭》，清華大學中國文學所博士論文，2000 年 6 月，頁 75。

　　針對游先生對於傳統知識份子的評價，他的確點出部分傳統儒學社群的弊病，正如同他所舉的那特定幾位崇文社的文人〔註214〕一般，誠然，許多儒學知識份子的確經常接受殖民主爲他安排的位置，而不去質疑殖民主的合法性統治。然而游先生對於傳統知識份子的批評，仍然有許多有待商榷的問題，第一、漢學是被視同「日本性」之一嗎？這大有問題，前文均已述及，漢學以儒學價値爲其主幹，當論述它回歸到傳統的儒學之中，確然有召喚民族意識認同與作爲異質存在的功能，即便在日本強力的同化論下，某些時候這樣的抵殖動能有時會被吸納與抵銷，但是日治時代的儒學價値被視作「日本性」這顯然是有問題的。第二、傳統儒學社群抵抗「殖民近代性」的合理性與識穿日本統治國體論的破綻，前文也已提及，甚至新學是否絕對進步，舊學是否絕對落後，也是儒學知識份子所思考過的議題。更何況，若游先生認爲傳統知識份子均認同日本文明形象，也複製殖民進步主義的思維，那麼在其博論爲何要舉洪棄生的詩文逆反了文明／野蠻＝日本／臺灣的邏輯呢？而且又說：「他們對漢文化傳統的傳承，於臺灣漢人意識的維持的確有一定的影響」，而且說「他們抗拒社會進化論的文化立場，卻提供了一個可與殖民文化對照的文化傳統」。〔註215〕這不是前後自相矛盾嗎？可見，他前後立論所採用的傳統知識份子的樣本是特別挑選過的。第三、游先生舉臺南黃尙本、許子文等人的文章，說明傳統儒學知識份子因認定作爲日本性之一的漢學，而以此將民間傳統信仰視作迷信，而這是「漢學文明對於本土他性的排除」。〔註216〕實則留心日治時代在文明啓蒙論述下，貶抑臺灣民間傳統信仰的情形，新舊知識份子的論述均有之，而新式知識份子更遠遠勝過舊文人。翁聖峰曾經提及新式知識份子的矛盾現象，即一方面提倡對大眾的文明啓蒙，但是卻又反對庶民性格的文化。他曾舉傳統民間禮樂與歌仔戲等庶民性格的文化遭到《臺灣民報》新式知識份子批判的例子說明：

　　　　北斗郡守轉任新營郡，送別郡守，用舊式鼓樂，亦成爲取笑的對象，在新文化者看來，「用大鑼、長腳牌、大鼓、穿大禮服」，就如同「迎神明」，已不合「科學」時勢，而新文化運動者則隱然以「有

〔註214〕如許子文、黃尙本等人。
〔註215〕以上引文請見游勝冠《殖民進步主義與日據時代臺灣文學的文化抗爭》，清華大學中國文學所博士論文，2000年6月，頁122～123。
〔註216〕請參見游勝冠《殖民進步主義與日據時代臺灣文學的文化抗爭》，清華大學中國文學所博士論文，2000年6月，頁72～74。

識者」居之。……歌仔戲更是常被《臺灣民報》批判，被批評的原因不外是「傷風敗俗」、「淫戲流行，風紀大壞」，甚至以「毒比猛獸蛇蠍」視之，類似的批評在《臺灣民報》至少在三十篇以上，不過，這樣的論調並不影響日據時期歌仔戲的快速流傳。這也顯示《臺灣民報》新文化運動者一面大力提倡大眾文化，另一方面又反對庶民文化的性格。〔註217〕

　　若由此看來，新式知識份子亦有對於本土他者（即庶民性格的宗教儀式與藝術形式）的排除現象，而且其激烈程度要更勝於傳統儒學知識份子。再者，在語言方面，我們甚至可以看到儒學知識份子對於臺灣本土性的回歸，更勝於部分新式知識份子。一九二〇年代以降的新舊文學論戰之中，張我軍為推行中國白話文於臺灣，他對於有人要提倡臺灣話文的看法是：

　　　　還有一部分自許為澈底的人們說：「古文實在不行，我們須用白話，須用我們日常所用的臺灣話才好。」這話驟看有道理了，但我要反問一句說：「**臺灣話有沒有文字來表現？臺灣話有文學的價值沒有？臺灣話合理不合理？**」實在，我們日常所用的話，十分差不多占九分沒有相當的文字。那是因為我們的話是土話，是沒有文字的**下級話**，是大多數占了**不合理**的話啦。所以沒有文學的價值，已是無可疑的了。〔註218〕（黑體字為筆者所加）

　　張我軍在新舊文學論戰中或許有開創新局之功，然而其亟欲複製中國五四新文化運動的用心，或許也讓他無法更為貼近臺灣的普羅社會的實際情況，進而造成張我軍對於臺灣本土他性的排除，或許更能顯示新式知識份子自詡文明卻又批評庶民性格文化的矛盾性。然而在張我軍這篇文章之後，一九三〇的文學論戰中，極力主張臺灣話文的主要人物，反而幾乎都是傳統知識份子出身，正如黃美娥所言：

　　　　一九三〇年，與鄭坤五私交甚篤，本來也是舊文人的黃石輝，受到數年前鄭氏在《臺灣國風》中提倡臺灣鄉土文學的啟發，以〈怎樣不提倡臺灣鄉土文學〉、〈再談鄉土文學〉掀起了鄉土文學與臺灣

〔註217〕請參見翁聖峰《日據時期（1920～1932）臺灣的儒學與儒教──以《臺灣民報》為分析場域》，此文收於《臺灣文獻》第51卷第4期，2000年12月31日，頁298。

〔註218〕請參見張我軍〈新文學運動的意義〉，此文收於張光直編《張我軍全集》，臺北市：人間出版社，2002年出版，頁54。

　　話文運動，此等以臺灣爲主體本位所進行的文學運動，更立刻得到

　　了若干舊文學家如鄭坤五、黃純青、連橫……等人的支持。〔註219〕

　　舊文人社群在一九二○年代的新舊文學論戰當中，舊文人一再被批評爲創作貴族性的文學，無法貼近社會大眾，而針對這些種種致命的缺點，一九三○年代的舊文人社群即展現出反省能量，展現出對臺灣本土性（nativity）的回歸。黃美娥認爲鄭坤五於一九二七年提出的「臺灣國風」、黃石輝提倡鄉土文學與白話文、黃純青特別鼓吹竹枝詞寫作以及連橫的《臺灣語典》之作都是「鄉土文學運動中傳統文人的積極參與」。〔註220〕在此一時期臺灣文化的建設之中，新舊文人相互提攜爲臺灣文化與文學共同努力。而有趣的是，相較於張我軍、廖毓文與林克夫等新式知識份子強力主張中國白話文而言，此時期諸多舊文人、傳統的儒學社群反而向臺灣本土性傾斜，而原本涵蓋著臺灣性與中國性在內的漢民族意識，在此一時期也開始被重新反省與審視，在語言的通用性與現實性上，進而形構爲兩派的主張，而吾人卻可明顯感受到傳統儒學知識社群對於庶民與臺灣本土性的靠攏。因此再次地審視游勝冠對於傳統儒學社群的評價，不禁讓我們想問，這群人並非鐵板一塊，怎能將傳統儒學知識社群視作像是不會反省與改變的群體，而近似完全地否定其主體性與能動性呢？

　　更何況，在俗民所依賴的宗教性儒教的建制當中，許多儒學知識份子本就在鸞堂與善社主持儒家價值的宣講與服務，運用扶鸞等宗教儀式、利用善書等倫理教材來教化或者幫助俗民儒教道德的確立，這種儒學的行動等於直接向庶民大眾散播儒學價值，臺灣儒學本身就具有這樣的庶民性格與本土性格，臺灣儒學社群自明清迄日治以來，一直都有如此的儒學價值的實踐，這些建制在日治時代卻常遭到新式知識份子的批判，然或迷信行爲確有之，但其長期扮演儒學價值教化的「庶民儒學」角色卻是值得肯定的。

第五節　小　結

　　本章起始便點明「臺灣儒學論述」的分析方法與其多重的面向，其徘徊

〔註219〕請參見黃美娥《重層現代性鏡像——日治時代臺灣傳統文人的文化視域與文學想像》，初版，臺北市：麥田出版社，2004年出版，頁108。
〔註220〕請參見黃美娥《重層現代性鏡像——日治時代臺灣傳統文人的文化視域與文學想像》，初版，臺北市：麥田出版社，2004年出版，頁106～113。

於「殖民性」與「現代性」和「本土性」的辯證過程與曖昧性，並且說明對於「御用／抗日」與「新／舊」的權宜性與二元對立性。第二節透過對於日本近世儒學（江戶時期儒學）與近代儒學（明治維新之後的儒學）的追溯與剖析，深入地探究這個對於臺灣儒學論述的他者，並且說明臺日之間的儒學價值同一性與差異性，進而論述臺日之間的儒學價值的衝突與文化親緣性，而這個儒學他者──日本儒學──也在日本對臺灣進行殖民統治之後，明確地影響到臺灣儒學歷史與儒學論述的脈絡。第三節則具體陳述臺灣日治時代，政治、文化與教育政策的歷史脈絡，以及受到西化思潮衝擊的歷史背景，並且探討日治時期以國體論思想為中心的教諭勅語體制中的儒學價值，並且據此再度說明臺日之間的儒學價值差異。第四節則具體地分析臺灣儒學論述的諸多類型，除了回歸傳統儒學價值與回歸臺灣本土性兩大類型外，在面對日本殖民主所形構的「殖民近代性」的因應態度時，更將之分為四個小類型──**1.與殖民主共謀的儒學論述 2.依賴他者與近代性省思的儒學論述 3.同床異夢的儒學論述 4.堅守漢民族立場的儒學論述**──而分別加以詳述之。

在日治時代的臺灣儒學論述中，吾人可以看到傳統儒學知識社群──包括「一世文人」與「二世文人」──的諸多表現，或與日本殖民主成為共謀結構，進而接受「殖民近代性」；或者接受「殖民近代性」進而站在以日本國體作為「正統」的東洋文明位置，甚或在這樣的新舊知識的融會貫通之中開出「另類現代性」或「多元現代性」的可能；或者運用「殖民近代性」中所標榜的國體論破綻「一視同仁」的謊言進而對其拆解；或者運用表面上接受「殖民近代性」獲取生存與抵抗的空間，實際上則運用儒學論述抵抗之。

回歸傳統儒學價值與漢民族意識作為異質文化的召喚，這是貫串整個日治時代儒學歷史脈絡的主調，而在一九二○年代的新舊文學論戰之後，受到新式知識份子的刺激，因而自覺到對於「貴族文學」的屏棄與對庶民大眾的貼近，在一九三○年代初期甚至出現對於臺灣本土性的回歸與傾斜，而透過對於自明清以來的宗教性儒教的宣化行為的反省，更加肯定日治時期臺灣儒學論述也承繼了這樣的庶民性格。

日治時期臺灣儒學論述的表現，在在說明了一個重要事實：臺灣儒學知識社群並非是一個不知省思與創造的群體，況且以新／舊來作為其在抵殖動能上的絕對判準更是有問題，這完全忽略此一群體即便在某程度上的客觀條件限制下，其所具備的主動性與能動性。而部分研究者對於此一群體的儒學

「肯定論」與「否定論」均有「以偏概全」的危險，進而把日治的臺灣儒學論述「標籤化」。

　　透過第三章對於臺灣儒學的剖析之後，更加讓吾人瞭解日治時期臺灣儒學論述的多重性與複雜性。在掌握日治時代的臺灣儒學論述脈絡之後，接下來將進入第四章，詳述《孔教報》此一界於日治中晚期的儒學刊物，且在對其文本作出詳盡的剖析後，將其放在臺灣儒學的歷史發展脈絡上，來考察它的價值與意義。

第四章 《孔教報》儒學意涵之分析

第一節 前 言

自一九三七年總督府廢止報刊雜誌上的漢文欄之後,《風月報》乃至於後來的《南方》、《詩報》、《崇聖道德報》以及《孔教報》等,便成為僅存於一九三七進入戰時體制後,以漢文為主要刊行文字的刊物。

本文第三章曾提及日本統治當局對於教育體制內的漢文多有抑制與打壓的情形,從統治初期伊澤修二的「混合主義」認為「漢文」是作為輔助「國語教育」的工具性存在;到限本繁吉之後全面在教材與方針上致力將臺灣人同化於日本民族,漢文的地位日趨衰弱。吾人可見到的是教育體制內的漢文逐漸被排除乃至於廢止,然而教育體制外漢文終日本統治之世,卻從未遭到完全消滅;更甚者,作為漢文化精髓的儒學價值,也始終未被日本殖民主全然壓制。在既有的意識形態再生產的教育場域之中,日本殖民主為確保其以國體論為中心的〈教育勅語〉體制佔居優勢地位,因而全力排除漢文的異質文化的在場,這顯然是對於新世代教育詮釋權的獨占與純化;然而對於既存的漢文與儒學社群則自治臺以來始終採取攏絡與懷柔的政策,以獲取其對於殖民統治上的支持;對於新式知識份子的文化啟蒙行動乃至於左翼知識份子的社會主義運動則予以無情的打壓〔註1〕。日本殖民主始終未曾改變的統治方針即是:**在以不危害到殖民統治的合法性與實質性的基礎上,以過渡性的思**

〔註 1〕如王敏川遭囚禁六年等,一九三一年「九一八事變」之後,臺灣知識份子所從事的民族運動、社會運動遭到全面性的壓制。

維來主導殖民地臺灣的文化與教育政策，而最終目的則是鞏固臺日的結構性差別待遇，以遂行殖民地資源的壓榨與剝削。

《孔教報》於 1937 年前後的創刊與發行，則可視爲日人以共通的儒學文化親緣基礎，攏絡臺灣儒學知識份子的政策之一環。陳培豐對於《孔教報》的出現也有類似的看法：

> 值得注意的是，日本在統治臺灣期間，對於儒家並沒有採取趕盡殺絕的措施，甚至在某些地方表現出支持與保護的態度……當臺灣的知識份子爲了批判封建陋習表現出詆毀儒家的態度時，這個外來的執政者卻反過來維護儒家，1936 年施梅樵所發行的《孔教報》如果沒有日本政府在背後支持是很難成立的。〔註2〕

無庸置疑的，日本統治當局對於臺灣儒學知識份子的攏絡，其歷史基礎在於：日本作爲儒家文化圈的一員，其與臺灣人有共通的儒學價值文化。而日本殖民主也確實有維護儒學的行動出現。

然而，**日本統治當局難道不曾擔憂作為臺灣人「我群」認同的儒家文化，會召喚起漢民族的反抗意識嗎**？若回顧一九三〇年代以來，因爲九一八事變的爆發，日本殖民母國實質上已逐漸走向戰時體制的準備，武官小林總督的上任只是爲了落實「南進」政策的戰時方針，戰爭所帶來的影響應從一九三一年算起。〔註3〕一九三六年十月《孔教報》創刊前夕，臺灣知識份子的各種民族運動、社會運動均已遭到無情的壓制，而一九三七年四月各大報的漢文欄廢止之後，以漢文創作的文人也幾乎失去發聲權〔註4〕，而殖民母國日本更

〔註2〕 請參見陳培豐著，王興安、鳳氣至純平編譯《「同化」的同床異夢：日治時期臺灣的語言政策、近代化與認同》初版，臺北市：麥田出版社，2006 年出版，頁 481。

〔註3〕 此一概念是筆者參考鶴見俊輔的看法，他說：「以歷史的區分而言，我們在此把第二次世界大戰的開始定於一九三一年發生的中日戰爭。日本的陸軍領導者一九三一年在中國的『滿州』引發戰鬥，進而在這地區建立日軍可以自由指揮的政權，這種方法就整個世界來說是全新的……一九三一年始於中國東北地方的中日戰爭，是一全新趨向的開始，對整個世界都有影響。」筆者贊同這樣的說法，因而認爲日治時代的臺灣史在思考二戰對臺灣的影響時，也應將一九三一年作爲起點。以上請參見鶴見俊輔著李永熾譯《日本精神史》，臺北市：學生書局，1984 年出版，頁 3。

〔註4〕 然而就漢詩而言，《臺灣日日新報》與《臺灣時報》等官方報紙，以及《風月報》即其後來改名的《南方》等文學刊物仍然有提供漢詩的刊登空間，這致使許多知識份子轉向漢詩的創作。

是逐漸緊縮日本內地的言論尺度，許多基督教份子與左翼份子被迫「轉進」，否則就會遭受牢獄之災，然而擁護日本國體的日本孔子教運動則在此時受到鼓舞而蓬勃發展。在第三章論及日本孔子教的部份即已說明了此一時期日本儒學的性質，在此不多贅述。而筆者認爲：**在日本殖民主看來，臺灣《孔教報》的出現，應視爲「日本孔子教運動」發展脈絡的一環，而儒學價值更是「政治上的友性思想」，這是日本殖民主支持臺灣《孔教報》的根本原因。**理由爲何呢？若細究《孔教報》中的儒學體系書寫，除卻「孔聖歷史」、「聖裔」與「論詩義」等項目以及「文苑」中某些儒學性文章不論，則《孔教報》的儒學闡述是以日人三浦藤作的《東洋倫理學史》〔註5〕爲核心。就現有的《孔教報》而言，從第二號第三頁的「孟子學說之概觀」一直到第二卷第九號第五頁的「宋元明清四代名儒學說大觀張橫渠之學說」，全部都是出自三浦藤作的手筆。〔註6〕而三浦藤作何人也？他主要是在一九〇〇年代至一九二〇年代中，撰寫倫理學史風潮中的作者之一。論者陳瑋芬曾提及這段歷史：

> 從二十世紀初到二十年代，密集出現了不少探討「東洋倫理」的學術論著。如松村正一著《孔子之學說：東洋倫理》；木村鷹太郎等人分別著有《東洋倫理學史》；岩橋尊成、豐島要三郎編《修養寶鑑：東洋倫理》；遠藤隆吉等人撰有《東洋倫理學》；宇野哲人等著《東洋倫理》；服部宇之吉著《東洋倫理綱要》；萩原擴著《東洋倫理學史》等等。綜合「東洋倫理」的研究者之論述可知，他們所謂的「東洋」並非大範圍的亞洲，更正確地說，他們在建立一套倫理體系時，更趨向選擇包括中國、日本、韓國的狹義範疇〔註7〕。

作爲日本孔子教運動的一環，所謂的「東洋倫理」只是建構日本於儒學價值與系譜中逐步走向「儒學正統優越地位」的先行理論基礎。三浦藤作的這本《東洋倫理學史》於一九二三年由東京的中興館出版，它本身就是「孔

〔註5〕 此書於 1966 年曾被譯爲中文，請參見王雲五主編漢譯世界名著甲編六百冊，三浦藤作著張宗元、林科棠譯《中國倫理學史》，初版，臺北市：臺灣商務印書館，1966 年出版。而譯者於該書第一頁凡例便云：「一、是書原名『東洋倫理學史』，但其內容僅述中國思想，與東洋二字不稱，故改名爲中國倫理學史。」

〔註6〕 僅就孟子部份與張宗元等之譯文相對照，兩者相異之字不超過十字，幾近完全相同，故可確認其爲三浦之文字無誤。

〔註7〕 請參見陳瑋芬〈由「東洋」到「東亞」，從「儒教」到「儒學」：以近代日本爲鏡鑑談「東亞儒學」〉，此文收於《臺灣東亞文明研究學刊》第一卷第一期，國立臺灣大學東亞文明研究中心出版，2004 年 6 月出版，頁 210。

子教」風潮的部份著作成果。而《孔教報》為何採取三浦藤作的《東洋倫理學史》作為儒家學說體系思想的介紹呢？在第二號第三頁，於三浦作品前，施梅樵自己這麼說：「孔氏之道，至孟子而益彰，顧孟子學說，非特祖述孔氏，且更有為而闡明之，是孟氏有功於儒教，亦大矣哉。本報創刊時，客以是篇進，觀其評論，實足以資吾人之參考，爰是付梓，諒亦讀者所大歡迎也。」由此看來，似乎只是剛好詩友們提供三浦的資料而已，而施梅樵自己也欣賞三浦的評論，但是若更深究之，同一時代，中國第一本《中國倫理學史》由蔡元培寫成，於一九一〇年七月上海商務印書館出版，出版時間比三浦藤作要早十三年〔註8〕，施梅樵為何不採用蔡元培的《中國倫理學史》的資料呢？誠然由於當時日支對峙的緊張情勢與政治正確使然，然而在那個漢文創作不斷地被壓縮的年代裡，標榜三浦藤作的儒學論述，作為施梅樵向日本當局爭取漢文發表空間的策略，應該才是主要的原因。總的來說，三浦藤作的倫理學著作，成為施梅樵的對日本殖民主「策略性含混」的目標物。於是，在施梅樵與總督府雙方的各取所需之下，臺灣的《孔教報》於一九三六年十月創刊。

第二節　創立動機及其組織活動

一、創立動機

《孔教報》的創刊序言，為臺北曾登龍所撰寫，可由其中看出《孔教報》的成立動機，因其具重要代表性，茲引其全文如下：

> 文字之無關世道人心者，昌黎所謂俳優也。近來雜誌百出，類皆浮泛之言，不中肯綮〔註9〕，薄道德，廢倫常，滿紙皆言維新科學，此說一出，青年輩如蟻趨附腥羶，心體力行，無怪乎世風日下也。宿儒施梅樵先生，文壇泰斗，詩界英豪，為海內外所欽仰，素讀孔聖之書，尊孔聖之教，孝弟忠信、禮義廉恥，此八件，時時印入腦髓。每觀世人之妄作，輒欷歔感嘆，而悲無力挽回也。先生于

〔註8〕若以《風月報》、《臺灣民報》、《臺灣日日新報》等日治時期大報而言，中國文化人士的作品多有被轉載的現象，這證明中國文化界對臺灣的影響有相當的程度，而施梅樵此一對於儒學有著相當熱忱的知識份子，應該極有可能知道中國第一本《中國倫理學史》的出版。

〔註9〕案：應作「綮」。

甲戌（案：1934 年）秋，與余相逢客邸，夜談時，每念孔教衰替，
以致風俗敗壞。曾謂余曰：「今之世，即春秋之世也。賤妨貴、少凌
長、遠間親、新間舊、小加大、淫破義，無惡不爲，亦無爲不至，
必藉孔子之教以說明之、警戒之，或者可以懾服人心，以漸化於善。」
今之孔教報創刊，先生蓄於心，已非一日。夫孔子紹三皇五帝，以
及列聖之道統，而以**忠君愛國**，修身濟世爲主義。此報一出，實可
以移風易俗，發聾振聵，先生之功亦偉矣哉！余末學，與先生阻隔
雲山，而神時馳於左右，茲逢孔教報創刊，爰誌數言，爲先生壽。
〔註10〕（黑體字爲筆者所加）

曾登龍一開始所批判的，即是所謂的「無關世道人心」的「浮泛之言」，
而這些「浮泛之言」則是皆以「維新科學」爲核心，而且對於青年人而言則
是令他們趨之若鶩，而這樣的言論的壞處則是「薄道德，廢倫常」，曾登龍批
之爲韓昌黎所謂的「俳優」。實則韓愈身爲唐代古文運動健將，「以文載道」
本就是其寫作文章之信念，如此儒學式的文學觀影響中國社會相當深遠。新
舊文學論戰中，部份新式知識份子所帶來的「純文學」概念〔註11〕，就挑戰
了「文以載道」的概念。另外，必須強調的一點是，曾登龍批判「維新科學」
成爲青年人的思想主流，而非「儒家倫理」成爲主流所帶來的弊害，並非批
判「維新科學」本身，即便是編者施梅樵，也竭力嘗試著將儒家價值與「維
新科學」相結合，此容後文再論。《孔教報》成立的根本動機，即是施梅樵自
己所謂「必藉孔子之教以說明之、警戒之，或者可以懾服人心，以漸化於善。」
的傳統儒家教化觀，而「忠君愛國」則是符合於當時日本天皇制的國體論價
值，這也是必要的表述。在第四號第一頁的「賀春小啓」中，吾人可以發現
「維護漢文」是施梅樵創立孔教報的主因：

惟是本報誕生於非常時代，當與社會戰，冀挽頹風，經營之拮
据，難隨舊歲以除，想欲貫達本報趣旨，而有幾多波瀾也。**況倡廢
漢文之聲浪**，現今甚高，吾人竟於此際，創設漢報，似背時勢，迂
拙實甚，貽譏固所難免。然更進而深思之，我邦肇國二千餘年，則

〔註10〕 請參見施梅樵《孔教報》，彰化市：孔教報出版會，第一號，頁1。《孔教報》
　　　　 原文多無新式標點符號，此爲筆者所加，其後所引原文亦是如此。
〔註11〕 然而中國文學中所謂「純文學」概念的雛型，可說自曹丕〈典論論文〉起始
　　　　 便已出現，「文以載道」的儒學式文學觀是透過歷代科舉及其教材讀本而得以
　　　　 影響深遠。

以漢文爲精髓，顧我國史中，存置之漢文，不知幾千百篇，且明治
維新諸元老，亦皆擅長漢文漢詩，由是而觀，則漢文何可廢也。現
以科學進步，學者趨之，然不知科學者末也。漢文者本也。漢文與
孔教道德，大有關聯，而科學與道德，尤不得分而離之也。其倡廢
之聲，或一時的耳，此即吾人所以有孔教報之創設也。

施梅樵認爲「漢文」不但關乎「孔教道德」，跟科學的關係更是「尤不得
分而離之也」，一方面他以歷史主義的途徑，溯及日本本身即受到漢文影響的
歷史事實，而張揚天皇的〈教育勅語〉中亦重視的「孔教道德」的大纛；一
方面則以「儒學近代化」的思維，嘗試將「孔教道德」與「科學」作一結合，
由此更突出漢文遭廢黜的荒謬性。然而，這已是一九三七年的農曆新年了，
該年的四月一號，《臺灣日日新報》、《臺灣新聞》、《臺南新報》三報的漢文版
均全部廢止，而《臺灣新民報》漢文版則縮減一半，並且限於六月一日前全
部廢止，施梅樵維護漢文的深刻用心，始終逃不過時代鐵蹄無情的踐踏。

二、孔教報出版會同人的組織活動

第一章曾提及關於孔教報出版會的的會則與發行方式，其會則確可說明其
組織的構成。《孔教報》採用會員制，即《孔教報》僅寄送給會員，而會員分
爲「普通會員」、「正會員」、「贊助會員」、「名譽會員」，此外亦得設置顧問若
干名，且由會員中選定；然而就目前資料看來，無法得知是否曾設置顧問，以
及誰擔任顧問等訊息；就會費而言，普通會員年額三圓、正會員年額五圓、贊
助會員年額拾圓、名譽會員年額則需百圓以上，按現有《孔教報》來看，並無
法辨別各種類會員各自人數多寡，以及其詳細名單。施梅樵作爲《孔教報》的
編者，經常鼓勵島內作家投稿，如第《孔教報》二卷第二號第三十頁曰：

鄙意以詩文爲增長見識，陶淑性情之妙用。多多益善，島內作
家不少，切望時常惠稿，無任歡迎。原稿恕不寄還，但有關於政治
者不錄。本報逐月寄郵，或恐有遺漏之虞，讀報諸君子可寄信向本
事務所言明，立即奉寄。

在《孔教報》的會則中，正會員以上的稿件則是「必揭載於機關紙孔教
報」，所以正會員以上的作品必然會被刊登，徵稿的時間則是每個月的十五日
到二十日﹝註12﹞。而「有關於政治者不錄」則是施梅樵三令五申的事項，由

﹝註12﹞請參見《孔教報》第二卷第四號第十頁。

此亦可見《孔教報》當時的言論自由受到相當的官方監控〔註13〕。

　　就相關活動而言，《孔教報》畢竟只是一份刊物，並非一個詩社或文社，它本身並沒有例行性的活動，即便組織鬆散如彰化崇文社，其至少也有每年春秋各一次的祭祀活動，甚至是修墳立碑的保存古蹟行動。〔註14〕而就現有的《孔教報》資料看來，編輯始終只有施梅樵的名字，可見《孔教報》編務大多是施梅樵一人承擔，但也因此讓《孔教報》的呈現，沾染施梅樵強烈的個人色彩。曾登龍譽之為「文壇泰斗，詩界英豪，為海內外所欽仰」，可看出梅樵文名聲望可以勝任此一重要儒學刊物編輯的地位，使《孔教報》能更具有影響力。唯一用來維繫孔教報出版會同人的「共同感」的刊物項目，則是多以施梅樵為第一人稱敘述的遊訪文章，曰「騷壇紀略」或是「騷壇消息」，如施梅樵於1937年9月11日至14日的「騷壇消息」：

　　　　可白（案：即梅樵）十一日（案：1937年9月11日）赴蘭社〔註15〕，宿陳坤輝氏茗園，蓋與羅蕉鹿先生同踐前約也，旋偕林建中君，過訪魏國楨君，一入吟廬，幽雅可愛，固一月間新裝飾者……茗園宿夜，與嘉義畫家林東令君一面，然其襟懷豪爽又屬英年，他日程途，未可限量……是夜仍宿茗園，翌晨乘車至斗南，車中逢彤雲敘談，誠不寂寞……余與彤雲於驛亭分袂，一往羅山，一往虎尾，余立換乘崙峰之自動車，到著時已鐘鳴一下矣。君曜克明兩醫師，殷勤欵留……是夜招飲於第一樓，又得廖秋園君列座，猜拳賭酒，覓句評花，夜深盡興而散。是夜宿曜生醫院，越晨直抵赤崁，訪黃拱五先生，並受晚餐，於午後十時二十八分，乘急行車歸寓。〔註16〕

　　歷經四天三夜的遊訪，依序由田中→斗南→臺南→彰化，途中拜訪了詩人、畫家、醫師等各類人，聚飲於第一樓時「猜拳賭酒，覓句評花」，廖秋園本就是詩人，君曜克明兩位醫師想必也能吟詩，此中透露出即便在日支事變爆發後的兩個月，臺灣的「社會文藝化」（黃美娥語）的情況仍舊，且由於新

〔註13〕現有《孔教報》的影本，其封面上均蓋有「警務局」、「圖書掛」的印章，可見在出刊前均須送交警務局審核。

〔註14〕參見蘇秀鈴《日治時期崇文社研究》，國立彰化師範大學中國文學教育研究所碩士論文，2001年1月，頁45。

〔註15〕此為彰化田中的詩社。

〔註16〕請參見施梅樵《孔教報》，彰化市：孔教報出版會，第十二號，頁28～29。

舊文學論戰後，新舊文人均意識到「文藝大眾化」的重要性，漢詩的社會化
與世俗化已經是普遍現象。〔註17〕

　　而能夠在四天三夜裡遊訪這麼多人物，遊歷三地，則是自 1909 年臺灣鐵
道全線通車以來，交通運輸網絡的建構才使之可能，「余立換乘崙峰之自動
車，到著時已鐘鳴一下矣」、「於午後十時二十八分，乘急行車歸寓」的近代
體驗，近代化的交通建設改變了人們的空間感，使人際網絡的建構更為便利
也變得更為錯綜複雜。〔註18〕此外，在《孔教報》的「古今詩海」單元中，
也有許多施梅樵拜訪各詩社、詩友的唱酬和韻之作，例如第八號第十六頁中
即有梅樵拜訪臺中「東墩吟社」的詩作「東墩諸吟侶招飲聚英樓感賦」，而該
社仲衡、雪滄、魯詹等人均有和韻；而第二卷第三號第十六頁則有拜訪北斗
詩友許燕汀等人的「過北斗許君燕汀楊君鶴年留飲席上感賦」，而除被拜訪的
兩人之外，尚有陳清潭、施學文及陳元亨等三人的次韻詩作。孔教報出版會
同人的組織活動，可謂以施梅樵一人為核心，由之以點線面的進展方向，織
就《孔教報》同人的互動脈絡，而施梅樵本人可謂「採訪兼主編」，在《孔教
報》的地位及影響力中無人可比。

第三節　《孔教報》相關人物生平傳略

　　施梅樵作為《孔教報》的編者，無疑是影響《孔教報》的關鍵人物，故

〔註17〕 黃美娥即曾點出此種現象：「觀諸今日人人縱慾物質，早已面目可憎，想尋一
風雅氣質之時代能復可得？往後欲與日治時期舊詩社之風騷並肩，又有幾
何？所以純就此一文藝團體充滿社會、文學進入家居生活的現象言，或可稱
之為社會『文學化』，其在臺灣歷史舞臺中，也是罕見的一幕。」以上請參見
黃美娥〈日治時期臺灣詩社林立的社會考察〉，此文收於《臺灣風物》，第 47
卷第 3 期，1997 年 9 月，頁 84。

〔註18〕 呂紹理先生曾論及此種現象：「1898 年彰化詩人吳德功受兒玉源太郎之邀至臺
北參加『揚文會』，從彰化至新竹就走了 4 天，而由新竹至臺北大稻埕乘坐火
車則是『辰發午即至』，縱貫鐵道全線通車以後，夜行（急行）車由臺北至高
雄只需 11 個小時，普通車 16 小時……到了 1920 年代，縱貫鐵道沿線上的市
街庄已形成一個可在 24 小時內往返的緊密行程……這樣的時程，大大縮短了
區域之間的距離，也增加了區域之間的互動。」1920 年代的交通即已如此，
那麼 1930 年代末的施梅樵南北往來應當更為方便。這樣的交通運輸使得全島
性的人際網絡得以建立，當然也更有利於施梅樵往來連絡孔教報出版會諸同
人。以上請參見呂紹理《水螺響起——日治時期臺灣社會的生活作息》，臺北
市：遠流出版社，1998 年 3 月 16 日出版，頁 94～95。

下列各人物生平介紹將以施梅樵爲先，之後旁及其他《孔教報》諸同人的相關生平資料，由於《孔教報》同人人數龐大，將製表以臚列之。

一、施梅樵生平

施梅樵（1870～1949），字天鶴，壯歲自號雪哥，中年更號爲蛻奴，晚年又改做可白〔註19〕。其父乃施家珍，歲貢生，曾經官至福寧教諭。梅樵性豪邁，重氣節，天資甚高，讀書過眼即能成誦，嘗師事鹿港莊士哲〔註20〕。年十八赴府考，主司欲拔擢梅樵置案首，其父施家珍以其尚年輕，恐其少年得志遂生驕情，薦洪棄生以代之。年且弱冠，其族人施九緞率眾生變，父家珍遭彰化縣令李嘉棠之誣，目爲民變共謀，家珍出走，家人亦流離失所，旋以憂憤卒。洎事白案結，然已財散人亡矣。梅樵二十一歲以丁憂不得赴試，二十四歲以案首入泮，然甲午中日戰起，臺灣割讓，梅樵仕途之路自此遂絕。日以詩酒爲娛，不願辱身於異族，與閭里洪棄生、許劍漁等人共組鹿苑吟社，作詩唱和。中歲之後，流離轉徙，到處設帳授徒，以延斯文一線於不墜。1936年，梅樵時年六十又六，任儒學刊物《孔教報》發行人與主編，欲以孔哲儒學救世，維護漢文之心，昭然可鑑。

梅樵雖生不逢時，仍懷抱儒家博施濟眾、教化風俗之任，非僅好文酒爾。梅樵書法亦豪，求文者甚眾。晚年生活困頓，牢騷抑鬱，身後蕭條〔註21〕，觀諸其與永靖詩人詹作舟的書信，可以看出梅樵晚年的經濟窘境，例如戰後初期約民國三十五年左右，梅樵曾在信中提及：

> 日前寄來貸款二百，隨接隨寄到家。中元家祭，愚於十四日歸去，又帶三百入門分散及糴米，其項遂盡，可嘆！米之一途，累人不少……愚每向貴處告貸，自覺羞愧，但爲時勢所迫，又不願向他人開口。以目下人情澆薄，安得忠厚如賢弟者乎？預計今日至開校之時，領月俸之時，家費及旅費當近二千，又加一層焦慮。〔註22〕

〔註19〕據其姪施讓甫於《鹿江集》書末所言：「總核公三更其號，可知其始則立志洗雪戊子（1888）之冤；次則心存掙脫奴隸之恥，終則喜其及身親見王師北定，不似放翁家祭毋忘之囑之憾，心事可以明白。」

〔註20〕請參見〈哭莊仰山夫子〉，收於施梅樵《捲濤閣詩草》臺中：著者自印本，1921年出版，頁103。

〔註21〕施讓甫〈施公梅樵家傳〉，收入《鹿江集》，彰化：瑞明印書局，1957年出版。

〔註22〕請參見張瑞和、施懿琳先生編《詹作舟全集（三）書信雜文篇》，初版，彰化縣永靖鄉：詹作舟全集出版委員會，2001年出版，頁207。

　　詹作舟是醫生，收入原本就比較高，且梅樵與之交情甚深〔註23〕，「安得忠厚如賢弟者」極表露出梅樵對於詹作舟的信任。臺灣於戰後初期的經濟破產，陳儀之行政長官公署貪污腐敗，國共內戰愈加激烈，當時的臺灣民眾的經濟負擔無疑是雪上加霜，施梅樵亦難逃此一大環境的影響，統計目前所見施梅樵寄給詹作舟的十九封書信，即有十一封信表明欲借款之需求或還款事宜，以梅樵當時已七十餘歲之老者，爲求家計，尚需南至鹽水中學任教漢文，其晚年確如施讓甫所言「生活困頓，牢騷抑鬱」。

　　大正十年（1921）門人楊爾材、袁飲湘、李櫻航與其姪施石甫、施讓甫同校詩作，自行刊印《捲濤閣詩草》初集兩卷。民國四十六年（1957）其姪施讓甫再輯《鹿江集》出版。梅樵另著有《玉井詩話》、《白沙詩集》、《捲濤閣尺牘》、《見聞一斑》、《讀書箚記》，惟未刊行傳世〔註24〕，民國九十年（2001）六月，高志彬再將前兩種重印編入《臺灣先賢詩文集彙刊》第三輯，題爲《梅樵詩集》。

　　梅樵之詩，古體、近體俱工，或詠懷、或交遊、或傷時，多有佳作。洪棄生嘗就梅樵詩作評曰：「梅樵早歲惟工艷詩；中年以後肆力古風，乃一變而骨格清老。」〔註25〕此言當可概括梅樵詩風早晚年之變格。梅樵詩作之集評，亦可見諸《捲濤閣詩草》、《鹿江集》二集之序言，時人多有月旦品評之語。洪棄生序曰：「傳諸他日，將在鄭所南之間，擬於本朝，豈居趙甌北之下。」蔡壽星曰：「由於閱歷滄桑，經過艱險，而彌成高古，決非淺近者所可儗其萬一也。」施士洁評：「雄秀精深，各臻其妙。」〔註26〕陳石遺謂：「才大心細，元氣充溢，集中佳作，多入神化。」章太炎云：「下筆時神氣兼到，情景相生，返虛入渾，積健爲雄，倘與李杜韓孟，並世而生，誰敢爲之判低昂，分喧輕耶？」夏存鼎說：「所謂落筆搖五嶽，嘯傲凌滄洲者。」〔註27〕王竹修亦謂：

〔註23〕 在施梅樵過世之後，其姪施讓甫欲編纂《鹿江集》時，詹作舟也捐了貳百元，可見作舟對於施梅樵的敬重。以上請見於施讓甫編《鹿江集》，彰化：瑞明印書局，1957年出版，頁134。

〔註24〕 請參見王國璠，《臺灣鄉土文物淺說》，南投縣：臺灣史蹟源流研究會，出版日期不詳，頁154。

〔註25〕 請參見洪棄生《寄鶴齋選集》臺灣文獻叢刊第三〇四種，臺灣銀行經濟研究室編印，1972年出版，頁205。

〔註26〕 以上三評請參見施梅樵《捲濤閣詩草》臺中：著者自印本，1921年出版，序言。

〔註27〕 以上兩評收入施讓甫編《鹿江集》，彰化：瑞明印書局，1957年出版。序言。

「其古風遒勁峭拔，恍似白香山，近體則藻麗英華，直逼杜工部。」王國璠更曰：「審其宗法，以爲實出老杜，而明季七子之遺響，亦時見於章句之中。」〔註28〕上述各家所評，可知梅樵之詩風近於杜工部、白香山，雖說序言多溢美之詞，然梅樵詩評價甚高則爲不爭之事實也。此外，梅樵在日治時代臺灣文學界的地位可說是舉足輕重〔註29〕，楊雲萍在《鳴劍齋遺草序》中曾言：「吾臺文運肇自南部、而中部而北部。中部初以鹿港爲中心，許劍漁與洪棄生、施梅樵即其代表」。可見在楊雲萍的認知裡，施梅樵是中臺灣文學界的代表性人物之一。

　　只是，梅樵如何看待他自己一生的際遇呢？在一九四九年，先生於易簀之際曾有此言：

　　　　余生不逢辰，洊經禍亂，歷劫滄桑，爲珠崖之棄民，作東晉之儉父，半籌莫展，一事無成，生平心血，僅留數卷詩歌。所謂不能見之於行事之深切著明，而只載之空言，其即此意乎？爾等不可不爲余傳，使祖宗知余遭時不遇，非余之不肖也。〔註30〕

　　梅樵自認是政治上的遺民，且因日本殖民統治的影響，使其一生「半籌莫展，一事無成」，身後的遺產只有「數卷詩歌」爾爾。實則這是梅樵自比明季諸遺老，如黃宗羲、顧炎武，因爲新朝的文字獄，而只能將其心血放在鑽研古籍與歷史地理之經世實學之上，這正如梅樵將其一生心血投注在漢詩之創作上。「所謂不能見之於行事之深切著明」正是指在殖民統治的思想文化官檢下，想對抗殖民主的意志，無法表現在實際的作爲上，但這樣的想法卻是有的。「而只載之空言，其即此意乎？」正說明在無法抵抗殖民主的情形下，只好將心力放在詩歌創作，以及維護漢文不被廢黜的命運，也將心中所欲言說的用心，寄寓在詩歌的言外之意中。「爾等不可不爲余傳，使祖宗知余遭時不遇，非余之不肖也。」梅樵即便在臨死之前，對於自己身後的名節維護仍耿耿於懷。的確，《孔教報》中梅樵確實有親日的言論，然而他認爲這是自己「遭時不遇」，而非是「余之不肖也」。施梅樵之所以有某些親日的言論，根

〔註28〕以上兩評收入《梅樵詩集》臺北市：龍文出版社，2001 年 6 月出版，序言。

〔註29〕余美玲教授曾經據《詩報》統計梅樵於各詩社與雅集出現過的次數，顯示梅樵的文學活動幾乎是全島性的。可參見余美玲〈鹿港詩人施梅樵詩歌探析〉此文爲第十三屆詩學會議——日治時期臺灣傳統詩研討會論文，2004 年 5 月 29 日發表於彰化師範大學，詳見其頁 23～25。

〔註30〕請參見施讓甫編《鹿江集》，彰化：瑞明印書局，1957 年出版。頁 137。

本原因在於其透過這些言論換取漢文更多的生存空間，梅樵的用心的確令人感佩，其學生謝萩村曾經這樣評價他的老師：

> 固知詩學以興，則漢學以存。詩學以頹，則漢學以索，此必然之理也。吾夫子施梅樵先生，為當代之名宿，於世道人心時縈方寸，痛斯文之委地，慷慨悲歌，又執牛耳於騷壇，設馬融之絳帳，山陬海澨之士，亦爭列諸門墻。凡屬桃李，悉沾化雨而沐春風，遂成風雅之士。人文薈萃，不亞隨園，實足為漢學放一大光彩，於是捲濤閣之名益彰。〔註31〕

可見，在那個漢文即將被學校教育與報刊踢出門外的前夕，梅樵創設《孔教報》實在是用心良苦。然而究竟施梅樵如何運作《孔教報》的儒學論述或以應付日人、或以融貫近代性、或以回歸傳統，容第四節再加以論述。

二、《孔教報》相關人物名單及其生平概要

由於《孔教報》的資料中，並沒有將孔教報出版會同人的名單列出，所以確切的名單可能難以尋獲。由於《孔教報》的配發採取「會員制」，即加入會員才能獲得《孔教報》，所以在《孔教報》中的作者是會員的機率很高，然而在該會會則有關會費的第五條云：「對正會員之投稿斷無沒收，必揭載於機關紙孔教報之事，但有關政治者不錄，如會員外有詩文雜作皆歡迎之。」由此可知，凡正會員以上投稿，由於會費的年額均在五圓以上，故必加以刊登，而會員外若有不錯的「詩文雜作」也「歡迎之」，可確定刊登在《孔教報》上的作者不一定就是《孔教報》的會員。然而筆者透過現有資料將作者一一錄出，並且**排除詩社擊缽吟與課題詩的名單**，此外再排除創刊前已經過世的作者，除施梅樵外，製作成孔教報出版會會員的名單，其中雖然可能參雜轉載文章的作者，且非最精確的名單，但仍可供參考，茲依照姓名筆畫順序，如表（三）〔註32〕臚列於下：

〔註31〕請參見《詩報》第77號，1934年出版。

〔註32〕此表製作乃參考下列書籍：（一）專書方面——1.許雪姬、薛化元、張淑雅等撰文《臺灣歷史辭典》，初版，臺北市：文建會，2004年出版。2.黃洪炎編《瀛海詩集》（上）（下），臺北市：龍文出版社，2006年出版。3.陳漢光《臺灣詩錄》（全三冊），臺中縣：臺灣省文獻會，1971年出版。4.曾笑雲《東寧擊缽吟前集》，臺北市：陳鐵厚發行，1934年出版。5曾笑雲《東寧擊缽吟後集》，臺北市：吳紉秋發行，1936年出版。6.林文龍《臺灣詩錄拾遺》，臺中縣：臺灣省文獻會，1979年出版。7.龍文出版社《臺灣先賢詩文集彙刊第一

表（三）《孔教報》所刊作者名單

姓名	字	號	籍貫	所屬詩社	備註
丁玉崑	綽臺		臺灣	不詳	
三谷仲	耕雲		日本	不詳	
三浦藤作			日本	不詳	倫理學家，曾著《東洋倫理學史》、《教育勅語謹解》、《軍人勅諭謹解》等書，其《東洋倫理學史》為《孔教報》儒學思想之主幹。
大森午	寒蟬		日本橫濱	不詳	
小石南享			日本	不詳	
小倉康又			日本	不詳	
小島誠			日本	不詳	
山田準	濟齋		日本	不詳	陽明學研究學者，編有《山田方谷全集》，著有《大鹽中齋佐藤一齋》一書。
井上寅軒			日本	不詳	久保得二曾和其詩作〈七十自述〉。
少巽			不詳	不詳	
尤氏杏花			臺灣彰化	不詳	
尤瑞			臺灣彰化	菱香吟社	溪湖菱香吟社創社發起人之一。
尤樂登			臺灣彰化	菱香吟社	
方爾咸	澤山		中國	不詳	與其兄長方爾謙並稱為

輯》，臺北市：龍文出版社，1992 年出版。8.龍文出版社《臺灣先賢詩文集彙刊第二輯》，臺北市：龍文出版社，1992 年出版。9. 龍文出版社《臺灣先賢詩文集彙刊第三輯》，臺北市：龍文出版社，2001 年出版。10. 廖雪蘭《臺灣詩史》，臺北市：武陵出版社，1989 年出版。11.丘荷公著，丘瓊華丘其憲編譯《丘荷公詩文選》，丘輝謙，福建上杭：1999 年 3 月自行出版。12. 王文顏《臺灣詩社研究》，國立政治大學中文所碩士論文，1979 年。13 吳毓琪《南社研究》，臺南市：臺南市立文化中心，1999 年出版。14.邵迎武《南社人物吟評》初版，北京市：社會科學文獻出版社，1994 年 4 月出版。15.柳無忌、殷安如編《南社人物傳》初版，北京市：社會科學文獻出版社，2002 年 6 月出版。

姓名	字	號	籍貫	所屬詩社	備註
					「江南二方」，曾任袁世凱的家庭教師。
方犖崖			不詳	不詳	
月亭			不詳	不詳	
木村尚			日本	不詳	
王少濤（1883～1948）	肖陶	雲滄、蕉村、裝塗、笑陶、小維摩、木瓜盦主人、一角樓主人、	臺灣臺北	瀛社、瀛東小社、詠霓吟社	其與駱香林、李碩卿、王香禪等人同爲趙一山弟子。曾參加「瀛社」，爾後再與黃純青等人創立「瀛東小社」。
王成源	清渠		臺灣彰化鹿港	大冶吟社	曾擔任鹿港新聲吟社詞宗。
王竹修	虛菴	養拙	臺灣臺中	東墩吟社	
王老清	柳園		臺灣嘉義布袋	岱江吟社。	岱江吟社創社發起人之一。
王時彥			不詳	不詳	
王清斌			臺灣	不詳	曾參與臺中林幼春等人組織的敦風吟會活動，在歡迎林孔昭、林連福兩先生的擊鉢吟中曾有創作。
王淵源			臺灣	不詳	有詩作祝賀黃蘸影君與陳玉梅女士結婚，發表於《風月報》第八十一期三月卷（上號）
王植槐			不詳	不詳	
王義好			不詳	不詳	
王維楨（1870～？）			臺灣臺南	不詳	職業爲塾師，民國三十八年曾於臺南歸仁創立敦源夜課之義塾，招收十餘歲失學子弟。
王鵬程	礫鋒		臺灣臺南	南社、櫟社	
王寶書			臺灣彰化鹿港	大冶吟社	曾擔任大冶吟社詞宗，施梅樵《鹿江集》有多首與王寶書唱和的作品。

姓名	字	號	籍貫	所屬詩社	備註
丘寶融		朗山	中國福建上杭	不詳	清邑庠生，例封文林郎。丘念廬之父親，與丘逢甲交遊，丘逢甲曾為之撰寫墓誌銘。
包一琪	千谷	東溪遁叟	中國福建上杭	不詳	丘念廬之友，曾任教於福建上杭中學。
古城貞吉（1866～1949）			日本	不詳	其著作中國文學史比中國人林傳甲自著中國文學史更早，吳景箕曾有〈覆古城貞吉書〉向古城訴說閱讀其《支那文學史》之感想。
平井魯堂			日本	不詳	日本漢學家，曾於《南方》第135期發表〈雲漢硯歌〉五言古詩一首，其著有《戰國策講義》一書。
平松得一			日本	不詳	與莊玉坡時有往來唱和，莊玉坡於海南島成立壽蘇吟社時，平松曾贈詩以賀。
甘得中（1883～？）	復蘇		臺灣彰化	不詳	曾擔任花壇庄、秀水庄長，亦曾參與板垣之同化會。
田中澄			日本	不詳	
田名瑜（1890～1981）			中國湖南湘西	不詳	工詩與書法，清末曾加入同盟會，曾任老師、縣長，為中國新文學家沈從文的老師。
田原尚	靜齋		日本	不詳	詩作多發表於《臺灣時報》。
田興奎	星六	晚秋	中國湖南湘西	中國南社	曾為中國南社社員，田名瑜之叔
白折雄			臺灣	不詳	
石崎篁園			日本	不詳	著有《祝賀吊祭文範》一書。
伏驥			不詳	不詳	

姓名	字	號	籍貫	所屬詩社	備註
安井朴堂			日本	不詳	日本漢學家，與久保得二有詩唱和。
朱研英			中國	不詳	
朱啓南	梅村		臺灣彰化鹿港	大冶吟社、道東書院	著有《漫與樓吟稿》。
朱紹良			中國江西合肥	不詳	
何如璋			臺灣嘉義新港	不詳	
何挨	策強		臺灣彰化	菱香吟社	
佐倉孫三	達山		日本	不詳	臺灣民俗研究者，著有《臺風雜記》。
佐藤勝一			日本	不詳	
佐藤精明	雙峰		日本	不詳	工漢詩文，有《雙峰文抄》、《雙峰詩史》等漢詩文集傳世。
吳子瑜（1885～1951）	少侯	小魯	臺灣臺中太平	櫟社、怡社、樗社、東墩吟社	曾捐助孫中山等人的革命行動，並與吳佩孚相善，女兒吳燕生且爲吳氏之義女；曾於北京組織「北京臺灣青年會」，支持臺灣的民族運動。
吳半樵			臺灣彰化田中	不詳	
吳江作			不詳	不詳	
吳秋陽			臺灣彰化	菱香吟社	
吳茂如			臺灣臺北	瀛社	
吳恭亨（1857～1938）			中國	中國南社	
吳淡羽	作霖		臺灣彰化鹿港	不詳	工書法，曾參予新聲吟社活動，日治時任巡察，亦作過代書的工作。
吳詠元			臺灣	不詳	曾發表詩作〈風流癖〉於南方172期。

姓名	字	號	籍貫	所屬詩社	備註
吳楚			中國安徽徽州	不詳	
吳粹英			不詳	不詳	
吳維倫			臺灣彰化	不詳	
吳蔭培	竹人	柏如	臺灣新竹	礪社、仰山吟射、萍聚吟社	清光緒生員，後與尤養齋等人於屏東創立「礪社」。
吳蘅秋			臺灣彰化市	應社	其伯父即是彰化宿儒吳德功，早稻田大學畢業，曾擔任文化協會第四任與第五任理事，亦曾參與應社活動，是為彰化應社創社社員。
吳麟祥			臺灣	不詳	
呂美蓀			中國山東青島	不詳	
呂傳溪	漢生、杏洲		臺灣基隆	大同吟社	
宋義勇	冠軍		臺灣高雄	壽社、高雄市吟會	創立高雄「壽社」發起人。
李少岳			中國	不詳	
李玉輝			臺灣嘉義	不詳	
李宏良			不詳	不詳	
李步青			中國福建	不詳	與丘念廬有詩唱和。
李春奇			臺灣	不詳	
李美	玉斯		臺灣臺中清水	鰲西吟社	
李振鐸			不詳	不詳	
李海龍			臺灣	不詳	
李啓明			不詳	不詳	
李清和	襄玉		臺灣臺中大甲	不詳	
李碩卿（1882～1944）	原名燦煌，字石鯨	秋鱗，晚號退嬰	臺灣基隆人	大同吟社、奎山吟社、讀古山莊、網珊吟社	原籍臺北州海山郡鶯歌庄（今臺北縣樹林市），後遷居基隆，著有《東臺吟草》

姓名	字	號	籍貫	所屬詩社	備註
李增塹			臺灣彰化二林	不詳	
李賡英			中國	不詳	
李曙初			臺灣	不詳	
村上昌弘			日本	不詳	
杜香國（1894～1946）	甲溪		臺灣臺中大甲	衡社	杜清之子，幼習漢學，曾與莊龍、許天奎等人創立大甲最早詩社——衡社。曾任《詩報》副會長。
沈火	梅岩		臺灣新竹關西	南瀛吟社	
沈桂村			臺灣基隆	大同吟社	
沈礪			中國	中國南社	
禿頭散人			臺灣	不詳	
周文俊	國彬		臺灣嘉義義竹	岱江吟社	曾與蔡如生等人成立岱江吟社。
周水生	鴻濤		臺灣嘉義布袋	岱江吟社	曾與蔡如生等人成立岱江吟社。
周柏達	德三	芸窗	臺灣新竹	堅白屋	
岡次郎			日本	不詳	
林子瑾	少英		臺灣臺中	櫟社	
林子輝			臺灣	不詳	
林仲衡（1877～1940）	壺隱		臺灣臺中大里	櫟社、怡社、敦風吟會、東墩吟社	與林痴仙、林幼春被合稱爲「霧峰三詩人」，著有《仲衡詩草》，詩作曾受進士施士浩賞識。
林吉安			臺灣彰化	不詳	曾任彰員北新聞人會會長
林其美	青蓮		臺灣臺北	星社、滬江吟社	
林宗廉			臺灣	不詳	
林武烈	古戟		臺灣	不詳	
林炳壄			中國	不詳	

姓名	字	號	籍貫	所屬詩社	備註
林苔巖			日本東京	不詳	
林恩應	子惠		臺灣臺北	不詳	
林素珠			臺灣	不詳	
林榮	友笛		臺灣嘉義朴子	不詳	
林瑚			臺灣彰化員林	不詳	曾為臺灣民眾黨幹部。
林翰			中國	不詳	
武居好典			日本	不詳	
牧島榮			日本	不詳	
牧野敏			日本	不詳	
近藤克堂			日本	不詳	
金枝女史			臺灣	不詳	
長井秀三			日本	不詳	
俞毓奇			中國	不詳	
俞鎮赫			中國	不詳	
施子卿			臺灣高雄	不詳	
施石甫			臺灣彰化鹿港	不詳	
施良	子弼		臺灣	不詳	主編於嘉義創刊的《鯤洋文藝社報》，內容以古典詩為主，亦有散文、小說、詩話等，作者有施梅樵、陳渭川、黃石輝等人。
施春華			臺灣彰化鹿港	不詳	
施炳揚	一鳴		臺灣彰化鹿港	道東書院、大冶吟社	
施教堂			臺灣彰化	不詳	
施雲	少雨		臺灣彰化鹿港	不詳	為梅樵族叔，畫家，有圖〈博古圖〉一幅藏於今國立臺灣美術館。
施詵詵			臺灣	不詳	詩作多發表於《詩報》。

姓名	字	號	籍貫	所屬詩社	備註
施滾			臺灣	不詳	
施潛雲			臺灣	不詳	
施學文			臺灣彰化坤頭	菱香吟社	
施錦簪			臺灣彰化	不詳	
春日井謙			日本	不詳	
柯詠棠			臺灣彰化溪湖	不詳	
柯燈耀			臺灣彰化	不詳	
柳棄疾	亞子		中國	中國南社	中國南社創社發起人。
洪能傳			臺灣	不詳	
洪傳			臺灣	不詳	
相原祐彌			日本	不詳	
紅谿			臺灣臺南	不詳	紅谿爲《孔教報》重要作者，他與南社有淵源，謝石秋、王鵬程是他詩友，疑是南社社員，他與陳子敏亦有唱和，對臺南掌故熟悉。
紀本繩			日本廣島	不詳	
胡春松			臺灣彰化	不詳	
胡耀程			臺灣	不詳	
范良銘			臺灣宜蘭	不詳	
負蒼			臺灣	不詳	
香垞			臺灣	不詳	
孫玉插			臺灣	不詳	
徐思齊（1890～1949）	見賢		臺灣彰化永靖	興賢吟社	著有《徐見賢詩集》。
徐英	澄宇		中國	不詳	詩人，民初詩經研究學者，著有《詩經學纂要》。
徐雲騰			臺灣	不詳	

姓名	字	號	籍貫	所屬詩社	備註
悅初			不詳	不詳	
浩然			日本	不詳	
高旭			中國	中國南社	其與柳亞子、陳去病於1909年成立中國南社。
高泰山 （1912～1994）	松雲， 又名火順		臺灣彰化員林	應社	著有《松雲吟稿》、《凌雲閣詩草》、《太瘦吟草》、《三餘吟錄》、《養性吟草》。
高源 （ 1906～？）	文淵		臺灣臺北文山	高山吟社、 文山吟社、 龍文吟會、 高雄市吟會	著有《勗未齋吟草》。
高燮 （？～1958）	吹萬	老攘、黃天、慈石、時若、寒隱、葩翁	中國	中國南社	清光緒二十九年（1903年），與高天梅出版《覺民》月刊，光緒三十二年（1906年）又與柳亞子、田桐等創辦《複報》月刊，其主要宣傳民族主義思想。
郗恩綏 （1902～1985）	一厂、 一庵		中國山東蓬萊	不詳	軍人出身，國民黨將領。1949之後跟隨國民政府撤退來臺。
張晴川			臺灣臺北	瀛社	曾爲臺灣民眾黨幹部。
張熙馨			臺灣	不詳	
張禎祥 （1896～1972）	祉亭		臺灣雲林大坤	鼓音吟社、 笑園吟社	著有《三秀園詩草》。
張銘三	棣軒		臺灣嘉義	羅山吟社	
張慶輝			臺灣彰化	菱香吟社	
莊永昌	學吟		臺灣臺中清水	不詳	
莊玉坡	櫻痴， 又名扇水		臺灣臺南人	海南島壽蘇吟社	本爲臺南人，於明治三十三年僑居日本神戶，後至海南島成立壽蘇吟社，具有濃厚親日色彩。
莊芳池	夢梅		臺灣新竹頭圍	不詳	

姓名	字	號	籍貫	所屬詩社	備註
莊清池	子淵		臺灣臺南學甲	不詳	
許半桐			不詳	不詳	
許幼漁	五頂		臺灣彰化鹿港	道東書院	
許存奏			臺灣彰化鹿港	不詳	
許胡	君山		臺灣高雄	瀨南詩社、在山吟社	高雄鹽埕町人曾與施子卿等人創立高雄「瀨南詩社」亦爲高雄市在山吟社社員。
許修侯			臺灣	不詳	
許參二	燕汀		臺灣彰化北斗	螺溪吟社	擔任螺溪吟社社長。
許嘉恩（1887～1957）	逸漁	雅埍	臺灣彰化鹿港	大冶吟社、中州敦風吟會	著有《枕流草堂詩鈔》。
許寶亭	劍亭		臺灣臺北	瀛社、天籟吟社	
連客			臺灣	不詳	
連德賢	俊堂		臺灣南投草屯	南陔吟社	
郭希隗			中國湖南	不詳	
郭桂林			臺灣桃園	新鶯吟社	
陳三彌			中國	不詳	
陳子敏	勉之		臺灣彰化鹿港	大冶吟社	
陳元亨			臺灣雲林斗六	葵社	
陳水披	萬興		臺灣	不詳	
陳古鉞			臺灣	不詳	
陳立賢			臺灣	不詳	
陳存	望遠		臺灣臺北瑞芳	讀古山莊	曾擔任讀古山莊社長。

姓名	字	號	籍貫	所屬詩社	備註
陳彤雲	佳慶		臺灣彰化溪湖	不詳	
陳志桓			中國	不詳	
陳坤輝			臺灣彰化田中	不詳	
陳庚申	秋農		臺灣彰化二水	不詳	
陳旺回	子春		臺灣新竹關西	南瀛吟社	
陳昌宏	蒼髯		臺灣新竹關西	陶社	
陳松年			臺灣	不詳	
陳祀五			臺灣彰化	菱香吟社	
陳阿火	道南		臺灣基隆	不詳	
陳英方	渭雄		臺灣彰化和美	應社	彰化應社創社社員。
陳貞元	國祥		臺灣彰化鹿港	不詳	
陳家英			中國	不詳	
陳家慶	秀元	碧湘	中國湖南寧鄉	中國南社	詩人徐澄宇之妻,國立東南大學畢業,曾任教安徽大學、重慶大學、上海中醫學院,為詩人吳梅的女弟子,著有《碧湘閣詞》。
陳清潭			臺灣彰化	菱香吟社	
陳雪滄	浪鶴		臺灣臺中	不詳	
陳琇瑩			中國福建侯官	不詳	與詩人陳石遺、王蘭笙等人同鄉,留有詩作。
陳湖古			臺灣	不詳	詩作多發表於《詩報》。
陳盧谷(1896～1965)	原名滿盈		臺灣彰化和美	應社	彰化應社社長,亦創作新文學。
陳進賢	柏樵		臺灣彰化鹿港	不詳	職業為商行書記,曾為彰化崇文社之寄附者。

姓名	字	號	籍貫	所屬詩社	備註
陳瑞記			臺灣彰化溪湖	菱香吟社	溪湖菱香吟社創社社員
陳鼎元			中國	不詳	
陳德修	以文		臺灣彰化鹿港	不詳	
陳潤珊			中國	不詳	
陳濟昌			臺灣	陶社	
陳縱奴			臺灣	不詳	與陳子敏多有唱和
陳鏡如			臺灣花蓮	奇萊吟社	
陳繼訓			不詳	不詳	
粘維澄	漱雲		臺灣彰化鹿港	不詳	施梅樵弟子。
傅錫祺（1872～1946）	復澄	鶴亭、大樗	臺灣臺中潭子	櫟社、怡社、東墩吟社、中州敦風吟會	曾任櫟社社長，著有《鶴亭詩集》。
傅嶽棻（1878～1951）	治鄉	娟淨	中國湖北武昌	不詳	曾任清代山西撫署文案，後任國立北平大學、私立中國學院、河北大學、北京大學、北京師範大學教授。1947年任《湖北文徵》部纂，著有《遺芳室詩文集》。
彭城女			不詳	不詳	
曾人傑			臺灣雲林北港	不詳	
曾文新		小冬郎	臺灣新竹	玉社、竹社、奇萊吟社	昭和十一年參與組織花蓮「玉社」並爲社員，亦曾是新竹竹社員。
曾東農			臺灣新竹	來儀吟社	
曾師魯			臺灣嘉義新港	不詳	
曾耿菴			臺灣	不詳	
曾登龍			臺灣臺北	不詳	爲施梅樵《孔教報》撰寫創刊序言。

姓名	字	號	籍貫	所屬詩社	備註
曾蓮墀			臺灣	不詳	
游嘯雲			臺灣南投	南陔吟社	
湯目補隆			日本	不詳	曾有詩作發表於《臺灣時報》。
辜捷恩	菽廬		臺灣彰化	菱香吟社	
進才			臺灣	不詳	
黃丁卯			臺灣	不詳	
黃文鎔			臺灣彰化鹿港	道東書院	
黃全忠			臺灣彰化鹿港	不詳	
黃式傑	師樵		臺灣桃園大溪	聚奎吟社	曾因作詩諷刺日人滿州事變，遭到日警約談。
黃昆榮	繼參		臺灣基隆	大同吟社	
黃長生			臺灣	不詳	
黃衍派			臺灣	不詳	
黃得眾（1877～1949）	拱五	多事老人、瘦菊	臺灣臺南	南社	著有《拾零集》。
黃溥造	鏡軒		臺灣彰化員林	興賢吟社	擔任員林興賢吟社社長。
楊石華			臺灣彰化	應社	
楊仲熙			臺灣彰化	菱香吟社	
楊守愚（1905～1959）		村老、洋、Y生、翔、靜香軒主人	臺灣彰化	應社	本名松茂，其具有強烈反抗強權的思想，曾經加入無政府組織「臺灣黑色青年聯盟」，作品具有對弱勢者的強烈關懷。
楊東溪			中國	不詳	
楊長泉	靜淵		臺灣宜蘭蘇澳	不詳	
楊得時			臺灣彰化溪湖	菱香吟社	

姓名	字	號	籍貫	所屬詩社	備註
楊連基	楚石		臺灣彰化溪湖	菱香吟社	
楊雪峰			臺灣彰化	應社	
楊雲鵬			臺灣彰化	應社	
楊葆球			中國福建	不詳	
楊樹五			臺灣	不詳	
楊樹德	笑儂		臺灣嘉義布袋	應社	彰化應社社員。
楊曙			中國	不詳	
楊鶴年	守梅		臺灣彰化北斗	不詳	
溫弼周			臺灣	不詳	
葉椿			中國	不詳	
葉夢廬			中國	不詳	
鈴木丈之助（1887～1988）			日本仙臺	不詳	又名鈴木丈岳，爲日本著名畫家。
雷熙春			中國福建	不詳	清朝拔貢生。
廖火枝	居仁		臺灣臺中	萍社	
廖秋園			臺灣雲林斗南	不詳	
廖璧鋒			臺灣彰化	不詳	
趙元益	靜涵		中國江蘇新陽	不詳	曾翻譯《光學》，是中國近代光學研究的早期資料。
趙作霖			臺灣臺中	不詳	其人爲中醫師，於臺中開設漢藥房，寫詩爲其嗜好。
趙雅福（1894～1962）		劍泉、小雲、少雲、亞雲、榕庵主人	臺灣臺南	以成社、南社	趙雲石之子，曾任三六九小報之發行人，南社社員，以成社副社長。
劉文武			臺灣		
劉時煥			臺灣彰化萬興	菱香吟社	

姓名	字	號	籍貫	所屬詩社	備註
劉慶彬			臺灣雲林斗南	不詳	謎學愛好者。
劍英女士			臺灣	不詳	
潘文安			臺灣	不詳	
瘦竹			臺灣	不詳	
蔣士超			中國	不詳	清代詩人。
蔡元亨	登龍		臺灣嘉義布袋	岱江吟社	曾與蔡如生等人成立岱江吟社。
蔡守	寒瓊		中國	中國南社	中國南社創社社員。
蔡老柯	鰲峰		臺灣宜蘭	仰山吟社	
蔡茂新			臺灣彰化秀水		
蔡偉湘			臺灣	不詳	
蔡梓舟	說劍		臺灣臺中	中州敦風吟會	
蔡清福	拱祿		臺灣嘉義布袋	竹音吟社、新鷗吟社、六桂吟社	私塾教師，曾加入義竹的六桂吟社。
蔡琢章	念璧		臺灣臺中	不詳	
蔡榮枝			臺灣	不詳	
蔡漢英			臺灣彰化鹿港	不詳	
鄭孝胥（1860～1938）			中國福建閩侯	不詳	早年中舉，曾任清朝湖南布政使等官，爲清代改革派政治家，後參與滿洲國的建立，其亦爲書法家。
鄭邦吉	聽春		臺灣臺中清水	鰲西吟社	
鄭芝生			臺灣	不詳	其爲畫家。
鄭盤銘			臺灣雲林北港	不詳	曾與林快青等人成立「臺灣文藝聯盟嘉義支部」。
駒田			日本	不詳	

姓名	字	號	籍貫	所屬詩社	備註
璇璣堂主人			臺灣	不詳	
橫山又吉	黃木		日本	不詳	日本漢詩人
橋本海關			日本	不詳	日本漢詩人，有詩文集傳世。
濃青			不詳	不詳	
蕭玉衡			臺灣彰化二林	不詳	
賴和（1894～1943）	懶雲		臺灣彰化市	應社	臺灣新文學之父，彰化應社創社社員。
賴清鍵（1846～？）		銃州	中國福建上杭	不詳	曾經參予清末公車上書等行動。
賴雲龍	劍門		臺灣彰化員林	興賢吟社	
龍思鶴（1880～1955）		雙清白齋	中國	不詳	書法家，曾任廣東茂名縣縣長。
龜島憲			日本東京	不詳	
薛成儀			臺灣	不詳	
謝星祥			中國	不詳	
謝菊	藝秋		臺灣基隆	大同吟社	
謝新年（1900～1968）	景雲，又名大目	小東山	臺灣新竹樹林頭	竹社、栗社、竹林吟社	
簡而文			臺灣	不詳	
簡綠梅			臺灣	不詳	
雙木生			臺灣	不詳	
羅秀惠（1865～1942）	蔚村	蕉鹿	臺灣臺南安平	南社、瀛社、臺北鍾社	羅秀惠是臺南舉人，其師即是臺南蔡國琳。乙未割臺之後，避居大陸。曾經擔任《臺灣日日新報》、《臺澎新報》編輯，亦曾執教於臺南師範學校，教授漢文。

姓名	字	號	籍貫	所屬詩社	備註
羅阿進	潤亭		臺灣	不詳	
韻雲			臺灣	不詳	
議恭			臺灣	不詳	
蘅堂			臺灣	不詳	
鶯岩			日本	不詳	
龔承祧			中國	不詳	
辻順宣			日本	不詳	

　　表（三）已經力求貼近當時孔教報出版會同人的可能名單，惟表中尚有許多當時主要活動於中國的文人，施梅樵選錄其詩文，極有可能是轉載而來，然而筆者並不排除中國文人實際來臺與臺灣文人唱酬應和的可能，但是可能性極低〔註33〕，故亦將中國文人的名單列入。若以中、日、臺來分的話，則臺灣作者有 199 人，日本作者有 39 人，中國作者則有 47 人，資料不詳者有17 人，合計共 302 人。其中無論是中國或日本的作者，其作品之所以刊載在《孔教報》，可能有以下三種情形：1.自身即為《孔教報》出版會會員，而自行投稿受到錄用　2.其詩文為其他孔教報會員所推薦而刊登　3.編者轉載。再論究當時的中日戰爭時代背景，中國方面的詩文之所以能刊登，可能性以上述2、3 兩種情形為大宗；較之中國作者，日本作者則應較有可能直接與臺灣作者進行交流與互動。

　　就臺灣作者而言，若以其籍貫或其文學活動地區來區分（以可供辨識者為範疇，無法判定者不列入計算之內），則可製作表（四）如下：

表（四）孔教報出版會同人居住地分布一覽表〔註34〕

居住地\n數量	臺北	基隆	桃園	新竹	臺中	南投	彰化	雲林	嘉義	臺南	高雄	花蓮	宜蘭
會員數	9	6	2	9	15	2	65	6	11	8	3	1	3
數量排名	4	6	8	4	2	8	1	9	3	5	7	9	7

〔註33〕1930 年代末期這些名單上的中國文人來臺，並與臺灣文人交流之可能性極低，在戰爭陰影的逐漸籠罩下，所有這方面的交流勢必都將受到管控。即便是此前的梁啟超來臺訪問櫟社，也都受到日方的關切與監視。

〔註34〕地域之劃分以現行臺灣行政區為準，非以日治時代的行政區劃分。

　　若以表（四）來看，就其會員數多寡而言，彰化地區第一，臺中次之，嘉義第三，這說明了《孔教報》實有其強烈的地域性，這與主編施梅樵是彰化人有極大的關係，而若放大區域來看，《孔教報》會員的人數以中部地區爲最多，說明《孔教報》是以中部文人，尤其是彰化文人爲主的刊物。然而，倘若以創作出現的次數來看呢？筆者經比對之後，製作出表（五）如下：

表（五）孔教報出版會同人創作次數與其居住地分布一覽表〔註35〕

居住地 數量	臺北	基隆	桃園	新竹	臺中	南投	彰化	雲林	嘉義	臺南	高雄	花蓮	宜蘭
創作次數	29	10	2	22	26	5	214	8	30	48	5	1	3
數量排名	4	7	11	6	5	9	1	8	3	2	9	12	10

　　毫無意外的，彰化文人在《孔教報》當中的創作量與見報率仍然是最高的，彰化地區仍舊是創作出現的次數最高，臺南次之〔註36〕，嘉義第三。若深究這些彰化文人的分布，以可辨識的文人爲例，則又以鹿港19人居冠，鹿港可謂當時彰化的文學中心，而就詩社言，員林興賢吟社、鹿港大冶吟社與溪湖菱香吟社可說是在《孔教報》中最爲活躍的詩社，其中菱香吟社更是作品數量居冠者。這再度證明《孔教報》的創作與發表的分布，的確是以彰化地區爲核心，逐步由中心發散至邊陲，而施梅樵的確是《孔教報》的靈魂人物。

第四節　《孔教報》儒學論述解析

　　考察《孔教報》的目錄，則可發現其內容包羅萬象，約略可分爲五大類，並分別敘述之：

　　1.史乘類：包括孔聖歷史、聖裔、孟子迄北宋張橫渠儒學史（三浦藤作所撰）、鑒古錄、古今比例等項目。其中「孔聖歷史」的部份經筆者的交叉比對，發現其大略上多抄錄曹魏王肅的《孔子家語》一書，有些部份幾乎是完全如出一轍。「聖裔」部份則多是施梅樵參考歷代正史，考察孔子後代史事之記述。「孟子迄北宋張橫渠儒學史」則是以三浦藤作的《東洋倫理學史》爲核心，

〔註35〕此計算該作者姓名在《孔教報》當中出現過的次數。
〔註36〕臺南文人的創作量能排到第二則與《孔教報》設有臺南文人紅豁的專欄有關。

文字上也是完全轉載抄錄其著作。鑒古錄與古今比例雖異名，但其內容並無二致，此部份乃以主題式的縱觀古今歷史，摘錄關乎某主題的古今事蹟與言論，例如第二卷第七號第二頁即以「命遇」為主題，由漢代賈誼敘至唐代盧照鄰，然而鑒古錄中第二卷第八號轉載明代徐霞客的〈雞足山志〉一文，應屬文論類；另外第二卷第四號的鑒古錄中出現了「聊齋月旦」，此係古典小說之評論，應屬小說類。由此亦可見《孔教報》在文類的分野上，其實存有模糊地帶，並不嚴謹。

　　2.**文論類**：包括文苑、論說、雜著、紅谿筆記、徵文等項目。〔註37〕第一號與第二號之部分多為《孔教報》創刊各文人循此發表對孔教、儒學之論，屬於主題性的文章系列，第三號之後則開始刊載其他文類。其中，梅樵刊載許多中國、日本文人的論議、詠史、遊記、贈序文、墓誌銘文、碑文甚至是家譜引言，其中中國文人的分布，主要有三類，第一為中國南社文人群、第二為以中國福建上杭近代詩人丘荷公為中心的文人群、第三為親日中國文人群，如鄭孝胥。臺灣文人在此一類之作品反而居於少數，則以當時已故之洪棄生文章為最多，如洪棄生的〈鄭成功論〉、〈王安石論〉。「紅谿筆記」係臺南文人〔註38〕紅谿的專欄，紅谿的題材多樣，有鄉間野史、勸世故事、遊戲文章以及先賢記述，風格時而戲謔嘲諷卻不失人情練達，時而敘史記賢，寄寓深意於其中，其與臺南的地緣關係很深。徵文的部份，如第二卷第二號第十頁有神戶莊玉坡「求緊停戰以策平和論」的徵文。

　　3.**小說類**：《孔教報》中的小說題材，以狐仙故事為大宗，此外有鬼神傳說結合因果報應、妓女與男女情愛、傳統女性受盡磨難、受官、色、財之誘惑而淪落悲慘下場以及俠義有關的題材，其中甚至不乏有性愛場面，調唇撫乳〔註39〕、人魚與人交媾〔註40〕等等，甚至有女子色誘男性的情節〔註41〕。

〔註37〕　第一號即有〈孔教創刊之來由論〉、〈孔教有益於世道人心論〉等系列文章，第二號後才列出文苑、論說等項目，故第一號之文章亦歸為此類。

〔註38〕　之所以認定其為臺南文人係因其所撰寫之文，多以臺南為背景，如第九號第三十頁有其以擬臺南城隍爺名義告各地城隍書；第一號第二十六頁與第十二號第六頁均有其描述臺南市先賢蕭聯魁先生之文；第六號第六頁敘述自己認識的南都妓女彩菊；第十號第七頁有其敘述陳永華墓的史事，可見其對臺南地理環境的嫻熟；另外，第十號第八頁顯示紅谿與臺南文人謝石秋有所來往，並參與疑似南社的詩會。

〔註39〕　請參見施梅樵《孔教報》第五號第十五頁。

〔註40〕　請參見施梅樵《孔教報》第九號第二十五頁。

4.**諧文類**：即笑話也。題材多樣，其中多有嘲謔和尚、官員、妓女的笑料。

5.**漢詩類**：包括詩義論述、古今詩海、詩話、徵詩。詩義論述，如〈論詩之教義〉、〈論詩有六義〉、〈論詩樂〉、〈論毛鄭詩學〉等篇，此數篇經比對後，確定是出於個人創作無誤，然而均無作者署名，筆者猜測其為梅樵之作。「古今詩海」著錄古今詩作，其中已故詩人中，以丘逢甲、洪棄生為最多，亦多前清詩人，當時的中國文人之作亦不少，臺灣文人詩作中多有各詩社課題詩、擊缽吟。「詩話」則第三號第二十六頁有〈東西詩話〉，第二卷第五號第二十九頁錄有〈香閨詩話〉。「徵詩」則第十號第十二頁有「菱香吟社徵詩——為社友何策強君令萱堂六旬華帨紀念」，而更特別是徵詩與廣告商業行為結合的例子，如第六號第二十六頁則有「全忠藥房愛國真肺藥」，詞宗即是施梅樵。

在以上這五大類中，與儒學論述有直接關聯的主要是第一與第二兩類，然而第五類的漢詩，亦隱含「詩言志」的儒家詩學觀。第三類與第四類雖為小說與諧文，但卻也提供了儒學大眾化的線索。以下，主要以三方面的觀點——1.儒學與近代性的互動 2.儒學與殖民統治 3.儒學大眾化的嘗試——剖析《孔教報》的儒學論述。

一、儒學與近代性的互動

日本總督府看待臺灣的儒教，主要採取「宗教」的觀點。〔註42〕論者李世偉曾說明在當時的歷史環境下，儒教的另一定義：「指儒家的教化，也就是只要是加以發揚、推展儒家義理學說，或以資進行社會教化者皆屬之。」〔註43〕前文亦曾提及，在日治時代各種儒教團體，其採取的形式雖有所不同，然其目的則一也。無論是透過詩文、或是透過扶鸞、善書宣講，主要目的還是要達成社會的教化，而學藝性的儒教與宗教性的儒教，其中的參與者

〔註41〕 請參見施梅樵《孔教報》第六號第十九頁。

〔註42〕 如《臺灣慣習記事》，臺灣省文獻會中譯本，第 1 卷下第 8 號頁 70，〈孔子之祭祀〉即曾言：「儒教之孔子祭祀，廣義來說，當然也包括在宗教的範圍內；但狹義來說，莫若屬於『崇拜死的聖人』，其意思與純粹之本質有所不同」；另外，臺灣舊慣調查委員會所編纂的《臺灣私法》中，則將「儒教」列為各宗教之首，並對儒教如此定義：「儒教是孔子及孟子所祖述的古代聖王教義，內容包括宗教、道德、政治，三者渾然融合成為一大教系」。以上參考李世偉、王見川《臺灣的宗教與文化》，初版，臺北縣蘆洲市：博揚文化公司，1999年 11 月出版，頁 155。

〔註43〕 請參見李世偉、王見川《臺灣的宗教與文化》，初版，臺北縣蘆洲市：博揚文化公司，1999 年 11 月出版，頁 154。

與行動者也多所重複。所以，對於這些擁抱儒學理念的文人而言，達成儒學信念廣泛地被認知與接受便成爲其主要的目的，若將歷史現場回溯到那個一九三六年十月漢文岌岌可危的前夕，這種儒學知識社群的責任感與危機感想必是更爲深重的。

臺南的紅谿即言：「惟茲道德，社會非此無以範圍人心；政府非此無以補佐法律，大廈一木，砥柱中流，舍孔教外，其有可言道德者乎？我臺舊讀孔孟之書，素重聖賢之道，遺教未泯，餘德尚存，苟更得當局而提倡之，識者而闡揚之，俾知善者可敬，惡者可恥，歸正人心，有何難哉？」〔註44〕很明顯的，紅谿希望日本殖民主能夠重視孔教，實際上也是在爲漢文之存廢請命。蔡清福則更直接點明當局對於漢文不當的態度：「當局且不振起孔教，又以廢漢學爲急務，豈不知漢學即孔教，孔教即漢學也，漢學存，則孔教存，漢學廢，則孔教不能不廢。」〔註45〕觀諸紅、蔡兩人的態度，基本上，這並不脫前述李世偉所謂的定義，實際上，幾乎《孔教報》同人們，對於即將被廢黜的漢文，均有同樣的憂慮，也都認爲若漢文被廢（所以希望當局能提倡之），則儒教對於社會的教化功能就將失去，就此處言，兩人的觀點相當具有代表性。

前述提及施梅樵批判「維新科學」所帶來的弊害，實際上並非批判「維新科學」之本身，《孔教報》這一班儒學詩人們的確也多是如此。如新竹的吳蔭培提及友人對於孔教的輕蔑態度：「國家文明已日進矣，方今科學日精，武器日強，倡孔教而可以禦敵乎？祇作一無用之長物耳，復何創報之益哉？」吳蔭培本欲與其辯論，但認爲辯之無益，吳蔭培則提出這樣的觀點：「若法律者，只禁於已然，不能禁於未然。」〔註46〕他眞正的想法，是認爲現代法律仍然有其不足處，而孔教可以彌補其缺失。施梅樵本身面談論現代衛生的問題時，也提出如下的觀點：

> 今人開口，便講要衛生，見老人皆鄙薄之，謂此輩舊頭腦，不知衛生的法度而究之。老人非不知衛生，老人講究衛生，比青年還加幾倍……倘逢著老學者，與之談衛生，想青年輩當必退避三舍，老學者熟讀孔子書，凡孔子平生所爲，雖細微之事，起居飲食，件

〔註44〕請參見施梅樵《孔教報》第一號第九頁。
〔註45〕請參見施梅樵《孔教報》第一號第十三頁。
〔註46〕以上請參見施梅樵《孔教報》第一號第十頁。

件皆記憶不忘，魯論鄉黨，記孔子飲食之事，如食不厭精、膾不厭
細、食饐而餲，魚餒而肉敗不食。色惡不食、臭惡不食、失飪不食、
不時不食，孔子不敢苟且於飲食如此……今之衛生家，未必能如此
也，故凡讀孔子書，必能知衛生之要務。近今青年，舍本逐末，未
讀孔聖之書，輒信口亂罵曰：「某某不衛生，某某不衛生」，不知者，
以爲彼眞衛生家也。〔註47〕

　　梅樵引孔子〈鄉黨〉篇所言，證明孔子本身就是極愛衛生之人。這樣的
論述實際上是竭力在將傳統的儒學價值與日治時代殖民主所帶來的「殖民近
代性」作一結合。梅樵等於是在面對「近代性」的包裝時，也試著爲傳統儒
學披上「近代性」的包裝，雖然，梅樵並沒有直接去質疑這樣的近代性的包
裝其合理性與合法性，但是就當其當時的歷史背景與其知識養成的背景，梅
樵可謂是機巧式地藉「近代性」中的衛生觀點包裝「儒學」。

　　然而有一點必須注意的是，在精神層面而言，《孔教報》同人均以東方文
明爲尊，並且多認定西方所帶來的「歐風美雨」，僅限於物質文明爾爾。如當
時的彰員北新聞人會會長林吉安所言：

東方精神文化「亦即精神文明」，其中歷代賢哲研究討論，而完
全成一種學說，其精神確乎有超出西方物質文化「亦即物質文明」
之價值，細考我東方文化史上各種精神學術，莫能超過我東洋之孔
教也。〔註48〕

　　實則西洋文明怎麼可能只有物質文明而已，會如此片面化的理解西洋文
化，當與其過於欲推崇孔教精神有關，宋義勇便反省到這個問題，他確切地
將當時西方的某些思想文明拿來與孔教做比較，雖說還是認定東洋精神文化
優於西洋精神文化，其〈尊重東洋文化勿偏西洋學說論〉提及：

考西洋之學說，最初由希臘亞氏提倡哲學思想，後有高徒布羅
頓，祖述其志。傳至近世獨逸康德氏，始完成其哲學著論，雖有可
讀之價值，然亦不及東洋儒道佛三大教之趣旨；其次，猶太之馬克
斯。著論餘剩價值之學說，喝破勞働爲一種之商品，其主義過激，
與露西亞黑徒鳩之虛無思想，各執爲我、兼愛之意見。不似於楊，
則似於墨，然楊子爲我，是無君也，墨子兼愛，是無父也，無父無

〔註47〕以上請參見施梅樵《孔教報》第二號第三頁。
〔註48〕請參見施梅樵《孔教報》第二號第七頁。

　　君，是禽獸也，數千年前已被孟子喝破，不足爲論。他如法國盧梭

　　氏之民約論，自由思想，何如韓非之立法精神，其他一一難以枚舉，

　　當此國家非常之秋，萬派思潮之日，欲期百年大計，確立東亞平和，

　　務宜保持東洋文化，勿偏西洋之學說。〔註49〕

　　宋義勇考察了當時西方某些主流的思潮，先不論其理解西方思潮的誤解或錯解的問題，這可以看出當時的儒學社群如何去理解西方思潮，並且以既有的儒家思想結構與價值，重新將之安置與吸收，宋義勇的言論等於提供了對於日治時代儒學社群的價值觀與近代性互動的最佳考掘史料。然而，若探究這些貶西洋文明、揚東洋文明的言論來由，很明顯的跟當時的戰爭背景是有關的，當時日本「南進政策」就直接與英荷西方列強利益明顯衝突，再加上日本殖民主強力推行法西斯的國家主義思潮，貶抑西洋文明的政治正確也是殖民主所首肯的。

　　但是，若只將這些文人的儒學論述視為日本國策的附庸，便把這些儒學社群的論述貶為媚日親日，這完全抹煞了臺灣傳統的儒學價值在面對西方物質或精神文明時，所產生的辯證思索與重新安置。《孔教報》的儒學論述與近代性的辯證，它顯露出了當時殖民近代性所帶來的殖民地資本主義連帶地瓦解了舊有的秩序與道德觀，當時的儒學社群或有頑固守舊之思想或行爲〔註50〕，然而從另一面也可看出殖民地臺灣在殖民資本主義下帶來許多現代性的副產品與負面的影響，而儒學社群欲以孔教之教化功能挽救人心，亦有此一面向，不宜全盤認定其附和日本國策。

二、儒學與殖民統治

　　在《孔教報》中若以主張中日親善最力，且親近日本殖民主最深的指標人物，可以說是臺南的莊玉坡了。莊玉坡在《孔教報》第十三號〔註51〕第六頁撰〈對在留臺灣僑胞國防獻金募集啓事〉一文〔註52〕：

〔註49〕請參見施梅樵《孔教報》第十一號第十五頁。
〔註50〕如梅樵在《孔教報》第十三號第二十二頁的〈佔婦奇聞〉後，批判鬧新房的俗例，其云：「鬧新房俗例，貽禍匪淺，或因新娘美貌而行此兇暴者，或垂涎嫁奩豐富而斬殺新郎者，此種疑獄累及許多人士，抱不白之冤，可憐殊甚。」以此觀點批判鬧新房的俗例，以單一事件之發生來否定全盤，是因噎廢食，由此可看出施梅樵保守拘泥的一面。
〔註51〕此刊發行之日期爲 1937 年 11 月 20 日，正是日支事變戰事方殷之際。
〔註52〕梅樵以目錄標題的格式處理之，可謂對此事的重視。

國家興亡，匹夫有責，今何時耶？何勢耶？……嗟我黃種同胞，不禁痛心疾首，而抱無涯之戚也。以兄弟之聯邦，偏惹鬩牆之橫禍……所願各盡其力，即以國防獻金名義，藉表愛國熱誠，眾擎易舉，聚沙成塔，是亦義務之一端也。

莊玉坡以國家主義的論述，為日本殖民母國募捐，並且訴諸歷來儒教所強調的忠君愛國的思想。這顯示出他已經完全認同殖民主所強加在被殖民者身上的價值觀，即以國體論思想為主軸的天皇效忠論。明治三十三年（1900），莊玉坡即東渡日本，僑居於神戶，其來往經商，其利益基礎與日本殖民主結合甚深，故其會有如此親日之思想，是可以理解的。《孔教報》第二卷第三號第十九頁，莊玉坡亦有〈勅題——神苑朝〉詩：

寅回御苑百花香，淺綠深青欲吐黃。院柳迎鶯繞出谷，庭梧儀鳳正朝陽。

瞳矓曙色籠華表，窈窕春光映錦堂。大陸羽書頻報捷，捧將玉牒奏東皇。〔註53〕

莊玉坡可謂全然站在殖民者的立場來思考這場中日戰爭，因此稱之為《孔教報》中最為親日的指標人物，當之無愧。然而，施梅樵在《孔教報》中如何看待莊玉坡呢？他是如此地描述莊玉坡：

莊君玉坡號櫻癡，臺南人，僑居神戶有年，斐聲商界，性慨爽，好結客……最可嘉者，國家非常之時，君倡首勸臺僑民國防獻金，其忠君愛國之隱衷，昭然若揭，日前以啟事一篇惠寄，囑為刊載，余讀之，不勝感服。第以余與君神交有年，每以未獲一面為憾，而即其事想其人，雖千里猶一室也。關河遙隔，魂夢可通化蝶飛來，余當於月夜俟之。〔註54〕

施梅樵在文中亦稱許莊玉坡的「愛國行為」，文中之啟事當為此文之前莊玉坡〈奉贈靈藥〉一文，此文主旨在於莊玉坡願免費寄奉三種靈藥給海內外人士，梅樵則相當感佩這樣的行為，而言「魂夢可通化蝶飛來，余當於月夜俟之」，表現出亟欲與莊玉坡交遊的熱切。〔註55〕甚至，在《孔教報》第二卷

〔註53〕此詩刊於 1938 年二月二十七日之《孔教報》。
〔註54〕請參見施梅樵《孔教報》第十三號第三十四頁。
〔註55〕在《孔教報》第二卷第六號第六頁至第七頁，還有郭東史〈莊氏牟尼山蘭桂挺芳堂記〉，本文專門在介紹莊玉坡的生平梗概。

第二號的扉頁，還有日本國旗與「祝皇軍戰捷，武運長久」的字樣〔註56〕。而事實上，《孔教報》當中的確有許多認同殖民主所灌輸的價值的文章，如本文第一章提過的白折雄，另外尚有如蔡清福的〈國民宜知愛國論〉〔註57〕、何如璋〈國民宜知愛國論〉〔註58〕等等。

　　然而這些文章或可說是施梅樵表面上對於殖民主的敷衍應付而已，正因為莊玉坡為親日的指標性人物，所以對於莊玉坡的待遇愈好，則殖民主便愈加信任，俾使《孔教報》能夠擁有更多的生存空間與維護漢文化的能量。

　　實則梅樵對於維護漢文化的用心與其民族意識，則需由《孔教報》的小處看出，例如梅樵所選的詩文。若審視其選錄之中國文人，則可以發現高旭、吳恭亨、沈礪、柳棄疾、高燮、蔡守、田興奎、陳家慶等人均為中國南社社員。中國南社肇始於一九〇九年，其雖為文學團體，然而透過辦報等各種文化運動以求振聾發聵，啟迪民智，更重要的是，南社與當時的反清團體中國同盟會均有強烈的反清色彩以及愛國意識，所謂的「南社」取名的由來即是指「操南音而不忘其舊」之意，其中國民族主義與愛國主義的立場相當明顯。中國學者邵迎武曾云：

　　　　　南社作為一個由傳統文人演化而來的具有種族革命思想的特定
　　人群組織的進步團體，在列強環伺風雨如磐的近代中國，無疑堪稱
　　一支高擎民族復興火炬的勁旅。〔註59〕

　　南社社員有強烈的捍衛「聖教」的責任感，尤其在第一次世界大戰後，對於西方文明產生幻滅感，便開始乞靈於東方傳統文明，一九一九年後南社社員一連串籌辦國學刊物以維護「孔教」。〔註60〕

　　無疑的，《孔教報》與中國南社諸子的行動與價值觀有許多極為類似之處。梅樵挑選這些中國南社詩人的作品於《孔教報》之中，是有其寄託的，這就如同梅樵亦選錄了大量洪棄生的詩文的寄託，這其中的弦外之音實是相

〔註56〕《風月報》第 71 期於 1939 年 9 月 1 日亦刊載莊勳〈時局有感併祝皇軍武運長久〉此類稱頌日軍侵略行動的詩作。

〔註57〕請參見施梅樵《孔教報》第三號第十一頁。

〔註58〕請參見施梅樵《孔教報》第二號第八頁。

〔註59〕請參見邵迎武《南社人物吟評》初版，北京市：社會科學文獻出版社，1994年 4 月出版，頁 20。

〔註60〕如黃侃、劉師培創辦的《國故》雜誌、梅光迪等人的《學衡》雜誌。以上參考邵迎武《南社人物吟評》初版，北京市：社會科學文獻出版社，1994 年 4 月出版，頁 19。

同的，藉此以寄託隱晦不顯的漢民族意識。

此外，就儒學價值上，《孔教報》第七號第四頁引用《孔子家語》所揭櫫的「天命」概念亦云：孔子曰：「詩云：『皇皇上天，其命不忒，天之以善，必報其德，禍亦如之』……」。第七號第五頁開始以三蒲藤作〈漢儒學說概觀〉詳細介紹儒家中能降下禍福的「意志天」之概念：

> 「天論」，天者何據，仲舒之意，則天爲創造萬物之造物主，能
> 支配及凶禍福賞罰等一切命令權……天爲萬物之支配者，一切萬物
> 不得不服從天之命令，違之者天降禍罰之云。〔註61〕

施梅樵亦於第二卷第九號的〈總論〉一文中論述「以德配天」的概念：

> 《四書》中屢言「天」字，讀者誰能領會？夫子嘗謂：「獲罪於
> 天，無所禱也」……有言夫子之道德如天，故曰「配天」，夫子自言：
> 「天生德於予」，子思子知祖德，上律天時……〔註62〕

相較於日本天皇制中的「天祖」概念，即萬世一系之天皇其不言自明的絕對權威，「天命」思想則爲中國儒學價值中易姓革命的基礎，即「以德配天」，有德之人方能領有天下。《孔教報》雖未直接對於日本「國體論」加以否定，但以如此篇幅詳加介紹「天命」的思想，亦可視作潛在的一種抵抗殖民主思想的姿態。

《孔教報》第二卷第二號第二十八頁中，有彰化白沙吟社徵詩，詩題爲「祝南京陷落」，期限爲昭和十三年（1938）一月末日，然而此徵詩的後續消息一直到昭和十三年十二月八日發行的第二卷第八號才出現，至此徵詩的時間已將近一年。在《孔教報》第二卷第八號第十二頁中，梅樵只是輕描淡寫地寫下簡單的句子：

> 前本報所徵祝南京陷落詩，交卷不上十卷，故難於選取，故作
> 罷論，茲再徵詩如左，詩題：苦熱，不拘體韻。

徵詩時間長達將近一年，依照《孔教報》同人每期「古今詩海」的創作量而言，光是一個月，詩作恐怕就達上百首，然而「祝南京陷落」的徵詩居然延宕這麼久，卻徵不到十首詩以上。誠然，徵詩流產有許多原因，但是此一詩題或許觸動了《孔教報》出版會的詩人們內心隱微的民族意識吧？

然而，當時的儒學社群對於我群與他者的分際是極其模糊與曖昧的，莊

〔註61〕請參見《孔教報》第七號第五頁至第六頁。
〔註62〕請參見《孔教報》第二卷第九號第三頁。

玉坡之輩倘若是眞心要熱愛他們心目中的大日本帝國，就其當時的歷史環境，這其實是可以理解，不過從他們身上也看出一個事實，即——臺灣人在經過日本殖民教育與宣傳的洗禮後，對於辨識殖民者與被殖民者的價值差異與差別待遇的能力，已經出現了越來越疲弱的現象了，而即便是內心仍存有漢族的民族意識，也只能採取寄託與諷喻的手法來表現，施梅樵的困境正是如此。

三、「儒學大衆化」的嘗試

　　若觀曾登龍《孔教報》序言中所提及的「文字之無關世道人心者，昌黎所謂俳優也。近來雜誌百出，類皆浮泛之言，不中肯棨」〔註63〕，則讓人容易誤認爲《孔教報》是一份嚴肅的儒學刊物。實際上，如《孔教報》所刊載小說、諧文則極具有通俗性，此種自相矛盾的根本原因在於：儒學論述必須因應日漸資本主義化的中產階級社會，以求取傳播動能的最大化。葉榮鐘於一九三〇年代初曾說過：

　　　　在日本內地今日所稱謂「大衆文藝」乃是寫給一般文化的教養較低的大衆去鑑賞的通俗文藝，牠的發生原因，自然是根據文學與社會的關係——因爲文學已不是一部份特殊階級的專有物，牠若是對於全體的社會與人生無所寄興就沒有意義的。所以文藝一發，要接近大衆，供給大衆以娛樂和慰安，使彼等切實地去觀照他們自身的本相，思想和感情。藉以涵養大衆的趣味和品性給他們的人生能夠藝術化，那末文藝非更爲通俗化不可。〔註64〕

　　「文學已不是一部份特殊階級的專有物」，當時亟欲推崇孔教儒學價值的施梅樵，不可能沒有意識到此一時代的變化，儒學的概念必須更爲人們所接受才行。若考察《孔教報》的小說與諧文，實質上就是作爲「儒學大衆化」的目的而存在的。它在面對日本殖民主時極力推銷孔教價值，以求納入殖民主當時認可的日本孔子教運動的視野與標準之中，藉此以達成維護漢文，延續斯文於一線的目的；而當《孔教報》在面對自己的讀者時，實際上採取的方針正是「儒學大衆化」的理念，這一點雖然施梅樵並沒有表明，但是我們

〔註63〕　請參見施梅樵《孔教報》第一號第一頁。
〔註64〕　請參見葉榮鐘〈「大衆文藝」待望〉此文收於《南音》第 1 卷第 2 號，1932年 1 月 15 日出版。

從《孔教報》的整體編排可以看出。

　　首先，先就每一號均有的孔聖歷史與聖裔而言，前文已提過，此一單元幾乎全部參考甚至部分完全抄錄曹魏王肅的《孔子家語》，但是吾人不禁想要提問，既然要申明儒家思想，為何施梅樵不參考或抄錄朱熹的《四書集注》或《四書》原文即可，為何要使用《孔子家語》呢？

　　實則若考察孔子地位的流變史，於先秦時代，儒學學問尚未獨尊，百家爭鳴之下，孔子學說甚至還受到諸多的批判與攻擊，孔子本人也尚未遭到神化，許多研究孔子生平的學者，大多較為傾向採取此一時期的史料與文獻，作為信史的依據，然而從西漢漢武帝獨尊儒術之後，孔子與儒學的地位遂居於文化霸權的地位，因而主導了中國兩千多年來的思想體系。而從漢朝一直到晉朝，因著儒家的獨尊地位，司馬氏亦標榜以「孝」治天下，高舉名教之價值，針對由漢迄晉代此一時期對於孔子的神聖化歷程，中國學者陳金文曾指出：

　　　　進入漢代之後，隨著儒家在意識型態領域地位的提高，逐漸出
　　現了神化孔子的傾向，加上筆記小說的作者在採用傳說時，要較史
　　學家或思想家更為關注傳說的文學性，所以這一時期被保存採用的
　　孔子傳說已經有了比較明顯的傳奇性。〔註65〕

　　王肅的《孔子家語》正是此一時期的神話化與文學化孔子傳說的產物，歷來此書雖始終被思想家與史學家目為王肅假託孔子後代所作的偽書，甚至學者羊春秋認為這是王肅用以攻擊鄭玄之學的著作〔註66〕，但是，《孔子家語》仍然有其重要性。《孔子家語》的成份構成，陳金文曾經分析過：

　　　　《孔子家語》匯集的傳說資料大都來自儒家著作，如《禮記》、
　　《韓詩外傳》、《孔叢子》等，有些儘管來自儒家之外的著作，但也
　　是選取其中肯定、讚揚孔子的部份。如其採用的部份《呂氏春秋》、
　　《淮南子》、《說苑》中的孔子傳說。《莊子》、《墨子》、《韓非子》皆
　　未選入。〔註67〕

〔註65〕請參見陳金文《孔子傳說的文化審美研究》濟南市：齊魯書社，2004年出版，頁35。
〔註66〕請參見王肅著羊春秋註譯周鳳五校閱《新譯孔子家語》臺北市：三民書局，1996年出版，頁1。
〔註67〕請參見陳金文《孔子傳說的文化審美研究》濟南市：齊魯書社，2004年出版，頁43。

　　由此看來，對於孔子的批判與否定的《莊子》、《墨子》、《韓非子》的相關記載全部都被王肅排除在外，所以王肅《孔子家語》本身就只有對孔子的肯定與讚揚，再加上其傳說性與故事性的闡發，正如同《三國演義》對於民間的影響力與感染力要遠遠超過《三國志》正史一般，《孔子家語》的傳說性與文學性都大大地抬升孔子的歷史地位，進而超越了原典對於一般人的吸引力。羊春秋更肯定了這種作用：

　　　　《孔子家語》綴集了群經之言、百家之語，不論王肅偽撰之目
　　　的如何，客觀上起到了羽翼孔書，弘揚儒學的作用。它通過了具體
　　　的言論和故事，從為政以德、修身以禮、待人以恕、辨物以審諸方
　　　面，歌頌了孔子的至德、至聖、至仁、至博的品德和修養。〔註68〕

　　對於編輯《孔教報》的施梅樵而言，《孔子家語》其實是作為闡揚孔教的最佳工具，其傳奇性、故事性與文學性，都要比《四書》原典要來得好，自然更能夠增加《孔教報》對於大眾的吸引力，誠然，《孔教報》同人們可能本身多是文人雅士，對於儒學經典本就有所涉獵，然而由於這種通俗性與大眾化的要求，《孔教報》不但可以提供會員自身的欣賞，也可以流通傳閱，讓《孔教報》的影響力更為深遠。

　　此外，若論及《孔教報》的小說與諧文，則發現某些故事題材當中均寓有儒家勸世之理念，這種儒學通俗化的現象，其實自清代以來的臺灣，鸞堂與善社便就已透過扶鸞儀式與善書宣講來傳播儒學的教化理念，學者鄭志明也解釋了此一儒學通俗化的現象：

　　　　文化的層級觀念，已逐漸獲得世人普遍的共識，認為在理性知
　　　識精緻文化之外，也一定存在著以社會大眾為主的通俗文化。但是
　　　有一點必須澄清，即通俗文化不見得就是低級文化或庸俗文化。而
　　　是精緻文化落實到社會的實踐過程中，往往受到民間意識形態與文
　　　化結構的影響，以具象化或平淺化的方式來表達。〔註69〕

　　《孔教報》要傳達儒學理念時，自然也必須顧及此種儒學的「通俗化」與「大眾化」的策略，茲舉〈老儒辨報應〉〔註70〕為例，此篇小說的故事梗

───────────

〔註68〕請參見王肅著羊春秋註譯周鳳五校閱《新譯孔子家語》臺北市：三民書局，
　　　　1996年出版，頁5。

〔註69〕請參見鄭志明《臺灣的宗教與秘密教派》，初版，臺北市：臺原出版社，1990
　　　　年出版，頁256。

〔註70〕請參見《孔教報》第十一號第十七頁至十九頁，本篇作者原稿未標明。

概是說，有一位老儒安分讀書、束修自好，有文名，但是經濟極為貧困；同一鄉里中卻有一善於訴訟與詐騙的文士，因為運用侵佔他人的財物而家運大昌，成為巨富，且生三子均獲功名而當官，此人年至七十且身強體健，偶爾遇到此一老儒還會調侃他的貧窮，稱誇自己的富貴。老儒心甚不平，便作一文，焚於神廟，並且譴責神明善惡之無報，晚間睡夢中，神明即來託夢，並與老儒發生一連串的激辯，激辯過程相當精彩，舉其中一段：

> 神曰：「為善不昌，祖父有餘殃，殃盡則昌；為惡不滅，祖父有餘德，德盡則滅，世人不知此理，妄生疑惑耳。」老儒曰：「吾見兄弟兩人，一則終身行善，而終身受惡報，一則終身作惡，而終身得善報，豈祖父餘殃之報，專令行善之子孫受之；祖父餘德之報，專令作惡之子孫受之乎？」

在老儒的質問下，神明又辯說行善卻受惡報乃因其前生行惡過多，反之亦然，然而老儒仍然緊咬著神明論點的缺失不放，馬上反駁神明：

> 老儒曰：「前生行善，積有善根，何以今生反使為惡人，而後受善報；前生作惡，造有惡孽，何以今生反得為善人，而始受惡報，揆之情理，毋乃悖乎？且前生為善，今生因作惡，而始獲善報，則今生之惡，必俟來生為惡人而始報矣，循環無窮，反覆不定，何以取信於人世耶？設遇世世行善，世世作惡，及善惡兩無之人，又將何以處之哉？」神俯首久之。

老儒批判所謂的因果報應的邏輯本身就有極大問題，以至於會產生自身的悖論，進而自相矛盾。於廟焚文，引神入夢，這本就極具戲劇性的情節，此一鬼神傳奇之類的題材本來就容易吸引讀者好奇。其實，因果報應、前世今生本來就不是儒家的理念，而是佛教的思想，《孔教報》在這篇小說要傳達的儒學理念，即是人應當積極入世，「未能事人，焉能事鬼」、「未知生，焉知死」的入世想法，而透過老儒與神明，人神之間的辯論，使得此一小說更具張力與吸引力，藉此能夠使讀者發覺因果報應本身即具有的悖論，進而接受儒家積極入世的精神。

《孔教報》的儒學大眾化傾向，正是要在那個漢文地位飄搖、儒學理念為人所輕賤的年代，以儒學通俗化的方式讓讀者重新認識與吸收，編者施梅樵，的確有其用意寄焉。

第五節 小 結

本章第一節中，筆者闡明了日本殖民主是以何種眼光來看待《孔教報》的產生，作為那個漢文被廢止後僅存的寥寥數本漢文刊物之一，《孔教報》的編者施梅樵是如何地機巧地換取《孔教報》的發表與生存空間。第二節則說明了《孔教報》同人的成立動機與組織活動，成立動機當然就是要維護已將搖搖欲墜的漢文，而透過編者梅樵的四處遊訪，《孔教報》同人的共同感也因此得以建立。第三節則詳述了施梅樵的生平、詩學特色與其畢生隱微不顯卻亦在言外的民族意識，此外更詳細列表，製成趨近於當時《孔教報》同人確切名單全貌的表（三），除可了解《孔教報》同人的組成份子與其概略生平外，筆者更闡明《孔教報》本身即具有的強烈的地域性，即《孔教報》是一本寫作群以彰化文人為主幹的儒學刊物。第四節則直接針對《孔教報》的各類文本進行剖析，並且舉例說明，且由三個面向分別詳述之，使吾人對於《孔教報》所呈現的儒學論述風貌能有更深入的了解。

《孔教報》其實就象徵著日治時代末期臺灣儒學社群維護漢文的用心，在「策略性的含混」的過程中，或許也有人真心認同日本殖民主所灌輸的價值；或許編者也要必須為了應付殖民主而說出言不由衷的親日言論。然而，施梅樵為了捍衛他心中的漢民族意識，必須使用相當隱微不顯的方式來使自己不致於混淆與迷亂。縱使日治末期的儒學知識社群是活在一個如此曖昧、衝突與矛盾的時代氛圍中，但是吾人仍應當要肯定他們為捍衛自身漢文化的努力與用心，而筆者身為彰化人，也更加欽佩吾鄉先賢施梅樵在那個時代所作的奮鬥。

第五章　結　論

第一節　《孔教報》的貢獻與價值

　　《孔教報》第二卷第九號，這也是於目前所僅見的最後一號，發行於一九三八年十二月二十五日。施梅樵在本號中曾有「總論」〔註1〕一文，茲節錄其最後一段：

> ……樂安其所止，復有定力，任百折千磨，我心不轉，乃爲定矣。世人好外來之物，擾其淡定之天，一出一入，意馬心猿，終身如風浪不定，或偶有定，偶造次而不定，遇顛沛尤不定，不能忍飢耐寒，更不可與言定。反覆無常，日趨於幽暗，欲求其定，難乎其難，必也心志專壹，目不妄視，目靜則心靜；口不妄言，口靜則心靜；耳不妄聽，耳靜則心靜；身不妄動，身靜則心靜。心既靜，則德常在心，所謂「天君泰然，百體從令焉」。

　　在此，施梅樵談論其儒家的定、靜心法，「復有定力，任百折千磨，我心不轉」，言明不受到外物的干擾與影響，並且申明若無法「定」下己心，則「反覆無常，日趨於幽暗，欲求其定，難乎其難」，而這心上工夫在於不妄視、不妄言、不妄聽、不妄動則得心之靜，「心既靜，則德常在心」。如果把這一番話放在一九三八年底的戰爭歲月裡，或許可推知梅樵的言外之意，當漢文在一九三七年六月一日，全面於報紙消失，僅存數份漢文刊物繼續維持漢文的存在，然而《風月報》畢竟通俗性與大眾性過於強烈，並不能夠滿足當時儒

〔註1〕雖經筆者比對，此號應非最後一號，因小說〈復仇女〉尚未連載完成，然而或許因某種因素而被強迫停刊也有其可能性。

學社群對於孔教與漢文的維護，在戰爭期的前後，一九三六年十月一直到一九三八年十二月底，雖說發行時間只有兩年多，但是《孔教報》作爲在此時漢文的命運最爲乖舛的時刻，宛如暗夜中一踽踽獨行之老者，似是一肚子不合時宜，然而其維護漢民族意識的用心是值得肯定的。此時的梅樵提出此一心法，其實是在表明他亦自覺到《孔教報》的孤獨無伴，與經營之困窘。所以他期許自己要能「定」、「靜」，以求協助臺灣的漢文化能夠走過這一段最爲幽暗的歲月。李世偉認爲包括《孔教報》在內的戰爭時期儒學人士所創辦的刊物，如《崇聖道德報》、《風月報》、《詩報》等等，雖然有不少與日人親近的儒教人士寫出歌功頌德的作品，但是就整體而言，他認爲：

> 這一類的皇民化立論的文章在整體上而言，僅佔極小的比例，
> 儒教刊物的主體內容還是在於宣揚儒教義理、提倡詩教、鼓吹漢學。
> 換言之，在儒教人士的概念中，儒教文化的位階是高於日本文化的，
> 這一點我們可以從《孔教報》、《崇聖道德報》仍多以傳統文言文來
> 表達可以看出其文化的堅持。〔註2〕

筆者相當贊同李世偉對於《孔教報》的看法，即在日本殖民主與儒教人士的「相互利用」之下，《孔教報》的編者與同人確實是利用殖民主所給的生存空間，繼續維護漢文。

另《孔教報》作爲聯繫儒學社群的工具，其功亦不可忽視，《孔教報》同人中並不乏重要人士，亦不分新舊，《孔教報》作爲漢文廢止後維護傳統價值的刊物，它也提供儒學人士互通聲氣的聯絡平臺，延續漢文的寫作空間。

此外，《孔教報》當中有許多值得研究的文學作品與文學現象，例如爲數眾多的小說、筆記、諧文，以及將英詩翻譯爲漢詩或詞語近代化而引起的誤解，均可供研究者了解日治末期的文學發展與語言的變化，惟因本文乃側重於其儒學論述，偏重思想層面的探討，故亦只能割愛。就其詩作而言，翁聖峰也曾經提過：

> 《孔教報》所刊載的傳統詩學或是小說都未曾被以往的研究者
> 注意過，因此，除了傳統思想之外，在日據時代的文學研究上，《孔
> 教報》也能提供我們另一個參考面向。〔註3〕

〔註2〕請參見李世偉《日據時代臺灣儒教結社與活動》，初版，臺北市：文津出版社，
　　　　1999年出版，頁395～396。
〔註3〕翁聖峰〈日據末期的臺灣儒學——以「孔教報」爲論述中心〉，臺南市文化中

第二節　本篇論文的展望與檢討

本文論及的年代由明鄭時期迄清領時期，而終於日治末期，論述的主軸始終在於儒學知識社群在面對臺灣的時代命題時，如何運作儒學論述因應重要的時代脈動與挑戰。

本文第二章於明清兩代所論述的臺灣儒學，主要偏重於統治者所建構的儒學建制其教育體制內容的解讀與論究其影響，並提出新的史料探討歷來對於沈光文評價的問題，並簡述明清朱子學如何成為臺灣儒學長期的主流論述。

本文第三章進入日治時期，而主要以三個面向——殖民性、近代性、本土性——的交叉辯證來剖析日治時代臺灣儒學論述的面向，並且極欲打破「御用／抗日」與「新／舊」的二元對立性，並且分析殖民地儒學肯定論與否定論的「以偏概全」的謬誤，這均有助於對於日治時期臺灣儒學論述多元的理解。

本文第四章則全面解析《孔教報》文本，並且亦就三個觀點——儒學與殖民者、儒學與近代性、儒學大眾化——來分析《孔教報》，並且透過分析施梅樵個人的生平與理念，思索《孔教報》的編輯方式與理念，並且蒐羅《孔教報》同人的各種資料，製成一覽表，以俾從中發掘其運用「策略性的含混」，吸納某些日本性來作為掩護，而真正落實維護孔教、漢文的行動，構成與日本殖民主「同床異夢」的儒學論述，其用心確實令人感佩。

筆者將歷史的縱深溯及明鄭並終於日治末期，試圖處理龐大的臺灣儒學論述的問題，然而也因限於筆者能力不足，故無法全面性地探討臺灣儒學的歷史與重要問題，諸如日治時期儒墨論戰、儒耶論戰等，且本論文明清部分的儒學論述研究亦有堆砌史料、過於簡略之嫌，這些都是本論文不足之處。

這本論文對於筆者而言，實際上是一個長久思考歷程的自我解答，過往，在儒學、馬克思主義及臺灣本土論述三者之間的辯證之間，筆者經常墜入十里迷霧之中，然而在拋卻了唯物與唯心的對立之後，筆者重新認知到，對於儒學的研究態度，不必執著於中國民族主義與馬克思主義之間，反而是儒學作為一種哲學思想上的支持信念，它如何長久發揮穩定臺灣社會，提供生存與相處之道給予臺灣人民，這些不論是知識份子或庶民的影響面向，均值得

心，第一屆臺灣儒學研究國際學術研討會會議論文，上冊，頁46～47。

筆者往後做更深入的研究與探討。

　　筆者期盼本論文之寫作，除了能夠增加吾人對於日治時代臺灣儒學論述多重面向的認識，並且提供往後研究者對於施梅樵研究與《孔教報》更深入的理解，並且也希望能給予《孔教報》及其同人一個更爲客觀的定位。

參考文獻

（依姓氏筆劃排列）

一、史料

1. 《臺灣日日新報》，臺北市：五南圖書公司，1994 年。

2. 《清聖祖實錄選輯》，臺灣文獻史料叢刊，臺北：大通書局，1987 年。

3. 《臺灣民報》，臺灣雜誌社發行，東方文化書局複刊影印本，1925 年。

4. 《臺灣青年》，東方文化書局複刊本。

5. 不著撰人，《臺灣通志》，臺灣文獻叢刊第一三〇種，臺灣銀行經濟研究室編印，1960 年。

6. 日本舊慣調查委員會，《臺灣私法》，東京：日本舊慣調查委員會，1911 年 8 月。

7. 伊能嘉矩，《臺灣文化志》（上）（中）（下），南投縣：臺灣省文獻委員會編譯，1997 年。

8. 全祖望，《鮚埼亭集選輯》，臺灣文獻叢刊第兩百一十七種，臺灣銀行經濟研究室編印，1994 年。

9. 全臺詩編輯小組編撰，《全臺詩》第一冊，臺北市：遠流出版社，2004 年。

10. 江日昇，《臺灣外紀》，臺灣文獻叢刊第六十種，臺灣銀行經濟研究室編印，1960 年。

11. 余文儀，《續修臺灣府志》，臺灣文獻叢刊第一二一種，臺灣銀行經濟研究室編印，1962 年。

12. 沈允在，《沈光文公來臺世傳族譜》，雲林大埤：沈允在，自印本。

13. 周元文，《重修臺灣府志・人物志》，臺灣文獻叢刊第六十六種，臺灣銀行經濟研究室編印，1960 年。

14. 周鍾瑄陳夢林等，《諸羅縣志》，臺灣文獻叢刊第一百四十一種，臺灣銀

行經濟研究室編印，1994 年。

15. 周璽，《彰化縣志》，臺灣文獻叢刊第一五六種，臺灣銀行經濟研究室編印，1961 年。

16. 施梅樵，《孔教報》，彰化市：孔教報出版會，1936 年 10 月至 1938 年 12 月。

17. 施梅樵，《捲濤閣詩草》，臺中：著者自印本，1921 年。

18. 施梅樵，《梅樵詩集》，臺北市：龍文出版社，2001 年 6 月。

19. 施讓甫編，《鹿江集》，彰化：瑞明印書局，1957 年。

20. 洪棄生，《寄鶴齋選集》，臺灣文獻叢刊第三〇四種，臺灣銀行經濟研究室編印，1972 年出版，頁 205。

21. 范咸，《重修臺灣府志》，臺灣文獻叢刊第一〇五種，臺灣銀行經濟研究室編印，1961 年。

22. 高拱乾，《臺灣府志・人物志》，臺灣文獻叢刊第六十五種，臺灣銀行經濟研究室編印，1960 年。

23. 莊金德等，《臺灣省通志》，臺中縣：臺灣省文獻委員會，1973 年出版。

24. 連橫，《臺灣通史》，臺灣文獻叢刊第一二八種，臺灣銀行經濟研究室編印，1962 年。

25. 陳乃乾等，《徐闇公先生年譜》，臺灣文獻叢刊第一二三種，臺銀經濟研究室編印，1961 年。

26. 陳文達，《臺灣縣志》，臺灣文獻叢刊第一〇三種，臺灣銀行經濟研究室編印，1960 年。

27. 程大學等譯，《臺灣慣習記事》（一至七卷），臺灣省文獻會中譯本，1984 年至 1993 年。

28. 黃臥松編，《崇文社文集》（卷一至卷八共八冊），嘉義：蘭記書局，1927 年。

29. 黃臥松編，《彰化崇文社貳拾周年紀念詩文續集》，嘉義：蘭記書局，1937 年。

30. 黃臥松編，《彰化崇文社詩文小集》，嘉義：蘭記書局，1937 年。

31. 楊英，《從征實錄》，臺灣文獻叢刊第三十二種，臺北：臺銀經濟研究室，1960 年。

32. 蔣毓英，《臺灣府志》，南投：臺灣省文獻會，1993 年。

33. 鄭亦鄒，《鄭成功傳》，臺灣文獻叢刊第六十七種，臺北，臺銀經濟研究室，1960 年。

34. 顧炎武，《日知錄》，臺北市：臺灣商務印書館，1956 年。

二、專書：

1. 子安宣邦著，陳瑋芬等譯，《東亞儒學：批判與方法》，初版，臺北市：臺灣學生書局，2003 年。

2. 中共中央馬克思恩格斯列寧斯大林著作編譯局編，《馬克思恩格斯選集》第一卷，二版，北京市：人民出版社，1995 年。

3. 王守仁，《王陽明文集‧萬松書院記》，考正出版社編印，1972 年。

4. 王見川、李世偉，《臺灣的宗教與文化》，初版，臺北縣蘆洲市：博揚文化，1999 年。

5. 王家驊，《日中儒學比較》，六興出版社，1988 年。

6. 王國璠，《臺灣鄉土文物淺說》，南投縣：臺灣史蹟源流研究會，出版日期不詳。

7. 王肅著羊春秋註譯周鳳五校閱《新譯孔子家語》，臺北市：三民書局，1996 年。

8. 王雲五主編漢譯世界名著甲編六百冊，三浦藤作著張宗元、林科棠譯，《中國倫理學史》，初版，臺北市：臺灣商務印書館，1966 年出版。

9. 王詩琅，《日本殖民體制下的臺灣》，臺北市：眾文出版社，1980 年。

10. 王爾敏，《晚清政治思想史論》，臺北市：臺灣商務印書館，1995 年。

11. 王曉波編，《臺胞抗日文獻選編》，臺北：帕米爾，1985 年。

12. 王曉波編《臺灣社會運動先驅者王敏川選集》，臺北市：臺灣史研究會，1987 年。

13. 丘荷公著，丘瓊華丘其憲編譯《丘荷公詩文選》，丘輝謙，福建上杭：自行出版，1999 年 3 月。

14. 矢內原忠雄著，林明德譯，《日本帝國主義下之臺灣》，臺北市：吳三連臺灣史料基金會，2004 年。

15. 伊藤潔，《臺灣──四百年的歷史與展望》，二版，臺北市：新遠東出版社，1994 年。

16. 吉野秀公，《臺灣教育史》，臺北市：南天書局，1997 年。

17. 朱舜水，《中原陽九述略‧朱舜水集》，臺北：漢京文化事業有限公司，1984 年。

18. 朱熹，《四書章句集註》四版，臺北市：鵝湖出版社，1998 年。

19. 艾瑞克‧霍布斯邦等著、陳思文等譯，《被發明的傳統》，臺北市：貓頭鷹出版社，2002 年。

20. 艾瑞克‧霍布斯邦著、黃煜文譯，《論歷史》，初版，臺北市：麥田出版社，2002 年。

21. 佐藤春夫著，邱若山譯，《殖民地之旅》，初版，臺北市：草根出版社，
2002 年。

22. 吳文星，《日據時期臺灣社會領導階層之研究》，臺北市：正中書局，
1992 年。

23. 吳密察，《臺灣近代史研究》，臺北市：稻香出版社，1991 年。

24. 吳濁流，《濁流詩草》，臺北市：臺灣文藝雜誌社，1973 年。

25. 呂紹理，《水螺響起——日治時期臺灣社會的生活作息》，臺北市：遠流
出版社，1998 年。

26. 李世偉，《日據時代臺灣儒教結社與活動》，初版，臺北市：文津出版
社，1999 年。

27. 李園會，《日據時期臺灣師範教育制度》，臺北市：南天書局，1997 年。

28. 林文龍，《臺灣詩錄拾遺》，臺中縣：臺灣省文獻會，1979 年。

29. 林明德，《日本的社會》，臺北市：三民書局，1997 年。

30. 林茂生，《日本統治下臺灣的學校教育／其發展及有關文化之歷史分析與
探討》，臺北市：新自然主義股份有限公司，2000 年。

31. 林莊生，《懷樹又懷人》，臺北：自立晚報，1992 年。

32. 林慶彰，《日據時期臺灣儒學參考文獻》，初版，臺北市：臺灣學生書局，
2000 年。

33. 法農，《黑皮膚，白面具》，初版，臺北市：心靈工坊文化出版社，2005
年。

34. 法蘭汀、干治士等原著，甘爲霖英譯，李雄揮中譯，《荷據下的福爾摩
莎》，初版，臺北市：前衛出版社，2003 年。

35. 邵迎武，《南社人物吟評》初版，北京市：社會科學文獻出版社，1994
年 4 月。

36. 南博著，邱琡雯譯，《日本人論——從明治維新到現代》，初版，臺北縣
新店市：立緒文化，2003 年。

37. 施懿琳，《從沈光文到賴和——臺灣古典文學的發展與特色》，初版，高
雄市：春暉出版社，2000 年。

38. 施懿琳、楊翠，《彰化縣文學發展史》，彰化市：彰化縣立文化中心，1997
年。

39. 柳無忌、殷安如編《南社人物傳》初版，北京市：社會科學文獻出版社，
2002 年 6 月。

40. 張立文、李甦平編，《中外儒學比較研究》北京市，東方出版社，1998
年 6 月。

41. 張京媛，《後殖民理論與文化認同》，臺北：麥田出版社，1995 年。

42. 張瑞和、施懿琳編，《詹作舟全集（三）書信雜文篇》，初版，彰化縣永靖鄉：詹作舟全集出版委員會，2001 年。

43. 曹永和，《臺灣早期歷史研究續集》，初版，臺北市：聯經出版社，2000 年。

44. 許介鱗，《近代日本論》，臺北市：日本文摘雜誌社，1987 年。

45. 許俊雅，《臺灣寫實詩作之抗日精神研究——一八九五～一九四五之古典詩歌》初版，臺北市：國立編譯館，1997 年。

46. 許俊雅、楊洽人編，《楊守愚日記》，彰化市：彰化縣立文化中心，1998 年。

47. 許凌雲、許強，《中國儒學通論》，廣州市：廣東教育出版社，2002 年 9 月。

48. 許雪姬、薛化元、張淑雅等撰文，《臺灣歷史辭典》，初版，臺北市：文建會，2004 年。

49. 陳金文，《孔子傳說的文化審美研究》濟南市：齊魯書社，2004 年。

50. 陳昭瑛，《臺灣文學與本土化運動》，臺北：正中書局，1998 年。

51. 陳昭瑛，《臺灣儒學：起源、發展與轉化》，初版，臺北市：正中書局，2000 年。

52. 陳昭瑛，《臺灣儒學的當代課題：本土性與現代性》，初版，中國社會科學出版社，2001 年。

53. 陳培豐著，王興安、鳳氣至純平編譯，《「同化」的同床異夢：日治時期臺灣的語言政策、近代化與認同》，初版，臺北市：麥田出版社，2006 年。

54. 陳漢光，《臺灣詩錄》（全三冊），臺中縣：臺灣省文獻會，1971 年。

55. 凱斯·詹京斯（KeithJenkins），《歷史的再思考》，臺北市：麥田出版社，1996 年。

56. 曾笑雲，《東寧擊缽吟前集》，臺北市：陳鐵厚發行，1934 年。

57. 曾笑雲，《東寧擊缽吟後集》，臺北市：吳紉秋發行，1936 年。

58. 黃秀政，《「臺灣民報」與近代臺灣民族運動》彰化：現代思潮出版社，1987 年。

59. 黃洪炎編，《瀛海詩集》（上）（下），臺北市：龍文出版社，2006 年。

60. 黃美娥，《重層現代性鏡像——日治時代臺灣傳統文人的文化視域與文學想像》，初版，臺北市：麥田出版社，2004 年。

61. 溝口雄三著，李甦平、龔穎、徐滔譯，《日本人視野中的中國學》，北京市：中國人民大學出版社，1996 年 9 月。

62. 溝口雄三著，龔穎譯，《中國前近代思想的演變》，北京市：中華書局，

1997 年。

63. 葉石濤，《臺灣文學史綱》，高雄市：文學界雜誌社，1987 年 2 月。

64. 葉榮鐘，《日據下臺灣政治社會運動史（上）、（下）》，臺中市：晨星出版社，2000 年。

65. 廖炳惠編，《關鍵詞 200：文學與批評研究的通用辭彙編》初版，臺北市：麥田出版社，2003 年。

66. 廖雪蘭，《臺灣詩史》，臺北市：武陵出版社，1989 年。

67. 臺南市文化中心編，《第五屆府城文學獎得獎作品專集》，臺南市：臺南市立文化中心，1999 年 6 月。

68. 潘乃德著黃道琳譯，《菊花與劍——日本的民族文化模式》，初版，臺北市：桂冠出版社，1991 年。

69. 潘朝陽，《明清臺灣儒學論》，初版，臺北市：臺灣學生書局，2001 年。

70. 鄭志明，《臺灣的宗教與秘密教派》，初版，臺北市：臺原出版社，1990 年。

71. 盧嘉興著，呂興昌編《臺灣古典文學作家論集（下）》，臺南市：臺南市立藝術中心，2000 年。

72. 錢穆，《朱子學提綱》，北京市，三聯書店，2002 年 8 月。

73. 龍文出版社《臺灣先賢詩文集彙刊第一輯》，臺北市：龍文出版社，1992 年。

74. 龍文出版社《臺灣先賢詩文集彙刊第二輯》，臺北市：龍文出版社，1992 年。

75. 龍文出版社《臺灣先賢詩文集彙刊第三輯》，臺北市：龍文出版社，2001 年。

76. 謝少波、王逢振編，《文化研究訪談錄》，北京市：中國社會科學出版社，2003 年 6 月。

77. 鶴見俊輔著，李永熾譯，《日本精神史》，臺北市：學生書局，1984 年。

78. 龔顯宗編，《沈光文全集及其研究資料彙編》，臺南縣新營市：臺南縣立文化中心，1998 年。

三、學位論文：

1. 川路祥代，《殖民地臺灣文化統合與臺灣傳統儒學社會（1895～1919）》，國立成功大學中國文學系博士論文，2001 年。

2. 尤隨終，《明鄭至日治時期（1661～1945）臺灣儒學之研究》，華梵大學東方人文思想研究所碩士論文，2004 年。

3. 王文顏，《臺灣詩社研究》，國立政治大學中文所碩士論文，1979 年。

4. 吳毓琪,《日治時期臺灣南社研究》,成功大學中研所碩士論文,1998年。

5. 李進添,《日治時期臺灣儒學代表人物之研究》,臺北市立教育大學應用語言文學研究所碩士論文,2005年。

6. 翁聖峰,《日據時期臺灣新舊文學論爭新探》,輔仁大學中文系博士論文,2001年。

7. 游勝冠,《殖民進步主義與日據時代臺灣文學的文化抗爭》,清華大學中國文學所博士論文,2000年6月。

8. 葉憲峻,《清代臺灣教育之建置與發展》,中國文化大學史學研究所博士論文,2002年。

9. 蘇秀鈴,《日治時期崇文社研究》,彰化師範大學國文學系碩士論文,2000年。

四、單篇論文

1. 子安宣邦,〈從當今日本質問「儒教」〉,此文收逾第一屆臺灣儒學研究國際學術研討會會議論文,1997年。

2. 文訊月刊〈傳統詩社的過去現在與未來〉,《文訊月刊》第18期,1985年6月。

3. 石萬壽,〈沈光文事蹟新探〉此文收於《臺灣風物》第43卷第2期,1993年6月。

4. 余美玲,〈鹿港詩人施梅樵詩歌探析〉此文收於第十三屆詩學會議——日治時期臺灣傳統詩研討會論文,2004年5月29日。

5. 吳文星,〈日據時期臺灣書房教育之再檢討〉,《思與言》,第26卷第1期,1998年5月。

6. 吳文星,〈日據時期臺灣總督府推廣日語運動初探〉,此文分載於《臺灣風物》第37卷第1、4期,1987年3月與12月。

7. 吳密察,〈「歷史」的出現〉,此文收於黃富三、古偉瀛、蔡采秀主編《臺灣史研究一百年:回顧與研究》,臺北市:中央研究院臺灣史所籌備處,1997年。

8. 沈松橋,〈我以我血薦軒轅——黃帝神話與晚清的國族建構〉,此文收於《臺灣社會研究季刊》,臺北市:臺灣社會研究季刊社,第28期,1997年12月。

9. 林香伶,〈回顧與前瞻——中國南社研究析論(1980～2004)〉,此文收於《中國學術年刊》第28期,臺北市:臺灣師範大學國文系,2006年3月。

10. 金培懿,〈日據時代臺灣儒學研究之類型〉,此文收於《第一屆臺灣儒學

研究國際學術研討會會議論文》，1997 年。

11. 金培懿，〈日本的孔子教運動〉，此文收於《國際漢學論叢》第一輯，臺北市：樂學書局，1999 年 7 月。

12. 金培懿，〈近代日本中國學者的儒學反思意涵〉，此文收於《國際漢學論叢》第二輯，臺北市：樂學書局，2005 年 2 月。

13. 施懿琳，〈日治中晚期臺灣漢儒所面臨的危機及其因應之道——以彰化「崇文社」為例〉，此文收於《第一屆臺灣儒學研究國際學術研討會會議論文》，1997 年。

14. 翁聖峰，〈日據末期的臺灣儒學——以「孔教報」為論述中心〉，此文收於《第一屆臺灣儒學研究國際學術研討會會議論文》，1997 年。

15. 翁聖峰，〈國教宗教辨——以《孔教報》為論述中心〉，臺灣大學東亞文明研究中心，《臺灣儒學文獻研討會發表論文》，2005 年。

16. 翁聖峰，〈日據時期（1920～1932）臺灣的儒學與儒教——以《臺灣民報》為分析場域〉，此文收於《臺灣文獻》第 51 卷第 4 期，2000 年 12 月 31 日。

17. 翁聖峰，〈江亢虎遊臺爭議與《臺游追記》書寫〉，此文收於《臺北師院語文集刊》第 9 期，2004 年 11 月。

18. 張我軍，〈新文學運動的意義〉，此文收於張光直編《張我軍全集》，臺北市：人間出版社，2002 年。

19. 盛成，〈復社與幾社對臺灣文化的影響〉，《臺灣文獻》第 13 卷第 3 期，1962 年 9 月。

20. 陳昭瑛，〈清代臺灣鳳山縣的儒學教育〉，收入《第四屆高雄文化發展史研究會論文集》，高雄市政府，1996 年。

21. 陳昭瑛，〈清代臺灣教育碑文中的朱子學〉，收入《儒家思想在現代東亞國際研討會論文集》，中央研究院中國文哲研究所籌備處，1999 年。

22. 陳國棟，〈哭廟與焚儒服：明末清初生員層的社會性動作〉《新史學》第 3 卷第 1 期，1992 年 3 月。

23. 陳培豐，〈從教育勅語到臺灣版教育勅語——近代日本的儒學、天皇制與殖民統治〉，發表於《「臺灣與遺民儒學：1644 與 1895」學術研討會》，臺北：國立臺灣大學東亞文明研究中心·臺灣儒學研究室舉辦，2005 年 9 月 8 日。

24. 陳瑋芬，〈由「東洋」到「東亞」，從「儒教」到「儒學」：以近代日本為鏡鑑談「東亞儒學」〉，此文收於《臺灣東亞文明研究學刊》第一卷第一期，國立臺灣大學東亞文明研究中心出版，2004 年 6 月。

25. 黃美娥，〈日治時期臺灣詩社林立的社會考察〉，此文收於《臺灣風物》，第 47 卷第 3 期，1997 年 9 月。

26. 黃得時，〈臺灣詩學之演變〉，此文收於《孔孟月刊》第 21 卷第 12 期，1983 年 8 月。

27. 葉榮鐘，〈「大眾文藝」待望〉此文收於《南音》第 1 卷第 2 號，1932 年 1 月 15 日。

28. 蔡淵絜，〈日據時期臺灣新文化運動中反傳統思想初探〉，此文收於《思與言》第 26 卷第 1 期，1988 年。

29. 鄭志明，〈臺灣儒學本土化的發展方向〉，本文收於《第二屆臺灣儒學國際學術研討會論文集》，成大中文系主編，1999 年。

30. 賴子清，〈古今臺灣詩文社（一）〉，《臺灣文獻》第 10 卷第 1 期，1959 年 9 月。

31. 賴子清，〈古今臺灣詩文社（二）〉，《臺灣文獻》第 11 卷第 3 期，1960 年 9 月。

32. 龔顯宗，〈臺灣文化的播種者沈光文〉，此文收於《第一屆臺灣儒學研究國際學術研討會論文集》，臺南市：成功大學中文系舉辦，一九九七年六月。

五、網站：

1. 中央研究院漢籍電子文獻

   http://www.sinica.edu.tw/-tdbproj/handy1/

2. 國家文化資料庫

   http://nrch.cca.gov.tw/ccahome/

3. 臺灣大百科

   http://taipedia.cca.gov.tw/index.aspx

附　錄

附錄一　沈允在先生編《沈光文公來臺世傳族譜》〔註1〕

〔註 1〕因該書自 32 頁起即抄錄《沈光文斯庵先生專集》，故僅錄 31 頁之前的族譜內容，該文內容即為沈光文七世孫沈鵬道主筆。

1.

過臺族譜

吳興源派本浙江東渡始祖太僕少卿光文公。在臺降生二世祖耜宏公，開傳發育七大房。三世祖美靈公攜眷移居到此塘。（埔光裔）。遘創經督槳傳繼于今蔡祀四大東。

列明之事七世派沈麗道主筆

抄歷過臺族譜

竊謂本殊慶萬支而理必宗于根本。水雖分派欵堅而理必宗于始源。彼水木爲物之微。尙且不棄其本源之始。況人爲萬物之靈，有三綱五常之道。豈弗更甚于水木之有本源者哉。雖然水木之本源自水木之始。人之本源自開筆之基是吾家本源在。浙江省寧波府鄞縣東門內人氏。文武世家濟濟多士。科科聯登。此故天下共得而知

2.

之矣。

但我光文公在本源之時專高第于京闈君位戊戌科中南榜第三名。後來官居太僕寺卿中書大夫之伍。紛彼時号胡爲早來蓄積盛。泰順君欧藏。順治君喪天下之機。當時光文公在太武山上。奔走於魯王鄭成功之間。與施公結交百年之義爲居臭之位。是年歲入京開船到葡頭洋。偶遇狂風暴作船販失槍矼。飄流在臺灣煙狗山。係開紅毛番之國。是時番君知道即派聽事許杏胡光官來查打破船隻之虛實。隨撥小船搬上陸地安居。光文公途上。番君相陪拜訪。而番君立送銀米。十分慇懃禮貌。寓之所。因此留難在臺。到以年。

鄭成功平臺紅毛番。搬避光文公在府居住。暫觀風化非吾僑度。行醫治人教讀度日。至

3.

康熙君癸亥年施琅靖海侯開知光文公流落在臺。遂差軍士再搬請入台南府居住。鑲道惠府縣併諸邑老老先生爲文武官員往來恭敬交接甚厚。且光文公流落在臺意欲歸而不可得。常有慇懷思思不忘。定居在目加溜灣（現在善化鎮）

始祖之族譜昭穆之次序。因來臺失去其詳細。只記其蹤跡略知其一、二。暫誌遺下子孫而不箋之于書。恐踰久而失蹤差。而族人流移四方不知來處。親尙未辰覺不相識後世必爲子孫憂。蓋始祖原籍相府又有五座大

本朝改作

提督衙門。存有名碑區聯對。現今在南門內有欵房後察文武世家可以慎終追遠之流芳于只
祠堂。

4.

○繼妣後、內地族雖三世略知輕寫鄉否。

高祖諱　　　　生死時日忘紀

洪武君甲戊科中兩榜官居禮部左侍郎

管祖諱　延慶號　銅龍

萬曆君癸未科中狀元後居相此位二祖俱葬內地家鄉。尚有後裔

顯祖榮宗。春秋二祭度量不失其煙祀。

噫我光文公來台家業未創。特立于著賦乙集刊鐫附入在內臺誌不朽。家事清淡惟生下二男並無女子。次男幼年早喪。但存長男一身。

譜號　紹宏字　晉公緣孤身調理家務經督四方。生下五男美茂、美赮、美世、美善、美殷、生下一女緣林家。至丁卯年蒙康熙君闓臺歲考取

5.

進紹宏公第二名武素科。鄉試三次不得高中。追靖海侯施琅泰請在臺開墾草地園業。但我光文公至戊辰年七月十三日戊時不幸夢入南柯。喪事棺椁衣衾俱各齊備。通臺文武官員、親戚皆來作吊。停柩三載擇地安葬在臺。葬裡東保大竹圍北勢。坐東向西立有石碑。

祖考諱　光文號　斯菴字　文開
生于壬午年九月二十四日申時
辛于戊辰年七月十三日戊時

祖妣夫人舒氏
生于某年八月十六日辰時
卒巳卯年九月十三日申時
葬在長山縣鹿府九十里立有石碑

生母夫人陳氏
卒庚戌年六月二十二日辰時
薛在臺灣府大塚尾兔仔山大林邊坑仔邊坐東向西立有石碑

繼母夫人溫氏
生丙寅年九月二十八日
辛巳年六月廿六日

6.

葬在大竹圍自己庴前坐南向北栽挿有竹爲號。

康熙君惠施褒令沈紹宏在臺耕開墾草地田園。紹宏公依原業入田加開懇墾草地田園成家置罝。至丙戊年五月廿日蒙妻黃氏身故。停柩五個月擇地安葬在大武社北勢犁仔林。坐南拱北立有石碑。

後再續弦之妻胡氏生下二男。號美醋、美誠、前後二妻共産七男。各成長大完婚明白。至癸卯年將田園物業草地家器等項做七大房均分。各各自營經營創業垂統。

然紹宏公不幸于甲子年十一月廿七日夢入南柯。棺拾有承先父開墾土地。大祖業田園在他里霧保埔麻等七庄。又買包連等十三庄擇地安葬在西勢洋塚王家園垈坐南拱北。而後子孫有十三庄俱全。停柩四個月又做三朝大功果。鄉庄親朋皆來作吊。喪事明白

7.

又埔先審頂下田尾庄一派大祖物業是以七房內各家併胡媽于乾隆拾年各各墾家遷徙到彼處管業置家居住。餘尚留大祖墓臺家在祖宅照管墳慕尚有餘業在彼。

然胡媽不幸于乾隆卅一年三月初三日身故棺椁衣衾件件俱全。又做一朝功果。是以擇地安葬在港仔垈坐西向東。喪事明白暨七房人等另行再議。

當時開墾產業遷徙到彼處管業置家居住。仍立合約爲據。從此後各管各業存先志宜兄宜弟敦古風。

歷祖餘情從此決榮枯得失盼將來

東渡始祖曁列祖之事終七世派沈鵬道增補在內

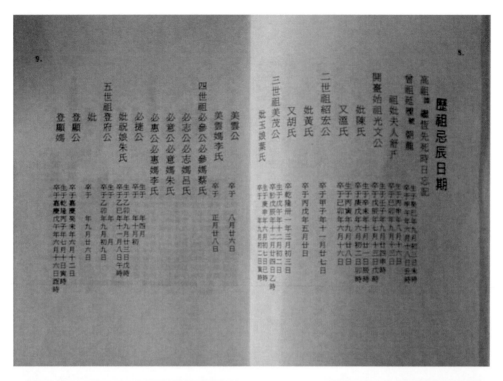

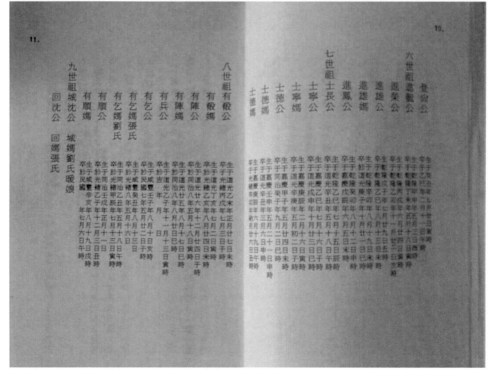

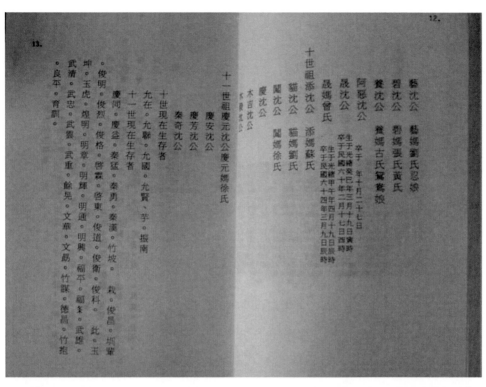

12.

十世祖晟沈公

藝沈公　藝媽劉氏忍孃
碧沈公　碧媽張氏黃氏
養沈公　養媽古氏驚養孃
阿惡沈公
晟沈公　生于光緒癸巳年三月二十七日寅時
　　　　卒于民國六十年年二月十七日酉時
晟媽曾氏　生于光緒甲午年四月十九日辰時
　　　　卒于民國六十四年三月九日辰時

十世祖添沈公
貓沈公　貓媽劉氏
閤沈公　閤媽徐氏
慶沈公
木吉沈公
添媽蘇氏

十一世祖慶元沈公慶元媽徐氏
慶安沈公
慶芳沈公
秦奇沈公

十世現在生存者
九在。允聯。允國。允賢、芋。振南
十一世現在生存者
慶同。慶益。秦廷。秦勇。秦漢。竹坡。

13.

十世現在生存者
俊明。俊烈。慶盛。啓霖。啓東。俊道。俊衡。俊科。栽。俊昌。坤窜。此。玉
慶明。俊烈。慶盛。明章。明輝。明通。明興。稻平。福茱。武雄。
坤。玉虎。煌明。明輝。明通。明興。稻平。福茱。武雄。
武清。武忠。武雲。武重。餘昃。文華。文昌。竹謀。德昌。竹抱。
。良年。育訓。

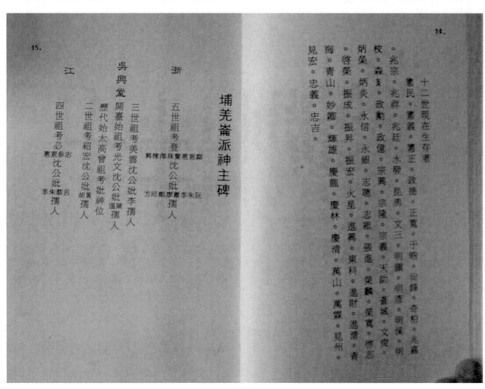

14.

十二世現在生存者
惠民。惠義。惠正。政德。正寬。于晰。尚祿。奇相。光嘉
。光宗。光群。光廷。水發。昆勇。文三。明鐮。明應。明溪。明
枝。森茱。政勳。政德。宗茱。宗隆。宗義。天助。黃城。文煥
炳茱。炳炎。永信。永銀。志聰。志維。張進。梁麟。優寬。德志
。啓茱。振成。振昇。振宏。火星。進襄。東科。進財。進清。奇
海。青山。妙卿。輝雄。慶龍。
見宏。忠義。忠吉。
慶林。慶清。萬山。萬響。昆州

15.

埔羌崙派神主碑

浙
吳興堂

五世祖考登　沈公姚　惠宮孺人
三世祖考美響沈公姚李孺人
開臺始祖考光文沈公姚陳重孺人
歷代始太高曾祖考姚神位
二世祖考紹宏沈公姚胡孺人

江

四世祖考必　沈公姚蔡孺人

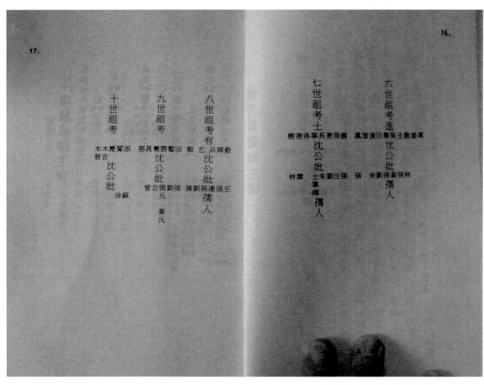

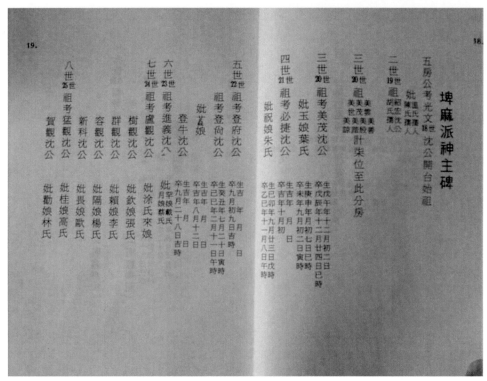

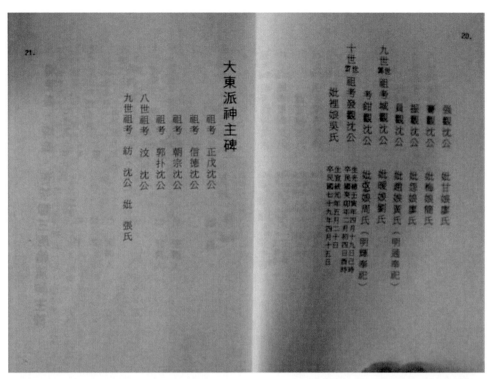

20.

九世第一祖考城觀沈公

九世第二祖考鉗觀沈公

十世祖考發觀沈公　妣裡娘吳氏

張觀沈公　妣甘娘廖氏

尊觀沈公　妣梅娘簡氏

揚觀沈公　妣媽娘廖氏

員觀沈公　妣橙觀黃氏（明通奉祀）

妣改娘周氏（明輝奉祀）
妣暖娘籌氏

生米禎壬寅年四月十九日已時
卒民國卯年二月初四日酉時
生宣統元年五月二十日寅時
卒民國七十年九月十五日

21.

大東派神主碑

祖考　正戊沈公

祖考　信德沈公

祖考　朝宗沈公

祖考　郭扑沈公

八世祖考　汶沈公　妣　張氏

九世祖考　紡沈公

22.

埔羗崙、埤麻、苦苓脚三房輪流神主碑

吳興堂

七世祖士寧沈公

士長　　　妣　林

士惠　　　妣　劉

五世祖登顯公　妣　阮孺人

四世祖必志公考妣之神位

六世祖遠榮沈公

進龍

進鳳　　　妣　林孺人

進雄　　　妣　張孺人

八世祖有順沈公　妣　張

有乞　　　妣　劉張

李立中
沈允在

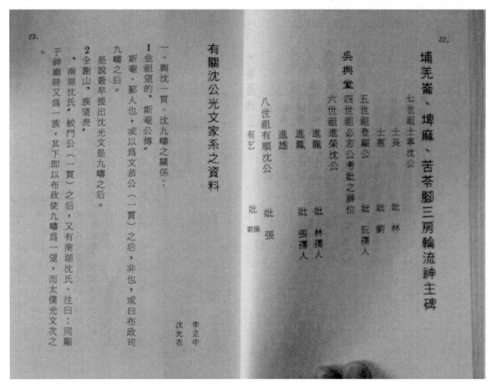

23.

有關沈公光文家系之資料

一、與沈一貫、沈九疇之關係：

1、金祖望的、斯菴公傳：
斯菴、鄞人也，或以為文恭公（一貫）之后，非也，或曰布政司
九疇之后。
是說最早提出沈光文是九疇之后。

2、全謝山、族望表：
・南湖沈氏，蛟門公（一貫）之后，又有南湖沈氏，注曰：同顯
于神廟時又為一族，其下即以布政使九疇為一望，而太僕光文次之
。

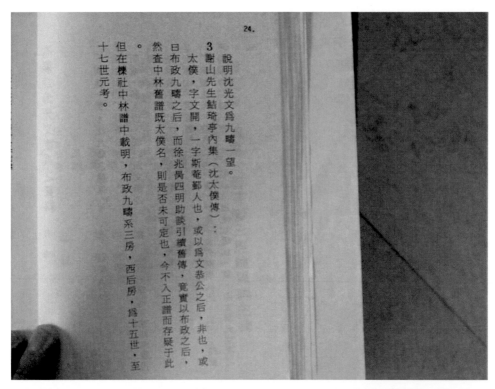

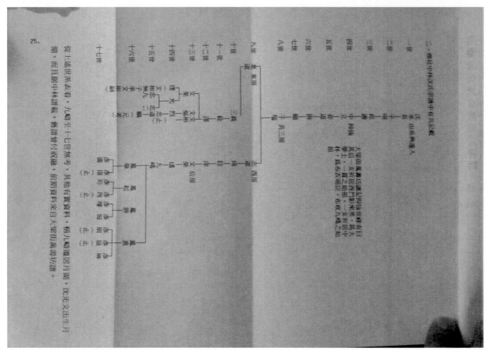

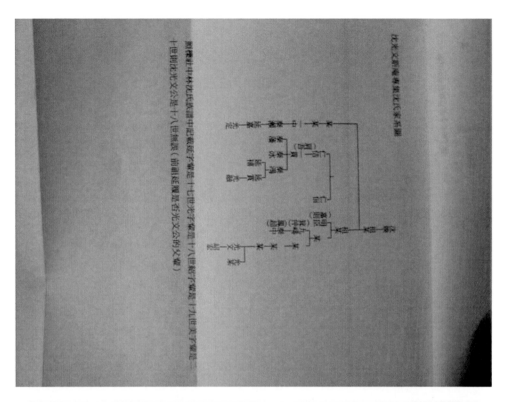

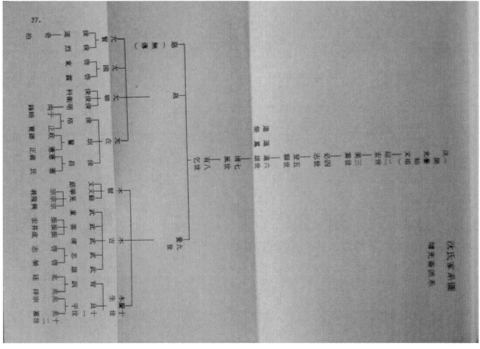

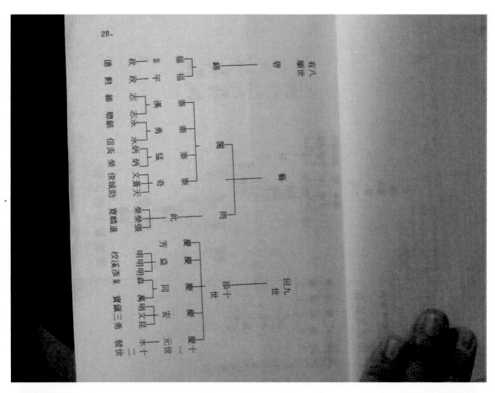

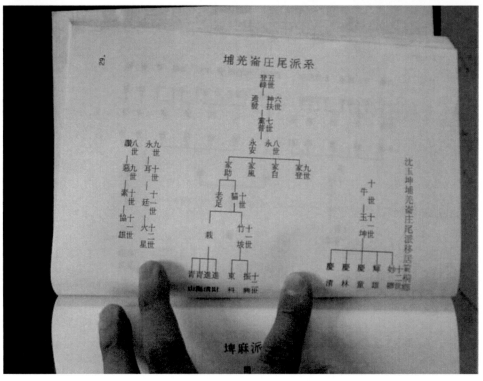

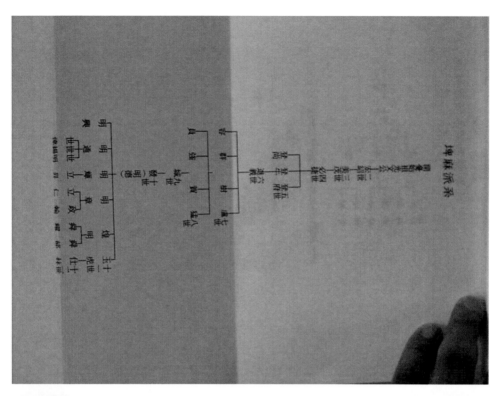

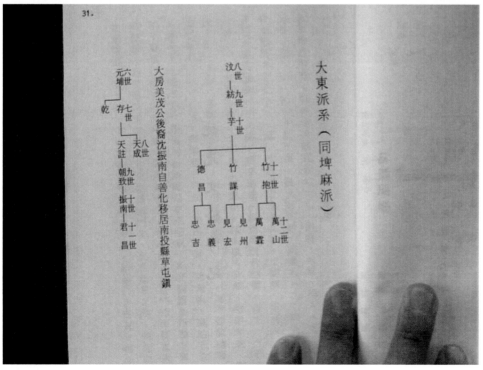

附錄二　《孔教報》之目錄 [註1]

〔註 1〕本文中若僅提及第某號第某頁，即爲第一卷，因爲《孔教報》並無「第一卷」之稱，故筆者稱「第一卷」乃是爲與第二卷區別之故。此目錄即施梅樵《孔教報》所編目錄。

〔註 2〕此爲發行日期，以下亦同。

第一卷第二號（昭和十一年十一月十六日）

史乘	第一頁
論說	第七頁
文苑	第十頁
雜著	第十三頁
諧談	第十七頁
小說	第二十一頁
詩壇	第二十六頁

第一卷第三號（昭和十一年十二月十八日）

史乘	第一頁
文苑	第七頁
諧談	第十七頁
小說	第十九頁
雜著	第二十三頁
詩壇	第二十七頁

第一卷第四號（昭和十二年一月廿一日）

賀春小啓	第一頁
孔聖歷史	第二頁
文壇	第八頁
古今詩海	第十八頁
小說	第二十五頁

第一卷第五號（昭和十二年二月廿一日）

孔聖歷史	第一頁
文苑	第六頁
古今詩海	第九頁
小說	第十五頁
諧談	第二十一頁
拾翠錦囊	第二十八頁

第一卷第六號（昭和十二年三月廿九日）

孔聖歷史	第一頁
孟子學說	第三頁
紅谿筆記	第六頁
文苑	第八頁
雜著	第十六頁
諧談	第十八頁
小說	第十九頁
古今詩海	第二十四頁

第一卷第七號（昭和十二年四月三十日）

孔聖歷史	第一頁
漢儒學說概觀	第五頁
論詩之教義	第八頁
武節母施孺人傳	第十一頁
謝節婦王瑟娘傳	第十二頁
古今詩海	第十四頁
夢徵	第二十一頁
雜著	第二十二頁
拾翠錦囊	第二十七頁

第一卷第八號（昭和十二年五月三十一日）

孔聖歷史	第一頁
論詩之教義（續前）	第五頁
論詩有六義	第八頁
訓誡類	第十一頁
騷壇紀略	第十二頁
古今詩海	第十三頁
新婚徵詩	第二十二頁
小說	第二十五頁
致城隍書	第三十頁

第一卷第九號

（缺少此號）

第一卷第十號（昭和十二年八月一日）

孔聖歷史	第一頁
論詩樂（續前）	第三頁
古事比例	第六頁
小說	第九頁
古今詩海	第十二頁
菱香吟社擊鉢錄	第二十一頁
騷壇紀略	第二十三頁

第一卷第十一號（昭和十二年八月三十日）

孔聖歷史	第一頁
論毛鄭詩學	第三頁
古事比例	第六頁
石門賦	第十一頁
雜著	第十三頁
小說	第十七頁
古今詩海	第二十一頁
菱香吟社擊鉢錄	第三十頁

第一卷第十二號（昭和十二年十月一日）

孔聖歷史	第一頁
紅谿筆記	第五頁
小說	第六頁
古今詩海	第十三頁
雜著	第二十三頁
騷壇消息	第二十八頁
菱香吟社擊鉢錄	第二十九頁

第一卷第十三號（昭和十二年十一月二十日）

孔聖歷史	第一頁
國防獻金勸募	第六頁
古今比例	第七頁
小說	第十二頁
重遊岡山	第十八頁
零金碎玉	第二十一頁
古今詩海	第二十二頁
奉贈靈藥	第二十三頁

第二卷第一號

（缺少此號）

第二卷第二號（昭和十三年一月十五日）

孔聖歷史	第一頁
古今比例	第八頁
小說	第十二頁
紅谿筆記	第十八頁
古今詩海	第二十頁
大冶吟社壽星會擊鉢錄	第二十七頁
菱香吟社擊鉢錄	第二十九頁
丘倉海先生遺集	第三十頁

第二卷第三號（昭和十三年二月二十七日）

孔聖歷史	第一頁
鑒古錄	第二頁
小說	第四頁
諧談漫錄	第九頁
古今詩海	第十一頁
擊鉢錄	第三十一頁

第二卷第四號（昭和十三年五月五日）

孔聖歷史	第一頁
鑑古錄	第三頁
小說	第十頁
古今詩海	第十五頁
大冶吟社擊鉢錄	第二十六頁
大同吟社擊鉢錄	第二十八頁
高山文社十六週年配念吟會	第二十九頁
菱香吟社擊鉢錄	第三十一頁
螺溪吟社擊鉢錄	第三十二頁

第二卷第五號（昭和十三年六月十日）

史乘	第一頁
鑑古錄	第二頁
林母李孺人壽序	第三頁
古今詩海	第五頁
擊鉢吟錄	第二十四頁
香閨詩話	第二十九頁
聊齋月旦	第三十頁
小說部	第三十二頁

第二卷第六號（昭和十三年七月六日）

孔聖歷史	第一頁
鑑古錄	第三頁
鄭成功論	第四頁
黃先生陳安人墓誌銘	第六頁
蘭桂挺芳堂記	第六頁
小說	第七頁
古今詩海	第十五頁

第二卷第七號（昭和十三年八月十五日）

孔聖歷史	第一頁
鑑古錄	第二頁
宋周濂溪學說	第四頁
小樓賦	第八頁
子產不毀鄉校說	第十頁
書富鄭公傳後	第十頁
驅蚊檄	第十一頁
小說部	第十三頁
古今詩海	第十八頁
大同吟社擊鉢錄	第二十九頁

第二卷第八號（昭和十三年十二月八日）

孔聖歷史	第一頁
鑑古錄	第二頁
雞山志略	第四頁
文壇	第七頁
古今詩海	第十二頁
小說部	第二十六頁
諧談	第三十頁

第二卷第九號（昭和十三年十二月二十五日）

史乘	第一頁
鑑古錄	第四頁
宋元明清四代名儒學說大觀張橫渠大學說	第五頁
王安石論	第八頁
楮先生譏諷金王孫賦	第九頁
小說部	第十一頁
古今詩海	第十五頁

附錄三　《孔教報》所刊作者之創作次數及其頁碼索引 [註1]

姓名	創作次數	所刊作品之頁碼	備註
丁玉崑	1	二（5～19）	
三谷仲	2	一（4～22）、一（12～14）	
三浦藤作	9	一（2～3）、一（3～4）、一（6～3）、一（7～5）、一（12～2）、一（13～3）、二（2～3）、二（7～4）、二（9～5）	
大森午	1	一（3～27）	
小石南享	1	一（5～10）	
小倉康又	1	一（2～27）	
小島誠	1	一（5～10）	
山田準	1	一（4～23）	
井上寅軒	2	一（3～7）、一（4～16）	
少巽	1	一（7～22）	
尤氏杏花	1	一（2～28）	
尤瑞	9	一（1～19）、一（2～28）、一（2～29）、一（8～16）、一（8～17）、一（11～24）、二（2～25）、二（4～22）、二（7～25）	
尤樂登	1	一（2～28）	
方爾咸	1	二（8～14）	
方犖崖	1	一（12～4）	

〔註 1〕按照作者姓名筆畫排列。

姓名	創作次數	所刊作品之頁碼	備註
月亭	1	二（4～4）	
木村尙	1	一（6～14）	
王少濤（1883～1948）	13	一（12～17）、一（13～22）、二（2～30）、二（3～11）、二（4～17）、二（5～8）、二（6～20）、二（7～24）、二（8～24）、二（9～24）、一（12～16）、一（13～32）、二（3～12）	
王成源	1	二（3～20）	
王竹修	2	二（3～17）、二（5～9）	
王老清	2	二（6～28）、二（6～30）	
王時彥	1	一（11～22）	
王清斌	1	二（4～18）	
王淵源	4	一（11～24）、一（13～27）、二（3～20）、二（5～22）	
王植槐	1	一（1～19）	
王義好	1	二（4～20）	
王維楨（1870～？）	2	一（1～14）、二（4～20）	
王鵬程	1	二（5～19）	
王寶書	12	一（10～18）、一（10～19）、二（3～18）、二（4～24）、二（4～25）、二（4～26）、二（5～11）、二（5～12）、二（5～14）、二（5～16）、二（5～17）、二（5～19）	
丘寶融	6	一（3～7）、一（2～26）一（3～13）、一（4～18）、一（5～9）、一（11～11）	
包一琪	1	一（6～8）	
古城貞吉（1866～1949）	1	一（4～13）	
平井魯堂	1	一（6～12）	
平松得一	1	一（3～27）	
甘得中（1883～？）	1	一（12～14）	

姓名	創作次數	所刊作品之頁碼	備註
田中澄	1	一（6〜25）	
田名瑜（1890〜1981）	1	一（10〜12）	
田原尚	1	一（2〜27）	
田興奎	2	一（7〜23）、一（10〜12）	
白折雄	1	一（2〜8）	
石崎篁園	2	一（2〜10）、一（4〜12）	
伏驥	1	一（11〜28）	
安井朴堂	2	一（3〜15）、一（4〜10）	
朱研英	1	一（8〜14）	
朱啓南	1	二（8〜11）	
朱紹良	1	一（6〜24）	
何如璋	1	一（2〜8）	
何挨	6	一（1〜19）、一（2〜28）、一（8〜15）、一（8〜17）、一（11〜25）、二（3〜22）	
佐倉孫三	1	一（3〜10）	
佐藤勝一	1	一（3〜10）	
佐藤精明	1	一（3〜15）	
吳子瑜（1885〜1951）	1	二（3〜22）	
吳半樵	1	二（5〜10）	
吳江作	1	一（8〜16）	
吳秋陽	1	一（11〜26）	
吳茂如	3	一（1〜15）、二（3〜19）、二（7〜24）	
吳恭亨（1857〜1938）	1	一（8〜15）	
吳淡羽	1	二（5〜9）	
吳詠元	1	二（6〜28）	
吳楚	2	一（7〜14）、一（8〜13）	

姓名	創作次數	所刊作品之頁碼	備註
吳粹英	1	一（11～23）	
吳維倫	1	一（8～17）	
吳蔭培	2	一（1～9）、二（5～20）	
吳蘅秋	3	一（12～13）、二（4～22）、二（7～26）	
吳麟祥	1	一（11～13）	
呂美蓀	1	一（6～25）	
呂傳溪	1	二（3～15）	
宋義勇	1	一（11～15）	
李少岳	1	二（8～25）	
李玉輝	1	二（2～21）	
李宏良	1	一（8～15）、一（11～21）	
李步青	1	一（13～30）	
李春奇	1	一（2～28）	
李美	2	一（5～13）、二（7～26）	
李振鐸	1	二（8～18）	
李海龍	1	一（1～10）	
李啓明	4	一（2～30）、一（3～28）、一（4～23）、一（6～26）	
李清和	3	一（4～22）、一（13～29）、二（2～21）	
李碩卿 （1882～ 1944）	1	二（3～14）	
李增塈	1	二（5～9）	
李膚英	2	一（8～16）、一（13～29）	
李曙初	3	一（3～29）、一（4～10）、一（5～12）	
村上昌弘	1	一（2～26）	
杜香國	1	一（4～20）	
沈火	3	二（9～26）、二（9～27）、二（9～28）	
沈桂村	1	二（3～15）	
沈礪	1	二（8～18）	
禿頭散人	1	二（3～19）	
周文俊	2	一（4～22）、二（5～8）	

姓名	創作次數	所刊作品之頁碼	備註
周水生	6	一（4～22）、一（5～10）、一（12～18）、二（2～21）、二（4～26）、二（8～20）	
周柏達	1	一（7～20）	
岡次郎	2	一（6～9）、一（6～11）	
林子瑾	1	一（6～28）	
林子輝	1	二（4～18）	
林仲衡	1	一（7～18）	
林吉安	2	一（2～7）、一（2～27）	
林其美	5	一（4～20）、一（12～19）、一（12～20）、一（13～31）、二（3～17）	
林宗廉	1	二（6～27）	
林武烈	4	一（6～25）一（11～28）、一（12～17）、一（12～22）	
林炳墀	1	一（5～7）	
林苔嚴	1	一（3～27）	
林恩應	2	二（3～20）、二（7～22）	
林素珠	1	一（5～13）	
林瑚	1	二（7～25）	
林榮	4	一（2～29）、一（5～13）、一（10～17）、一（12～18）	
林翰	1	一（4～16）	
武居好典	1	一（2～27）	
牧島榮	1	一（4～22）	
牧野敏	1	一（5～10）	
近藤克堂	1	一（4～14）	
金枝女史	1	一（3～28）	
長井秀三	1	一（4～18）	
俞毓奇	2	一（8～13）、一（11～27）	
俞鎮赫	1	一（5～7）	
施子卿	1	一（2～28）	
施石甫	3	一（1～20）、一（2～29）、一（4～20）	
施良	1	一（12～4）	

姓名	創作次數	所刊作品之頁碼	備註
施春華	3	一（10～17）、一（11～29）、一（12～15）	
施炳揚	19	一（8～19）、一（8～20）、一（8～21）、一（10～14）、一（10～15）、一（10～18）、一（13～31）、二（2～25）、二（3～22）、二（5～11）、二（5～13）、二（5～15）、二（5～16）、二（5～17）、二（5～18）、二（6～22）、二（6～24）、二（6～30）、二（6～31）	
施教堂	5	一（10～18）、二（6～25）、二（6～26）、二（7～27）、二（8～22）	
施雲	1	二（6～30）	
施詵詵	3	二（3～18）、二（5～9）、二（7～25）	
施滾	1	二（6～22）	
施潛雲	4	二（5～10）、二（5～11）、二（5～13）、二（6～30）	
施學文	9	一（1～19）、一（2～29）、一（13～25）、二（2～26）、二（3～16）、二（4～21）、二（6～22）、二（7～27）、二（8～25）	
施錦簪	1	一（4～22）	
春日井謙	1	一（6～24）	
柯詠棠	3	一（2～28）、一（11～26）、二（4～22）	
柯燈耀	3	一（1～19）、一（2～28）、二（4～22）	
柳棄疾	1	二（8～14）	
洪能傳	2	二（5～19）、二（5～20）	
洪傳	1	一（2～28）	
相原祐彌	1	一（2～26）	
紅谿	15	一（1～9）、一（1～26）、一（1～27）、一（2～11）、一（2～15）、一（3～11）、一（3～12）、一（6～6）、一（6～20）、一（8～30）、一（10～7）、一（12～5）、一（13～20）、二（2～18）、、二（5～21）	
紀本繩	1	一（3～28）	
胡春松	1	一（8～17）	
胡耀程	1	一（2～28）	
范良銘	1	一（3～27）	
負蒼	1	一（11～28）	
香坵	1	一（12～17）	

姓名	創作次數	所刊作品之頁碼	備註
孫玉插	1	二（4～21）	
徐思齊（1890～1949）	2	一（4～24）、一（11～25）	
徐英	1	一（8～13）	
徐雲騰	1	一（3～14）	
悅初	1	一（11～22）	
浩然	1	一（4～12）	
高旭	1	二（8～18）	
高泰山（1912～1994）	1	一（2～27）	
高源（1906～？）	2	一（1～11）、一（1～11）	
高燮（？～1958）	3	一（8～13）、一（11～27）、二（8～14）	
郗恩綏（1902～1985）	1	一（7～19）	
張晴川	1	一（4～20）	
張熙馨	2	二（3～21）、二（4～17）	
張禎祥（1896～1972）	1	二（5～16）	
張銘三	1	二（5～10）	
張慶輝	3	一（2～28）、一（11～27）、二（4～21）	
莊永昌	1	二（6～29）	
莊玉坡	14	一（2～27）、一（5～10）、一（7～17）、一（10～14）、一（12～15）、一（13～6）、一（13～24）、一（13～27）、一（13～33）、二（2～10）、二（5～14）、二（5～19）、二（5～20）、二（7～28）	

姓名	創作次數	所刊作品之頁碼	備註
莊芳池	2	一（4～20）、二（5～22）	
莊清池	5	一（12～22）、一（13～25）、一（13～31）、二（3～17）、二（4～18）	
許半桐	1	一（5～6）	
許幼漁	2	一（12～20）、二（8～20）	
許存奏	5	一（2～29）、一（10～18）、一（13～25）、二（5～21）、二（6～22）	
許胡	3	一（1～14）、二（2～20）、二（5～15）	
許修侯	1	一（1～15）	
許參二	1	二（3～16）	
許嘉恩（1887～1957）	1	二（2～24）	
許寶亭	1	一（4～20）	
連客	1	二（4～18）	
連德賢	1	一（6～25）	
郭希隗	3	一（10～13）、一（12～12）、二（6～6）	
郭桂林	1	一（8～15）	
陳三彌	1	二（8～17）	
陳子敏	20	一（4～21）、一（7～20）、一（8～17）、一（8～19）、一（8～21）、一（10～15）、一（13～13）、二（2～22）、二（2～24）、二（3～21）、二（4～19）、二（4～21）、二（5～21）、一（8～20）、一（8～21）、一（10～15）、一（12～18）、一（13～25）、二（5～12）、二（5～15）	
陳元亨	2	二（3～17）、二（7～28）	
陳水披	2	一（4～24）、二（6～27）	
陳古鉞	1	一（3～28）	
陳立賢	1	一（1～19）	
陳存	1	二（3～14）	
陳彤雲	8	一（11～27）、一（12～20）、二（2～21）、二（2～23）、二（4～21）、二（8～25）、一（1～19）、一（2～28）	

姓名	創作次數	所刊作品之頁碼	備註
陳志桓	1	一（13～30）	
陳坤輝	1	一（13～24）	
陳庚申	1	一（3～28）	
陳旺回	1	二（9～27）	
陳昌宏	3	二（9～26）、二（9～27）、二（9～28）	
陳松年	1	二（5～19）	
陳祀五	1	一（11～27）	
陳阿火	5	一（3～27）、一（8～16）、二（3～15）、二（5～23）、二（9～26）	
陳英方	5	一（5～10）、一（12～14）、二（4～23）、二（6～26）、二（7～26）	
陳貞元	1	二（6～23）	
陳家英	1	一（10～16）	
陳家慶	1	一（12～24）	
陳清潭	4	一（11～27）、二（2～26）、二（3～16）、二（4～21）	
陳雪滄	1	一（7～18）	
陳琇瑩	1	二（8～17）	
陳湖古	1	一（7～20）	
陳盧谷（1896～1965）	2	一（12～13）、二（4～23）	
陳進賢	3	一（2～28）、一（4～20）、二（4～21）	
陳瑞記	2	一（1～19）、一（11～26）	
陳鼎元	1	一（13～29）	
陳德修	1	二（3～19）	
陳潤珊	1	一（13～30）	
陳濟昌	1	二（9～28）	
陳縱奴	5	一（13～24）、一（13～32）、二（2～22）、二（5～11）、二（5～14）	
陳鏡如	1	一（13～28）	
陳繼訓	1	一（7～14）	
粘維澄	1	二（6～28）	

姓名	創作次數	所刊作品之頁碼	備註
傅錫祺（1872～1946）	1	一（8～20）	
傅嶽棻（1878～1951）	1	二（8～17）	
彭城女	1	二（4～26）	
曾人傑	2	一（7～20）、一（8～14）	
曾文新	5	一（3～28）、一（11～24）、一（2～30）、一（4～23）、一（7～20）	
曾東農	1	一（7～19）	
曾師魯	1	一（13～28）	
曾耿菴	1	一（2～12）	
曾登龍	1	一（1～1）	
曾蓮墀	1	二（4～20）	
游嘯雲	4	一（6～25）、一（8～18）、一（11～28）、二（2～24）	
湯目補隆	1	一（2～26）	
辜捷恩	16	一（10～19）、二（4～24）、二（5～10）、二（5～12）、二（5～15）、二（5～18）、二（6～25）、二（6～31）、二（7～24）、二（8～22）、二（9～25）、二（5～11）、二（5～12）、二（5～13）、二（5～16）、二（6～22）	
進才	1	二（4～18）	
黃丁卯	1	二（4～18）	
黃文鎔	2	一（4～18）、一（4～19）	
黃全忠	1	二（4～25）	
黃式傑	1	一（4～20）	
黃昆榮	1	二（3～14）	
黃長生	2	一（13～24）、一（13～32）	
黃衍派	1	一（7～19）	
黃得眾（1877～1949）	7	二（4～9）一（1～27）、一（4～24）、一（13～18）、二（2～20）、二（9～28）、二（9～29）	

姓名	創作次數	所刊作品之頁碼	備註
黃溥造	1	一（2～27）	
楊石華	1	一（12～14）	
楊仲熙	4	一（1～19）、一（2～28）、一（11～26）、二（4～22）	
楊守愚	3	一（12～14）、二（4～23）、二（4～24）	
楊東溪	1	一（10～12）	
楊長泉	1	一（3～27）	
楊得時	2	一（1～19）、一（11～26）	
楊連基	5	一（8～17）、一（10～20）、一（11～24）、二（2～26）、二（4～22）	
楊雪峰	2	一（12～15）、二（7～26）	
楊雲鵬	1	二（7～26）	
楊葆球	1	一（6～10）	
楊樹五	1	一（2～7）	
楊樹德	7	一（10～14）、一（10～16）、一（12～13）、一（12～15）、二（4～23）、二（7～25）、二（7～27）	
楊曙	1	一（12～12）	
楊鶴年	2	一（11～25）、二（3～16）	
溫弼周	1	二（6～30）	
葉椿	1	二（4～9）	
葉夢廬	1	一（8～14）	
鈴木丈之助（1887～1988）	1	一（6～12）	
雷熙春	1	一（3～13）	
廖火枝	1	一（7～18）	
廖秋園	1	一（12～22）	
廖璧鋒	6	一（4～21）、一（10～14）、一（10～18）、一（12～16）、二（6～24）、二（6～27）	
趙元益	3	一（7～23）、一（7～25）、一（7～26）	
趙作霖	1	一（10～13）	
趙雅福（1894～1962）	1	二（4～18）	

姓名	創作次數	所刊作品之頁碼	備註
劉文武	1	二（3～22）	
劉時燠	6	一（4～24）、一（10～19）、一（11～23）、二（3～18）、二（4～21）、二（6～27）	
劉慶彬	1	一（1～12）	
劍英女士	1	一（3～28）	
潘文安	1	二（5～23）	
瘦竹	1	一（11～29）	
蔣士超	1	二（8～13）	
蔡元亨	1	二（2～20）	
蔡守	1	一（7～15）	
蔡老柯	1	一（4～19）	
蔡茂新	1	二（5～22）	
蔡偉湘	1	一（13～25）	
蔡梓舟	8	一（7～18）、二（5～19）、一（8～19）、一（8～21）、二（4～20）、二（6～23）、二（6～30）、二（6～31）	
蔡清福	4	一（1～13）、一（1～13）、一（3～11）、二（2～25）	
蔡琢章	1	二（6～29）	
蔡榮枝	1	二（5～23）	
蔡漢英	1	一（8～20）	
鄭孝胥（1860～1938）	3	一（5～8）、二（8～13）、二（9～15）	
鄭邦吉	1	二（6～29）	
鄭芝生	1	二（3～14）	
鄭盤銘	1	一（7～19）	
駒田	1	一（3～9）	
璇璣堂主人	1	二（4～17）	
橫山又吉	1	一（2～26）	
橋本海關	2	一（2～27）、二（6～21）	
濃青	1	一（11～29）	
蕭玉衡	1	二（5～10）	

姓名	創作次數	所刊作品之頁碼	備註
賴和 （1894～ 1943）	2	一（12～13）、二（4～24）	
賴清鍵 （1846 ～？）	1	一（6～13）	
賴雲龍	1	一（2～27）	
龍思鶴 （1880～ 1955）	1	一（13～30）	
龜島憲	1	一（3～27）	
薛成儀	1	一（8～18）	
謝星祥	1	一（13～30）	
謝菊	1	二（3～15）	
謝新年 （1900～ 1968）	4	一（8～20）、一（12～19）、一（4～19）、 二（8～23）	
簡而文	1	一（2～28）	
簡綠梅	1	一（5～12）	
雙木生	1	二（8～23）	
羅秀惠 （1865～ 1942）	3	一（13～24）、二（6～29）、二（8～20）	
羅阿進	3	二（9～26）、二（9～27）、二（9～28）	
韻雲	3	二（5～11）、二（5～12）、二（5～17）	
議恭	1	二（5～18）	
蘅堂	1	一（1～19）	
鷺岩	1	一（2～27）	
龔承祧	2	一（7～22）、一（10～12）	
辻順宣	1	一（3～27）